D1666790

Johannes Werner

Vom LICHT

zum ATOM

Ein Unterrichtskonzept zur Quantenphysik
unter Nutzung des Zeigermodells

Die Deutsche Bibliothek - CIP-Einheitsaufnahme

Werner, Johannes:
Vom Licht zum Atom : ein Unterrichtskonzept zur Quantenphysik
unter Nutzung des Zeigermodells / von Johannes Werner. - Berlin :
Logos-Verl., 2000

(Studien zum Physiklernen ; Bd. 12)

Zugl.: Berlin, Humboldt-Univ., Diss., 2000

ISBN 3-89722-471-2

ISSN 1435-5280
ISBN 3-89722-471-2

Logos Verlag Berlin
Michaelkirchstr. 13
10179 Berlin
Tel.: 030 - 42851090
INTERNET: http://www.logos-verlag.de/

Danksagung

Das Entstehen dieser Arbeit wurde durch viele liebe Menschen unterstützt, die mir mit ihren Anregungen, Kritiken und ihrer Geduld beiseite standen. Ihnen allen möchte ich an dieser Stelle herzlich danken.

An erster Stelle möchte ich mich für die Betreuung durch Herrn Schön bedanken, der stets mit guten Ideen zur Seite stand, wenn er von mir um Rat gebeten wurde.

Besondere Unterstützung habe ich auch von Roger Erb und meinen Kolleginnen und Kollegen der Humboldt Universität und der Gottfried-Keller-Oberschule erfahren. Auch meine Eltern und viele Freunde haben mir hilfreiche Anregungen gegeben und mir besonders in den letzten anstrengenden Wochen zur Seite gestanden. Ein besonderes Lob gilt den Schülerinnen und Schülern des Profilkurses der Gottfried-Keller-Oberschule, die die Erprobung der neuen Unterrichtseinheiten interessiert über sich ergehen ließen.

Bei meiner Freundin Ute bedanke ich mich nicht nur für ihre Hilfe, sondern auch für die besondere Geduld, die sie in den letzten Wochen aufgebracht hat.

Inhaltsverzeichnis

„I think I can safely say that nobody understands quantum mechanics."
(FEYNMAN)[1]

Einleitung

Wenn ein Nobelpreisträger nach jahrzehntelanger Auseinandersetzung mit seinem Fachgebiet zu einer solch niederschmetternden Schlußfolgerung kommt, erscheint die Aufgabe des Fachdidaktikers, eben dieses Themengebiet in die Schule zu tragen, hoffnungslos. Wie sollen Schülerinnen und Schüler Zusammenhänge verstehen, an denen Studentinnen und Studenten regelmäßig scheitern und über deren Bedeutung Physiker seit nunmehr 100 Jahren streiten?

FEYNMAN hat trotz seiner ernüchternden Erkenntnis bei seinen Bemühungen, komplizierte physikalische Zusammenhänge einem breiten Publikum zugänglich zu machen, nicht resigniert. In seinen Vorlesungen, öffentlichen Vorträgen und populärwissenschaftlichen Darstellungen ist er neue Wege gegangen, um dem Laien verschlossene Türen des Physikgebäudes zu öffnen und das Interesse an einer „seltsamen Theorie" eines abstrakten physikalischen Weltbildes zu wecken.

Lehrerinnen und Lehrer wie auch Fachdidaktiker können in dreierlei Hinsicht von FEYNMAN lernen: Das Aufgeben von tradierten Methoden und Modellen zugunsten neuer, andersartiger Betrachtungsweisen kann auch den Schulunterricht positiv verändern. Durch seine Vorlesungsskripte und andere Veröffentlichungen wie *"QED - Die seltsame Theorie des Lichtes und der Materie"* (1992) gibt FEYNMAN konkrete Anregungen zur Verwirklichung dieser neuen Wege in der Lehre. Schließlich hat FEYNMAN demonstriert, daß es lohnt, nicht aufzugeben, selbst wenn es scheint, daß niemand etwas versteht.

Unter Anwendung eines Zeigerformalismus zur Beschreibung von Interferenz- und Beugungserscheinungen, welcher auf eine Idee von FEYNMAN zurückgeht, ist von SCHÖN und ERB in den letzten Jahren ein interessantes Konzept für den Optikunterricht entwickelt worden. Es wurde unter dem Strukturmerkmal des Lichtweges ein Curriculum konstruiert, in das sich die Inhalte des Optikunterrichtes von der Mittel- bis zur Oberstufe einfügen.

Das Lichtwegkonzept schließt mit der Erarbeitung der Quanteneigenschaften des Lichtes. Das spannende Thema der Wechselwirkung von Licht und Materie, das einen Einblick in die Atomphysik gibt, könnte sich nachfolgend anschließen. Optische Phänomene verraten typische Eigenschaften der Atome, allerdings lassen sich die Wechselwirkungsprozesse erst mit dem Verständnis eines Atommodells erklären. Im üblichen Physikunterricht ist hierbei der Übergang von klassischen zu quantenmechanischen Beschreibungen und Modellen problematisch. Wünschenswert wäre eine Fortführung der Modelle und Formalismen, die in der Optik und zur Einführung in den Bereich der Quantenphysik bereits genutzt wurden.

Als zentrale Fragestellung wird in dieser Arbeit untersucht, ob es möglich ist, ein quantenmechanisches Atommodell unter Verwendung des Zeigerformalismus im Sinne des Lichtwegkonzeptes zu entwickeln. Es wird versucht, die physikalische Beschreibung von gebundenen Elektronen mit Hilfe von Zeigern in einen Unterrichtsentwurf zum Einstieg in die

Atomphysik zu übersetzen. Das bestehende Lichtwegkonzept, mit seinen besonderen Strukturen, bildet den Rahmen, in den sich die neue Unterrichtseinheit einfügt. Darüber hinaus werden Ergebnisse der in den letzten Jahren in der Physikdidaktik geführten Diskussion über den Unterricht der Quantenphysik sowie Untersuchungen über Schülervorstellungen vor und nach dem Unterricht über Atomphysik berücksichtigt.

Die Durchführbarkeit eines Unterrichtes nach dem neuen Entwurf wurde in einer Oberstufenklasse getestet und aufgrund des Erwartungshorizontes zuvor formulierter Lernziele beurteilt.

Die vorliegende Arbeit ist gemäß den oben skizzierten Arbeitsschritten gegliedert. Nach einer kurzen Bestandsaufnahme zum Unterricht der Optik und der Atomphysik in der Schule werden im zweiten Kapitel verschiedene Untersuchungen über die Vorstellungen der Schülerinnen und Schüler zu diesen Inhalten zusammengefaßt, um sie später bei der Entwicklung der Unterrichtseinheiten berücksichtigen zu können. In Kapitel 3 wird über einige Resultate aus der Literatur von Untersuchungen über Unterricht zur Quantenphysik referiert. Ausführlicher wird das Lichtwegcurriculum beschrieben, das die Basis der eigenen Unterrichtseinheiten darstellt.

Im vierten Kapitel werden Kriterien zur Curriculumsentwicklung genannt. Die Formulierung von Leitlinien soll einen Rahmen für die spätere Konstruktion der Unterrichtseinheiten geben. In der Auseinandersetzung mit Aspekten der Diskussion über die Quantenphysik unter Physikdidaktikern und Fach-Physikern lassen sich die Leitlinien erläutern. Die Rekonstruktion des neuen Curriculums wird in Kapitel 5 beschrieben, wobei neben den Inhalten besonders die Schritte der didaktischen Elementarisierung, ausgehend von den physikalischen Grundlagen, verdeutlicht werden. Gegenstand des sechsten Kapitels ist die erste Erprobung der konstruierten Unterrichtseinheiten in der Schule. Die Ergebnisse der begleitend durchgeführten Untersuchung werden vorgestellt.

Um interessierten Lehrerinnen und Lehrern die Durchführung eines ähnlichen Unterrichts zu erleichtern, wird das neue Konzept in einem zweiten Teil dieser Arbeit in Form einer Handreichung für den Unterricht präsentiert. Dazu sind die für die Erprobung erstellten Unterrichtsentwürfe überarbeitet worden und liegen nun in einer ausführlichen, schulnahen Fassung mit Stundenverlaufsplänen und Arbeitsmaterialien vor. Sie können als Grundlage oder als Anregung für die eigene Unterrichtsplanung zur Quantenphysik genutzt werden.

---

[1] Dieses aussagekräftige Zitat von FEYNMAN stellt auch WIESNER an den Anfang seines einleitenden Aufsatzes des Themenheftes Quantenphysik in der Schule (WIESNER 1994, S. 242).

TEIL I

1 Quantenphysik in der Schule

1.1 Zur gegenwärtigen Schulsituation

Die Auswahl der Inhalte des Physikunterrichtes, welche durch die Rahmenpläne der Länder verbindlich vorgeschrieben werden, bietet oft Anlaß zur Kritik. Strittig sind weniger die vorgegebenen Themengebiete, als die zeitlichen und methodischen Rahmen, unter denen sie unterrichtet werden sollen. Angeregt durch die TIMS-Studie hat die Bund-Länder-Kommission für Bildungsplanung und Forschungsförderung ein Gutachten herausgegeben, das ein Programm zur Steigerung der Effizienz des mathematisch-naturwissenschaftlichen Unterrichtes vorbereiten soll. Darin wird als ein Defizit des Physikunterrichtes gegenüber anderen Fächern die unzureichende Vernetzung der Stoffe bemängelt. Gemeint ist sowohl die horizontale Vernetzung, beispielsweise mit den Fächern Mathematik und Chemie, als auch die vertikale Vernetzung der über die Schuljahre verteilten Inhalte des Physikunterrichtes (vgl. BLK 1997, S. 61). „Schülerinnen und Schüler, die sich über mehrere Jahre mit mathematischen und naturwissenschaftlichen Inhalten auseinandersetzen, müssen spüren können, daß sie in ihrer fachbezogenen Kompetenzentwicklung sukzessive voranschreiten" (BLK ebd. S. 93). Die Bund-Länder-Kommission sieht die Voraussetzung für das Erfahren von Kompetenzzuwachs in einer kohärenten und kumulativen Sequenzierung des Lehrstoffes. Da die Rahmenpläne des Physikunterrichtes verschiedene Inhalte an mehreren Stellen im Gesamtcurriculum vorsehen, besteht die Möglichkeit, den Unterricht im Sinne des Spiralprinzips aufzubauen, d.h. an die früher erarbeiteten Erkenntnisse wieder anzuknüpfen und so ein tieferes Verständnis zu erreichen.

Es ist demnach kritisch zu untersuchen, ob bei der Behandlung der verschiedenen Themen des Physikunterrichtes entsprechende Bezüge zu den vorangegangenen Inhalten hergestellt werden. Am Beispiel der Optik muß die Frage bei der momentanen Unterrichtspraxis wohl verneint werden, denn die verschiedenen Unterrichtseinheiten von der geometrischen Optik über die Wellenoptik zur Quantenoptik stehen bei ihrer Behandlung in der Schule unabhängig voneinander da. Die Einheiten werden in der Regel unter Verwendung verschiedener Modelle unterrichtet, ohne daß aufgezeigt wird, wie die Beschreibungen ineinander greifen.

Die Quantenphysik wird in der 12. Klasse der Oberstufe, also fast am Schluß des gesamten Physikunterrichtes, behandelt (vgl. z.B. Berliner Rahmenplan, SENATSVERWALTUNG 1996a). Ein Grund für die Einordnung an dieser Stelle besteht sicherlich in den hohen Anforderungen an diese Thematik, welche in erster Linie in einem hohen Abstraktionsvermögen und dem Beherrschen der nötigen mathematischen Grundlagen bestehen. Es entsteht allerdings die Frage, ob tatsächlich im früheren Unterricht Grundlagen, auf die später aufgebaut werden kann, geschaffen werden. In der Tat gibt es bereits in der Mittelstufe Unterrichtseinheiten, welche die gleiche Thematik auf einem anderen Niveau behandeln. Diese sind „Atombau und

Periodensystem" im Chemieunterricht sowie „Teilchenmodell" und „Kernphysik" im Physikunterricht. Weniger offensichtlich erscheint der Beitrag der Unterrichtseinheiten über Optik. Die Interferenz kann jedoch wie die Quanteneigenschaften des Lichtes im Rahmen der Quantenphysik gedeutet werden.

Wird also der Unterricht der Quantenphysik durch vorangegangenen Unterricht vorbereitet? Wenn dem nicht so ist, müßte man fragen, ob eine solche Vorbereitung nötig ist, oder ob die Quantenphysik eigenständig unterrichtet werden kann. Oder sind die vorangegangenen Unterrichtseinheiten in der Form, wie sie üblicherweise behandelt werden, vielleicht sogar hinderlich?

Um den Fragen nachzugehen, sollen die für den Unterricht der Optik und Quantenphysik relevanten Themen in Physik und Chemie mit den zugehörigen Modellen zusammengestellt werden. Ein Blick in die Rahmenpläne läßt die zeitliche Einordnung der Themen in den Fächerkanon des Chemie- und Physikunterrichtes erkennen.

Der Berliner Rahmenplan für das Fach Physik in der Mittelstufe (SENATSVERWALTUNG 1996) schreibt vor, daß sämtliche Inhalte der geometrischen Optik, welche in Klasse 8 unterrichtet werden, mit dem Modell des Lichtstrahls beschrieben werden. Dazu gehören die Phänomene von Licht und Schatten, die Bildentstehung, die Brechung, die Reflexion sowie die optische Abbildung mit Linsen. In Klasse 11 werden Interferenz- und Beugungsexperimente mit der Wellentheorie des Lichtes beschrieben. Die Analogie zu Wasser- oder Schallwellen sowie die Einbettung des Modells Lichtstrahl sollen den Modellbildungsprozeß fördern. Weitere Inhalte sind die Wellenlänge, die Frequenz, die Lichtgeschwindigkeit und Anwendungen (Beispiele: Hologramme, dünne Schichten, Fresnellinse, Doppler-Effekt, Polarisation).

Im Bereich der Atomphysik sieht der Rahmenplan die Behandlung des Teilchenmodells in der Wärmelehre in Klasse 8 und 10 vor. Mit dem Teilchenmodell sollen zunächst die unterschiedlichen Aggregatzustände erklärt werden, später soll die Auswirkung der Wärmezufuhr auf die Temperatur des Körpers (incl. latenter Wärme) mit diesem Modell beschrieben werden. Zur Erklärung der Dichte im Mechanikunterricht der Klasse 9 wird die Behandlung des Teilchenmodells nicht explizit gefordert. In der Elektrizitätslehre, ebenfalls in Klasse 8, soll bereits ein Kern-Hülle-Atommodell eingeführt werden. Mit diesem Modell soll die Existenz der Elektronen begründet werden, welche als elektrische Ladungsträger für einen Stromfluß verantwortlich sind. Dabei wird offengelassen, welches Kern-Hülle-Atommodell zu verwenden ist. In Klasse 10 soll im Rahmen der Thematik Radioaktivität, Kernphysik sowohl an dieses Modell als auch an die Kenntnisse aus dem Chemieunterricht wieder angeknüpft werden: Der Aufbau der Atome aus Kern und Hülle und den Elementarteilchen, Protonen, Neutronen und Elektronen, wird vertieft. Die Behandlung eines bestimmten Atommodells, etwa des Bohrschen Modells, ist auch an dieser Stelle der Rahmenpläne nicht vorgeschrieben.

Die Rahmenpläne für den Chemieunterricht (SENATSVERWALTUNG 1995a) schreiben die Behandlung des Bohrschen Modells ebenfalls nicht vor. In der Unterrichtseinheit Oxidation und Reduktion in Klasse 8 sollen chemische Reaktionen mit Hilfe des Teilchenmodells gedeutet werden. Das im Experiment zu bestätigende Gesetz von der Erhaltung der Masse und den konstanten Massenverhältnissen wie auch der Molekülbegriff können mit Einführung des Daltonschen Atommodells beschrieben werden. Bei der Erarbeitung der charakteristischen Eigenschaften von Salzen in der 9. Klasse soll ein vereinfachtes Kern-Hülle-Modell eingeführt werden, welches während der folgenden Thematik Atombau und chemische Bindung zur Erklärung der Ionenbildung und Elektronenpaarbindung auszudifferenzieren ist. Das Periodensystem der Elemente soll an dieser Stelle mit den Stoffeigenschaften und dem Atomaufbau der Elemente eingeführt werden.

In der 12. Klasse der Oberstufe verlangen die Rahmenpläne für den Chemieunterricht (SENATSVERWALTUNG 1990) noch einmal die Wiederholung der historischen Entwicklung der Atommodelle. Beginnend in der Antike bei Demokrit und Aristoteles über Dalton, Thomson und Rutherford werden die jeweiligen Vorstellungen vom Atom dargestellt. Spektraluntersuchungen sollen die Einführung des Bohrschen Modells motivieren, welches ausführlich mit seinen physikalischen Grundlagen erklärt werden soll. Nach dem Vorführen der Anwendungsmöglichkeiten des Modells, bezogen auf chemische Bindungen und das Periodensystem der Elemente, sollen auch seine Grenzen gezeigt werden. Es folgt die Behandlung des quantenmechanischen Orbitalmodells, dessen Orbitale als Aufenthaltsräume und Dichteverteilung von Elektronen zu interpretieren sind. Im Chemieleistungskurs soll zuvor ein kurzer Abschnitt über die Doppelnatur der Elektronen als Welle oder Teilchen mit dem Phänomen der Elektronenbeugung und der De-Broglie-Beziehung eingeschoben werden.

Die Quantenphysik ist in der Oberstufe für die Klasse 12 im Leistungskurs bzw. 13 im Grundkurs Physik vorgesehen (SENATSVERWALTUNG 1996a). Zum Einstieg in die Thematik soll die Quantenstruktur des Lichtes mit der Bestimmung des Planckschen Wirkungsquantums durch den Photoeffekt entdeckt werden. Es folgen die Einführung von Energie und Impuls von Photonen, im Leistungskurs auch die Beschreibung des Compton-Effektes, wobei zur Interpretation eine „geeignete Modellvorstellung" zu wählen ist. Die de Brogliesche Beziehung soll eingeführt und die Braggsche Streuung behandelt werden. Im Kontrast dazu wird anschließend die Wellenstruktur der Materie mit den Experimenten der Elektronenbeugung und der Interferenz von Elektronen am Doppelspalt behandelt. Dabei soll ein Vergleich zwischen klassischen Teilchen und Licht unternommen werden, wobei die Unterschiede durch die Heisenbergsche Unbestimmtheitsrelation zu verdeutlichen sind. Damit stehen die Grundlagen für die Thematik der Quantelung der Energie in der Atomhülle bereit. Als Einstieg werden hier der Franck-Hertz-Versuch sowie Gasentladungsversuche behandelt. Die Spektraluntersuchungen sollen Emissions- und Absorptionsprozesse verdeutlichen, wobei das Termschema für die Energien im Wasserstoffatom Anwendung findet. Für den Leistungskurs wird die Beschreibung eines quantenphysikalischen Atommodells und die Einordnung verschiedener Modelle in historische Zusammenhänge gefordert. Hier bleibt offen, welche

Modelle behandelt werden müssen und wie weit in das quantenphysikalische Modell einzusteigen ist.

Insgesamt präsentieren sich die Berliner Rahmenpläne für das Fach Physik recht offen: Es wird an keiner Stelle die Behandlung des Bohrschen Atommodells verlangt. Auch auf die Behandlung des Welle-Teilchen-Dualismus als eine physikalische Sichtweise der Quantentheorie wird verzichtet. Nicht einmal die Modelle von Welle und Teilchen werden explizit im Unterricht der Quantenphysik verlangt, es besteht durch die Forderung nach „geeigneten Modellen" durchaus die Möglichkeit, alternative Beschreibungen zu wählen.

1.2 Modelle im Optikunterricht

Die gegenwärtige Unterrichtspraxis unterscheidet sich teilweise von den Vorgaben aus den Rahmenplänen. Insbesondere werden die bestehenden Freiräume kaum genutzt. Dies ist durch Unterrichtsbesuche zu beobachten und läßt sich durch Gespräche mit Lehrerinnen und Lehrern bestätigen. Auch der Blick in die Schulbücher läßt auf die Inhalte des Unterrichtes schließen, da man davon ausgehen kann, daß sich die Lehrerinnen und Lehrer an den Inhalten der Bücher orientieren und umgekehrt die Schulbuchautoren in der Regel Material für die üblichen Unterrichtsthemen bereitstellen. Aufgrund dieser Rückkopplung sind schnelle Veränderungen in der Unterrichtspraxis kaum zu beobachten, zumal die Lehrerinnen und Lehrer verständlicherweise an gewohnten Inhalten, die sie eventuell bereits während ihrer Ausbildung kennengelernt haben, festhalten.

In der Optik geben die Rahmenpläne für den Mittelstufenunterricht wenig Freiräume, die Unterrichtsinhalte entsprechen daher meist den Vorgaben. Das zentrale Modell ist das des Lichtstrahles. Meist werden schmale Lichtbündel durch Blenden erzeugt, bzw. es wird Laserlicht verwendet, um die Beschreibungen der Gesetzmäßigkeiten der geometrischen Optik zu illustrieren. Die Gefahr der Ausprägung einer Vorstellung vom Licht, das aus Strahlen besteht, wird verkannt, indem der Modellcharakter der Strahlen in der Regel nicht deutlich gemacht wird (vgl. Kapitel 2.1). In der 11. Klasse der Oberstufe fordern die Rahmenpläne die Behandlung der Optik auf der Grundlage des Wellenmodells. Mit Hilfe des Huygensschen Prinzips sollen die Phänomene der geradlinigen Lichtausbreitung, Brechung und Reflexion wiederholt werden, wodurch eine Beziehung zur geometrischen Optik hergestellt werden soll. Der Schluß, daß das Strahlenmodell ein vereinfachtes Modell gegenüber der komplexeren Wellentheorie darstellt, scheint jedoch den meisten Schülerinnen und Schülern verborgen zu bleiben, was sich bei der Untersuchung von Schülervorstellungen gezeigt hat (vgl. Kapitel 2.2.1, 6.4.2).

1.3 Atommodelle im Chemie- und Physikunterricht

Die Einführung in die Thematik der Atomphysik erfolgt im Schulunterricht mit der Beschreibung von Materie durch das Teilchenmodell. Im Physikunterricht geschieht dies bei der

Behandlung der Wärmelehre oder Elektrizitätslehre, wobei in der Regel gleich ein Kern-Hülle-Modell, meist das Bohrsche Modell, verwendet wird.

Der Chemieunterricht orientiert sich eher an der historischen Entwicklung der Atommodelle. Es wird ein Überblick über das Daltonsche und Rutherfordsche Modell gegeben. Die Erkenntnisse, die aus diesen Modellen gewonnen werden können, sind sowohl für den Physik- als auch Chemieunterricht bedeutsam; die Verwendung erscheint insofern nicht nur im Rahmen eines Themeneinstiegs, sondern insbesondere für die Beschreibung der weiteren zu behandelnden Unterrichtsinhalte geeignet.

Aus der Sicht des Physikunterrichtes ist die Einführung eines weiteren Atommodells zur Abdeckung der von den Lehrplänen geforderten Unterrichtsinhalte in der Mittelstufe nicht notwendig. Insbesondere die Behandlung des Bohrschen Modells erscheint sehr fraglich, zumal weder seine Besonderheiten der Quantelung des Bahndrehimpulses und der sich daraus ergebenden Energieniveaus, noch seine Grenzen verstanden werden können. Trotzdem wird das Bohrsche Atommodell sehr häufig im Physikunterricht der Mittelstufe unterrichtet.

Der Chemieunterricht benötigt schon sehr früh zur Behandlung von Molekülbindungen und zur Beschreibung des Aufbaus des Periodensystems ein differenziertes Kern-Hülle-Modell. Dazu wird in der Regel das Schalenmodell genutzt, welches den Elektronen feste Plätze auf kreisförmigen Schalen um den Kern zuordnet. Ionisierungsenergien der Elemente und die Ionenbindung werden durch die bevorzugte Edelgaskonfiguration erläutert. Die Elektronenpaar- bzw. Kovalenzbindung kann erst durch ein weiteres Modell, z.B. das von Kimbell entwickelte Kugelwolkenmodell, beschrieben werden.

Ein differenzierteres Kugelwolkenmodell, das VSEPR-Bindungsmodell von Gillespie, kommt in der Oberstufe zum Einsatz, um Bindungswinkel und Bindungslängen in Molekülen zu verstehen. Beide Modelle gehen von Ladungswolken aus, in denen sich die Elektronen bewegen, aber aufgrund der Heisenbergschen Unbestimmtheitsrelation keinen scharfen Ort besitzen.

Die Rahmenpläne des Physikunterrichtes fordern eine Vertiefung der in der Chemie genutzten Modelle, indem sie in der Klasse 12 der Oberstufe die Behandlung quantenphysikalischer Inhalte vorsehen. Dazu bieten die modernen Schulbücher und Lehrmittel inzwischen hilfreiche Anregungen. Dennoch legen die in den Rahmenplänen geforderten klassischen Inhalte nahe, daß über den Einstieg in das Thema hinaus an klassischen bzw. semiklassischen Beschreibungen von Licht und Materie festgehalten wird. Im Mittelpunkt stehen die Behandlungen des Welle-Teilchen-Dualismus und des Bohrschen Atommodells. Das Bohrsche Modell wird ausführlich mit seinen breiten Anwendungsmöglichkeiten besprochen, Quantenzahlen werden eingeführt und Spektraluntersuchungen gedeutet. Nach dem Aufzeigen der Grenzen dieses Modells folgt eine Behandlung des linearen Potentialtopfes, die zum Quantenmodell hinführen soll und mit dem Anschreiben der Schrödingergleichung an die Tafel abschließt. Eine solche Behandlung der Atomphysik wird in der Oberstufe sicherlich nicht selten praktiziert, wobei die Schülerinnen und Schüler kaum in der Lage sein werden,

7

Zusammenhänge der Quantenphysik, etwa die Quantelung der Energie und die Bedeutung von Orbitalen im Sinne von Antreffwahrscheinlichkeiten von Elektronen, zu verstehen.

Die Anforderungen des Physik- und Chemieunterrichtes an Atommodelle gehen deutlich auseinander. Während in der Chemie das Interesse durch die Notwendigkeit, chemische Reaktionen und Bindungen zu erklären, anwendungsbezogen ist, sieht der Physikunterricht eher seine Aufgabe darin, ein adäquates Bild von der Struktur der Materie zu entwickeln. Dabei sollen spätestens in der Oberstufe die physikspezifischen Methoden der Erkenntnisgewinnung aufgezeigt und außerdem, bei der Reduzierung moderner physikalischer Erkenntnisse auf Schulniveau, keine grundlegenden Verfälschungen in Kauf genommen werden. Um dem gerecht zu werden, erscheint die Behandlung eines quantenmechanischen Atommodells wünschenswert. Aufgrund des hohen Anforderungsniveaus, welches insbesondere durch die Abstraktheit der Quantenmechanik bedingt ist, kann ein solcher Unterricht erst in der Oberstufe erfolgen und kommt damit zwangsläufig zeitlich nach der Einführung detaillierter Atommodelle im Chemieunterricht. Diese zeitliche Diskrepanz stellt die Behandlung der Atommodelle im Physikunterricht der Oberstufe keinesfalls in Frage, denn die Behandlung des gleichen Inhaltes auf einem anderen Niveau bzw. unter einer anderen Sichtweise ist aufgrund der verschiedenen Bildungsziele der beiden Fächer durchaus legitim. Jedoch sollten die Unterrichtskonzepte in den beiden naturwissenschaftlichen Fächern so aufeinander abgestimmt sein, daß sie sich ergänzen und die Schülerinnen und Schüler die Zusammenhänge der verschiedenen Betrachtungsweisen nachvollziehen und von ihrem Wissen aus dem anderen Fach profitieren können. Nach der geschilderten Unterrichtspraxis des Chemie- und Physikunterrichtes bekommt man den Eindruck, daß die fachspezifischen Konzepte eher den gegenteiligen Effekt haben, indem sie das Einordnen des Gelernten in eine übergeordnete Ebene erschweren. Dies wird anhand verschiedener Untersuchungen in den folgenden Kapiteln diskutiert.

2 Schülervorstellungen

In der fachdidaktischen Forschung besteht ein weitgehender Konsens über die Bedeutung von Schülervorstellungen beim Lernprozeß. Bereits vor dem Unterricht bilden die Schülerinnen und Schüler aufgrund ihrer alltäglichen Erfahrungen aus der Umwelt Vorstellungen (Präkonzepte), die sie in die Schule mitbringen und dort verwenden. Die Weiterentwicklung dieser Vorstellungen mit dem Ziel der Anpassung an wissenschaftliche Vorstellungen erklärt einen Lernprozeß. Ohne auf die im einzelnen dabei ablaufenden kognitiven Prozesse eingehen zu wollen, ist offensichtlich, daß die Beurteilung eines erfolgreichen Lernvorganges nicht ohne eine Untersuchung der Veränderung von Schülervorstellungen möglich ist.

Aus diesem Grund sind in den letzten Jahren Schülervorstellungen und ihre Veränderungen durch Unterricht zu vielen Themengebieten der Physik gründlich untersucht worden. Auch im Bereich der Atom- und Quantenphysik sind eine ganze Reihe von Arbeiten zu Schülervorstellungen veröffentlicht worden. Die Untersuchungen reichen von der Mittelstufe, in der die Vermittlung einer Materievorstellung begonnen wird, bis zum Unterricht der Quantentheorie in den Leistungskursen der Oberstufe. Detaillierte Zusammenstellungen der Arbeiten findet man u.a. in „*Quantenphysik in der Schule*" (FISCHLER 1992) und in „*Der Lernpfad eines Schülers in der Atomphysik*" (PETRI 1996). Im folgenden Kapitel werden die Untersuchungen nicht im einzelnen beschrieben, sondern einige wesentliche Ergebnisse dargestellt.

Die im Rahmen dieser Arbeit durchgeführte Erprobung des Curriculums „Vom Licht zum Atom" hat ebenfalls Aufschluß über die Veränderung der Schülervorstellungen während des Unterrichtes erbracht. Die Ergebnisse werden hier zum Teil bereits erwähnt und in Kapitel 6.4.2 ausführlicher erörtert.

2.1 Der Einfluß des Physik- und Chemieunterrichtes der Mittelstufe

Eine breit angelegte Studie von KNOTE (1975) zeigt, welche Assoziationen 13- bis 15jährige Schülerinnen und Schüler mit dem Atombegriff nennen und worauf ihr Wissen beruht. Am auffälligsten ist die negative Besetzung des Atombegriffs, welche sich anhand der Nennung zerstörerischer Anwendungen der Kernphysik zeigt. Über 60 % der Schülerinnen und Schüler nennen die Atombombe. Die Verwendung von Begriffen wie Bedrohung und Vernichtung deutet auf die offensichtlich bestehende Angst vor dem Mißbrauch der Atomenergie hin. Dagegen werden Aussagen aus dem Bereich des physikalischen Sachwissens, etwa des Atoms als kleinstem Teilchen oder die Existenz von Elementarteilchen, seltener genannt. Die negative Bewertung des Atombegriffs erscheint plausibel, wenn man berücksichtigt, daß immerhin ein Drittel aller Schülerinnen und Schüler angeben, durch die Information über militärische Anwendungen der Atomenergie (z.B. den Abwurf der Atombombe über Hiroshima) das erste Mal überhaupt mit dem Atombegriff konfrontiert gewesen zu sein. Als Medium der vorschulischen Informationen geben knapp zwei Drittel das Fernsehen, ein Drittel Zeitschriften und nur ganz wenige Gespräche mit Eltern, Geschwistern oder Freunden an. Der Vergleich von Schülerinnen und Schülern aus verschiedenen Klassenstufen (8 – 10) macht deutlich, daß sich die Vorstellungen vom Atom derart verändern, daß etwa 60 % der Schülerinnen und Schüler ein Kern-Hülle-Modell sowie die Existenz von Protonen, Elektronen und Neutronen erlernen. Es ist jedoch maximal 10 % der Zehntklässler klar, daß es sich dabei um ein Modell handelt.

Die Längsschnittuntersuchung von FISCHLER (1997) und LICHTFELDT (1997) gibt detailliert Aufschluß über die Schülervorstellungen zu Beginn des Physik- und Chemieunterrichtes in der Mittelstufe und ihre Veränderungen bis zum Ende der 10. Klasse. Es hat sich in dieser Studie gezeigt, daß die Schülerinnen und Schüler bereits konkrete Vorstellungen von der Materie und den Atomen besitzen, ehe der Unterricht zu dieser Thematik beginnt. Durch ihre Alltagserfahrungen, vermutlich aufgrund von Fernsehen, populärwissenschaftlicher Literatur und sonstigem Umfeld, entwickeln die Schülerinnen und Schüler eine Materievorstellung, die sich dadurch auszeichnet, daß alle Körper aus kleinsten Teilchen bestehen, welche dem verkleinerten Körper mit seinen makroskopischen Eigenschaften entsprechen. Die Teilchen füllen den zur Verfügung stehenden Raum vollständig aus, so daß es zwischen ihnen keine leeren Stellen gibt. Diese „Kontinuumsvorstellung" (BUCK 1986, S. 40) impliziert, daß die Teilchen z.b. die Farbe, die Dichte und den Geschmack des gesamten Körpers haben. Auch Atome werden als Teilchen bzw. verkleinerte Körper gesehen, sie haben eine Kugelgestalt und werden aus Kern und Schale bestehend beschrieben. Die meisten Schülerinnen und Schüler geben an, daß die Elektronen auf Schalen sitzen oder sich auf Bahnen um den Atomkern bewegen.

Interessanterweise stellen FISCHLER und LICHTFELDT fest, daß die Kontinuumsvorstellung von Teilchen durch den Mittelstufenunterricht nicht beseitigt, sondern, im Gegenteil, eher noch gefördert wird. Dies muß im Zusammenhang mit der Einführung des Aufbaus der Materie im Chemieunterricht gesehen werden, bei dem in der Regel die Atome als Resultat einer sukzessiven aber endlichen Zerteilung eines Körpers dargestellt werden:

> Die übliche Argumentation weist auf die kleinsten Teilchen hin, die das Ende des Zerteilungsvorgangs markieren. Diese Darstellung muß zwangsläufig dem Transfer der mikroskopischen Eigenschaften des Ausgangsstoffes auf die kleineren Teile und schließlich auf die kleinsten Teilchen zur Folge haben. Es ist nicht vermittelbar, daß irgendwo auf dem Wege zu den kleinsten Teilchen eine andere Sichtweise notwendig wird (FISCHLER 1998, S. 350).

BUCK erklärt, daß „im Chemieunterricht [ ] diese Fehlvorstellung dadurch begünstigt [wird], daß man im allgemeinen auf die 'Kleinheit' der Dinge abhebt und ihre Andersartigkeit übersieht" (BUCK ebd.).

Auch der Physikunterricht, der das Teilchenmodell in der Wärmelehre, Elektrizitätslehre und Mechanik (Dichte) anspricht, vermag offenbar die Kontinuumsvorstellung nicht zu beseitigen. DUIT sieht eine Begründung darin, daß es „keinen Weg vom Teilchenmodell zum Experiment [gibt]. Die Experimente, die der Physiker in der Regel im Teilchenmodell deutet, erklären die Schüler - auf für sie durchaus befriedigende Weise - in einem Kontinuumsmodell" (DUIT 1992, S. 212). Unterstützt werden die Fehlvorstellungen nach FISCHLER durch die ungünstige bildliche Darstellung von Teilchen in Schulbüchern:

In den Zeichnungen sind die Teilchen von einem Kontinuum umgeben (im Original farbig), das den Stoff insgesamt und seine Grenzen darstellen soll. Physikalisch ist dieses Kontinuum unsinnig, was insbesondere bei der Oberfläche der Flüssigkeit zu erkennen ist (FISCHLER ebd.).

Weiterhin muß darauf hingewiesen werden, daß solche und ähnliche unreflektierte Darstellungen von Teilchen, welche den Eindruck einer Fotografie von Materie erwecken, die Gleichsetzung von Modell und Realität begünstigen (vgl. BUCK 1994, S. 412). Diese Fehlvorstellung, das Nichtunterscheiden von Modell- und Phänomenebene, haben alle Untersuchungen zu Schülervorstellungen im Bereich der Mittelstufe feststellen müssen (vgl. DUIT 1992, S. 212; BORN 1976, S. 66).

Sofern die Schülerinnen und Schüler in der 10. Klasse in einem Wahlpflichtkurs der Physik das Thema Radioaktivität und Kernphysik behandeln, werden sie dort in der Regel, wie oft auch schon zuvor im Chemieunterricht, mit dem Bohrschen Atommodell konfrontiert. Bedauerlicherweise werden die Probleme der Bohrschen Darstellung meist im Mittelstufenunterricht den Schülerinnen und Schülern vorenthalten, so daß der Modellcharakter nicht deutlich wird. Die Fehlvorstellungen von den auf Bahnen kreisenden Elektronen sowie die Annahme, dieses Modell entspreche der Wirklichkeit, werden somit unterstützt.

2.2 Schülervorstellungen zu Beginn der Oberstufe

Aufgrund der geschilderten geringen Auswirkungen des Mittelstufenunterrichtes sind am Anfang der Oberstufe zum überwiegenden Teil noch die Schülervorstellungen, wie sie oben dargestellt wurden, zu finden. Unterschiede, die sich in detaillierteren Konzepten zur Beschreibung der atomaren Welt noch vor dem Unterricht der Quantenphysik zeigen, sind auf den Unterricht von Wahlpflichtkursen in Physik oder Chemie am Ende der Sekundarstufe I, den Optikunterricht in der Klasse 11 und sicherlich auch auf außerschulische Einflüsse zurückzuführen.

Die im folgenden beschriebenen Untersuchungsergebnisse stellen die Schülervorstellungen unter drei verschiedenen Aspekten dar, welche zur Beurteilung der Lernprozesse im Unterricht der Quantenphysik eine besondere Rolle spielen: die Vorstellungen von Licht, der Materie (makroskopische Körper und mikroskopische Objekte) und zur physikalischen Erkenntnisgewinnung.

2.2.1 Vorstellungen vom Licht in der Sek. II

Eigene Untersuchungen in der Klasse 11 (vgl. Kapitel 6.4.2; WERNER & SCHÖN 1999) haben ergeben, daß die meisten Schülerinnen und Schüler mehrere Vorstellungen vom Licht nebeneinander haben. So ist die aus der geometrischen Optik der Mittelstufe entwickelte Vorstellung vom Licht, welches aus Strahlen besteht, neben den Vorstellungen vom Licht als

11

einer Welle und Licht, bestehend aus Teilchen, zu finden. Entsprechende Ergebnisse hat auch LICHTFELDT (1991, S. 142 ff.; 1992, S. 237) in seinen Untersuchungen beschrieben:

> Die Auswertung der Schülerantworten zeigt eine deutliche Bereitschaft der Schüler, dem Licht mehrere Eigenschaftsmerkmale zuzuschreiben. Mit dem bereits angelegten 'Strahl-Welle-Dualismus' scheint eine mehrgleisige Denkweise bei den Schülern vorbereitet zu sein, so daß sie bei der Präsentation von weiteren Lichtmodellen mit der logischen Einbettung in ihre Vorstellungen keine Schwierigkeiten haben. Die Teilchenvorstellung des Lichtes kommt dabei dem Ausbreitungsstrahl des Lichtes sehr nahe: 'Die Quanten fliegen auf dem Strahl entlang.' Damit fügen sich die Wissenselemente, die die Schüler im Laufe ihres naturwissenschaftlichen Unterrichtes aufgenommen haben, widerspruchsfrei zu einem Vorstellungsrahmen zusammen. (LICHTFELDT 1992, S. 237)

Neben der von LICHTFELDT festgestellten starken Verbreitung der Wellenvorstellung (80 %), welche auf die Behandlung des Wellenmodells in der 11. Klasse zurückzuführen ist, verwundert, daß etwa die Hälfte aller Schülerinnen und Schüler eine Teilchenvorstellung besitzt. Das Teilchenmodell ist bis zur Klasse 12 nicht Gegenstand des Physikunterrichtes, entsprechende Vorstellungen werden nach LICHTFELDT durch andere Fächer (z.B. Biologie) oder populärwissenschaftliche Darstellungen erzeugt. Immerhin 40 % der Schülerinnen und Schüler haben eine dualistische Vorstellung vom Licht. Sie sehen beide Theorien zur Beschreibung des Lichtes als gleichberechtigt an (vgl. LICHTFELDT 1991, S. 145 ff.).

2.2.2 Vorstellungen von Materie

Der von FISCHLER und LICHTFELDT festgestellte geringe Einfluß des Mittelstufenunterrichts auf die Schülervorstellungen erklärt das Vorhandensein einer Kontinuumsvorstellung noch zu Beginn der Oberstufe. Die Schülerinnen und Schüler haben noch immer Schwierigkeiten, sich vorzustellen, daß es zwischen den Teilchen der Materie einen leeren Raum gibt, da sie im allgemeinen nicht erkannt haben, daß das Teilchenmodell etwas Andersartiges beschreibt, das nicht Bestandteil ihrer gewohnten Lebenswelt ist. Daher ist zu verstehen, daß sie ihre mechanistischen Vorstellungen aus der makroskopischen Umgebung auf die mikroskopischen Objekte übertragen. Dazu gehören nach wie vor Merkmale und Eigenschaften der Körper, wie Farbe, Temperatur, Dichte etc.

Atome werden von den Schülerinnen und Schülern ganz analog den Teilchen in dem mechanistischen Bild vorgestellt. Auch hier werden die Körpereigenschaften, wie z.B. die Dichte, unmittelbar mit den Eigenschaften der Atome zusammengebracht: „Ein leichter Körper hat leichte Atome, ein schwerer schwere" (Schüleräußerung zitiert nach LICHTFELDT 1991, S. 135).

Zu den Vorstellungen vom Aufbau der Atome zeigen die verschiedenen Untersuchungen ein konsistentes Bild, welches durch das Bohrsche Modell dominiert wird. Auch in eigenen Untersuchungen (vgl. Kapitel 6.4.2; WERNER & SCHÖN 1999) wurden von fast allen Schülerinnen und Schülern Aussagen der Art: „Atome besitzen Schalen, auf denen sich die Elektronen befinden" und „Elektronen kreisen auf Bahnen" gewonnen. Dahinter steckt die Vorstellung eines Kern-Hülle-Modells, welches einem zweidimensionalen Planetenmodell entspricht. Sie wird als Bohrsche Atomvorstellung bezeichnet, obwohl sie in der Regel die Bohrschen Postulate nicht beinhaltet. Die meisten Schülerinnen und Schüler haben nach LICHTFELDT keine statische Vorstellung vom Atom, sondern gehen von einer mechanischen Bewegung des Elektrons auf einer Kreisbahn im Gleichgewicht von Coulomb- und Zentripetalkraft aus. Nur wenige Schülerinnen und Schüler nennen das Orbitalmodell, wobei auch bei ihnen die Vorstellung der mechanischen Kreisbewegung der Elektronen innerhalb der Orbitale festzustellen ist.

Das Elektron wird in diesem Zusammenhang wiederum ganz deutlich in der Partikelvorstellung gesehen: Es ist ein bewegtes Teilchen mit bestimmter Masse, Geschwindigkeit, Ladung und bestimmtem Ort.

2.2.3 Vorstellungen zu wissenschaftstheoretischen Aspekten

Die Vorstellungen zu zwei Aspekten wissenschaftstheoretischer Fragestellungen sind für die Quantentheorie sowie generell in den Naturwissenschaften von Interesse. Dies sind die Bedeutung, die die Schülerinnen und Schüler den Modellen beimessen, und der Prozeß der Erkenntnisgewinnung durch das Experiment.

Bei der Beschreibung der Schülervorstellungen während der Mittelstufe wurde bereits angegeben, daß den Schülerinnen und Schülern kaum die Unterscheidung von Modell- und Phänomenebene gelingt. Das heißt, sie gehen beispielsweise davon aus, daß das Licht tatsächlich in Form von Partikeln auf Wellenbahnen fliegt oder daß Atome in der Realität dem Bohrschen Modell entsprechen. Diese Fehlvorstellung läßt sich durch verbale Schüleräußerungen nachweisen. Indizien dafür sind Formulierungen wie: „es besteht aus", „es hat" etc. anstelle von „es wird beschrieben durch". Ein weiteres Indiz ist das Auslassen abstrakter Modellaspekte bei der Beschreibung atomarer Objekte, wie z.B. die Bohrschen Postulate oder der unscharfe Ort (vgl. LICHTFELDT 1992, S. 240). Erst die Integration solcher abstrakter Elemente in die Modellvorstellungen erfordert von der Schülerin oder dem Schüler das Loslösen von der Phänomenebene. BETHGE (1992) hingegen erklärt, daß die Schülerinnen und Schüler zwar innerhalb einer Modellebene argumentieren, der Modellbegriff dabei jedoch zwei widersprüchliche Bedeutungen hat:

> Zum einen wird von ihnen eine Veranschaulichung der Atome gefordert, zum anderen brauchen diese Modelle aber nicht real zu sein. [...]
> Die gleichzeitige Betonung der beiden Aspekte von ‚Modellen', gegenständliche Veranschaulichung und bloßes Gedankenkonstrukt zu sein, ermöglicht es den Schülern, eine anschauliche Vorstellung vom Atom aufrechtzuerhalten, wenn sie gleichzeitig auch betonen, daß diese Vorstellung nicht der ‚Wirklichkeit' entspricht (BETHGE 1992, S. 221).

LICHTFELDT weist darauf hin, daß der übliche Physikunterricht nahelegt, Gesetzmäßigkeiten und Erkenntnisse allein aus dem Experiment zu gewinnen. Der Stellenwert des Experimentes und das Vertrauen auf die Richtigkeit seiner Resultate wird von den Schülerinnen und Schülern sehr hoch bewertet. „Den Meßinstrumenten wird dabei fast 'blind' vertraut, eine Wechselwirkung zwischen Messung und physikalischem Vorgang wird nicht gesehen"

(LICHTFELDT 1991, S. 178). Es resultiert daher die Vorstellung, daß prinzipiell in der Physik alles erklärbar ist. Offene Fragen z.b. aus dem Bereich der Quantentheorie werden lediglich als „zeitliches Problem" gesehen.

2.3 Einfluß des Unterrichtes in Quantenphysik auf die Schülervorstellungen

Der Unterricht von Quantenphysik in der Sekundarstufe II hat im Gegensatz zu dem Mittelstufenunterricht einen beobachtbaren Einfluß auf die Schülervorstellungen. Das dokumentieren die Untersuchungen von WIESNER (1989), BORMANN (1986), BAYER (1986), LICHTFELDT (1991) und PETRI (1996), sowie eigene Untersuchungen im Rahmen der Erprobung des Curriculums „Vom Licht zum Atom" (vgl. Kapitel 6.4.2; WERNER & SCHÖN 1999).

2.3.1 Veränderung der Schülervorstellungen

Es hat sich gezeigt, daß je nach Intention der jeweiligen Unterrichtsinhalte mit ihren unterschiedlichen Lernzielen wenigstens bei einem Teil der Schülerinnen und Schüler eine Veränderung bestehender bzw. eine Ausprägung neuer Schülervorstellungen bewirkt wird. LICHTFELDT (1991) erhält nach dem Einsatz des „Berliner Konzeptes: Einführung in die Quantenphysik" (BERG et al. 1989) signifikante Unterschiede zwischen einer Erprobungs- und einer Kontrollgruppe. Etwa 40 % der Schülerinnen und Schüler entwickeln eine Vorstellung vom Quant, welche sich von den früheren klassisch-mechanischen Teilchenvorstellungen unterscheidet. Atome werden z.B. mit „verschmierten" Elektronenwolken gezeichnet, bzw. bildliche Darstellungen werden vollständig vermieden. Mehr als die Hälfte der Schülerinnen und Schüler lehnen aufgrund der Heisenbergschen Unbestimmtheitsrelation ganz und gar den Bahnbegriff für die Elektronen ab. Es werden bei 40 % der Schülerinnen und Schüler Zusammenhänge zwischen Elektronen und Lichtquanten wahrgenommen, wobei die Photonen nicht mehr die klassischen realen Teilchen, sondern energetische Quantenobjekte darstellen, welche an die Stelle von Strahl und Welle treten.

Ähnliche Untersuchungsergebnisse wurden auch im Rahmen der eigenen Erprobung nach dem Einsatz des Unterrichtes zur Quantenphysik gefunden: Atome werden von den Schülerinnen und Schülern mit Orbitalen, welche die Antreffwahrscheinlichkeit von Elektronen angeben, beschrieben. Für Elektronen werden anstelle klassischer Eigenschaften quantenmechanische genannt, wie z.B. der unscharfe Ort. Zum größten Teil haben die Schülerinnen und Schüler auch erkannt, daß es sich bei Strahl, Welle und Teilchen des Lichtes sowie Schale, Bahn und Orbital des Atoms um verschiedene Modelle zur physikalischen Beschreibung der Wirklichkeit handelt.

Bei der gründlichen Analyse des Lernpfades eines einzelnen Schülers stellt PETRI (1996) die Entwicklung bzw. Veränderung von „kognitiven Elementen" als Bausteine der Schülervorstellungen heraus. Der Schüler entwickelt ein quantenphysikalisches Weltbild, welches im wesentlichen durch die kognitiven Elemente Atom und Quant charakterisiert ist, wobei letzteres erst durch den Unterricht erzeugt wurde. Das Element Atom enthält mehrere

Modelle, wobei gleichzeitig neben einem Aufenthaltswahrscheinlichkeitsmodell und einem Ladungswolkenmodell ein klassisches Planetenmodell noch in der ursprünglichen Form wie vor dem Unterricht enthalten ist. Das Planetenmodell wird durch Kern und Hülle beschrieben: In der Hülle umkreisen Elektronen als winzige, massive Kügelchen den Kern auf bestimmten Bahnen. Im Aufenthaltswahrscheinlichkeitsmodell ruhen die Elektronen in Aufenthaltsräumen, welche durch die ψ-Funktion definiert sind. Im Ladungswolkenmodell besteht das Atom aus einem Kern und einer Elektronenladungswolke, in der die Elektronen verschmiert sind. Interessanterweise werden diese drei Modelle kontextabhängig eingesetzt. Obwohl der Schüler gelernt hat, daß das Ladungswolkenmodell das modernste ist und somit den anderen, insbesondere dem klassischen Modell überlegen ist, nutzt er bei spontanen Assoziationen immer wieder zuerst das Planetenmodell. Auch das kognitive Element Quant enthält noch klassische (dualistische) Beschreibungen: Das Elektron als winziges, massives Kügelchen „reitet" auf einer Wellenfront, welche Beugungs- und Interferenzphänomene erzeugt.

2.3.2 Stabilität klassischer Vorstellungen

Trotz der positiven Veränderungen zeigen sich, wie am Beispiel des von PETRI beobachteten Schülers geschildert wurde, nach dem Quantenphysikunterricht noch immer Vorstellungen, die in das alte klassisch-mechanisch geprägte Bild passen. Wie geschildert, bezeichnen viele Schülerinnen und Schüler, die das Elektron mit seinen quantenmechanischen Eigenschaften beschrieben haben, dasselbe als Teilchen. BORMANN (1986) stellt sogar nach dem Einsatz eines Elektronenbeugungsexperimentes fest, daß die meisten Schülerinnen und Schüler bei einer Teilchenvorstellung vom Elektron bleiben. Er erklärt dies „durch den eher lebensweltlichen Charakter des Begriffs Teilchen [ ], der somit stärker emotional ausgeprägt ist" (BORMANN 1986, S. 481).

BAYER (1986) hat in seinen Untersuchungen beobachtet, daß Eigenschaften von bekannten Objekten beim Erlernen neuer Inhalte an die neuen Begriffe angepaßt werden. So wird beispielsweise das Orbital im Zusammenhang mit dem Schalenmodell gesehen:

> Die Schale wird aufgeweitet zu einer Schale mit endlicher Dicke. Diese Dicke kommt durch die Schwingungsbewegung des Elektrons auf seiner Bahn zustande. Macht man einen Querschnitt durch das Atom, so ergibt sich eine Wahrscheinlichkeitsaussage, die eine gewisse Ähnlichkeit mit der radialen Aufenthaltswahrscheinlichkeitsverteilung des Grundzustandes des Wasserstoffatoms hat (BAYER 1986, S. 252).

Die eigenen Untersuchungen haben ein ähnliches Schülerverhalten gezeigt: Die klassischen Eigenschaften des Elektrons werden nicht von allen Schülerinnen und Schülern bei Verwendung des Orbitalmodells abgelegt. Das Orbital wird als Aufenthaltsbereich gesehen, in dem das Elektron als klassisches Teilchen mit bestimmbarem Ort existiert. Auch der Sprung des Elektrons von Schale zu Schale wird im Orbitalmodell übernommen. Hier springen die Elektronen bei der Emission oder Absorption von Orbital zu Orbital. Die Schwierigkeiten mit dem Orbitalmodell können auch durch eine Unzufriedenheit vieler Schülerinnen und Schüler mit dem Wahrscheinlichkeitsbegriff in der Quantenphysik verstanden werden. Sie akzeptieren die Angabe von Wahrscheinlichkeiten bei der Interpretation von Verteilungsfunktionen der Orbitale, wünschen sich jedoch kausale Erklärungen für das Verhalten von Quantenobjekten, welches in der Quantenphysik ebenfalls „nur" durch Wahrscheinlichkeiten angegeben wird (vgl. BETHGE 1992).

Um den Umgang mit dem Orbitalmodell zu erleichtern, wird im üblichen Unterricht versucht, Gemeinsamkeiten zu klassischen Modellen herauszuarbeiten. Es wird beispielsweise gern das Maximum der Aufenthaltswahrscheinlichkeit berechnet, welches mit dem Radius der Bohrschen Bahn zusammenfällt. Dabei werden jedoch Eigenschaften der verschiedenen Modelle vermischt, und Besonderheiten des quantenmechanischen Modells, die gerade nicht Bestandteile der klassischen Modelle sind, gehen verloren. Die Schülerinnen und Schüler sehen daher auch kaum einen Grund für eine Auseinandersetzung mit nicht-klassischen Modellen.

Im Bereich der Optik lassen sich aufgrund der eigenen Untersuchungen analoge Schwierigkeiten feststellen. Auch hier werden zum Teil klassische Vorstellungen beibehalten. Einige Schülerinnen und Schüler sehen die Lichtwege als Bahnen für Photonen, wobei also die Lichtquanten klassische Eigenschaften behalten. Ein Schüler beschreibt sogar durch seine Handbewegung die wellenartige Bahn des Photons auf dem Lichtweg. Zu gleichen Ergebnissen kommt auch WIESNER bei der Befragung seiner Probanden nach der Interpretation des Compton-Effektes: „Das Symbol für das γ-Quant in der Darstellung des Compton-Effektes wird als Bahn des Mikroobjektes gedeutet" (WIESNER 1989, S. 327).

Als Begründung für die Schwierigkeiten beim Ablegen der klassischen Teilchenvorstellungen muß auch hier die Bevorzugung von mechanistischen Denkweisen und Bildern, welche der lebensweltlichen Umgebung naheliegen, mit ihren hohen Anschaulichkeiten gesehen werden.

2.4 Zusammenfassung Schülervorstellungen

Die Untersuchungen der Schülervorstellungen in der Mittelstufe haben gezeigt, daß die Schülerinnen und Schüler bereits mit konkreten Konzepten zum Atom- und Teilchenbegriff in den Unterricht kommen. Auffallend ist eine Kontinuumsvorstellung von der Materie, die weder durch den Chemie- noch den Physikunterricht durch adäquate wissenschaftliche Vorstellungen ersetzt wird.

Atome werden wie Teilchen als verkleinerte Körper vorgestellt und haben eine Kugelgestalt. Gemäß dem Schalenmodell sitzen korpuskulare Elektronen auf festen Plätzen oder kreisen gemäß dem Bohrschen Modell auf Bahnen um den Atomkern. Der Mittelstufenunterricht ist offenbar nicht in der Lage zu vermitteln, daß es sich bei den verwendeten Modellen um Gedankenkonstrukte und nicht um die Wirklichkeit handelt.

Im Unterricht der Oberstufe werden neue Modelle vermittelt, deren Handhabung von den Schülerinnen und Schülern erlernt wird, indem sich ihre Vorstellungen verändern. Dabei fällt auf, daß sie die alten Konzepte nicht durch neue ersetzen, sondern derart anpassen, daß sie gleichzeitig mit verschiedenen sich durchaus widersprechenden Theorien argumentieren können. In der Optik vermischen sich klassische Wellen- und Teilchenvorstellungen, wobei noch immer nicht der Modellcharakter erkannt wird, in der Quantenphysik treten sogar klassische und quantenmechanische Vorstellungen nebeneinander. Obwohl die Schülerinnen und Schüler im Sinne eines quantenmechanischen Weltbildes korrekte Inhalte erfolgreich erlernen, machen sie dennoch Aussagen, die die Präsenz der alten klassischen Vorstellungen verraten. Die Stabilität dieser Vorstellungen, insbesondere der des Planetenmodells vom Atom und des Teilchenaspektes der Quanten, sind auf deren hohe Anschaulichkeit zurückzuführen. Sofern die Schülerinnen und Schüler eine Auswahl treffen können, bevorzugen sie es, in einer mechanistischen Denkweise mit Begriffen und Bildern zu argumentieren, die einem klassischen Weltbild entstammen.

3 Unterrichtskonzepte als Ergebnis fachdidaktischer Forschung

Bevor in den folgenden Kapiteln der Unterrichtsvorschlag „Vom Licht zum Atom" mit seiner fachlichen und didaktischen Konzeption vorgestellt wird, soll mit der Zusammenfassung einiger moderner Unterrichtskonzepte zur Quantenphysik der aktuelle Stand der Forschung aus dem Bereich der Fachdidaktik wiedergegeben werden.

Das Lichtwegcurriculum mit seinen bestehenden Unterrichtseinheiten wird ausführlicher beschrieben, da es inhaltlich die Grundlagen für den eigenen Unterrichtsvorschlag legt und in Teilen direkt übernommen wird. Das Lichtwegkonzept bildet den Überbau des Gesamtcurriculums, in das die für die Oberstufe vorgesehenen Unterrichtseinheiten „Vom Licht zum Atom" eingebettet sind.

3.1 Curricula zur Quantenphysik

Um der gegenwärtigen Schulsituation, die nach wie vor durch eine semiklassische Beschreibung der Atomphysik geprägt ist, entgegenzuwirken, sind in den letzten Jahren einige neue Curricula zur Quantenphysik entwickelt worden. In diesem Kapitel sollen sechs neue Unterrichtsvorschläge überblicksweise dargestellt werden.

Fast allen dieser Vorschläge ist gemein, daß sie den Unterricht durch ein zentrales Element der Quantenphysik von den bisherigen klassisch mechanistisch geprägten Unterrichtsinhalten abheben. Diese Elemente unterscheiden sich sehr: Sie reichen von der Heisenbergschen Unbestimmtheitsrelation über die Schrödingergleichung bis zum Operatorformalismus. Die kritische Auseinandersetzung mit den Inhalten der neuen Ansätze informiert über die fachlichen und didaktischen Möglichkeiten der Behandlung der Quantenphysik im Schulunterricht und gibt somit Anregungen für die eigene Curriculumsentwicklung.

3.1.1 Das Elektronium im Karlsruher Physikkurs

Der Karlsruher Physikkurs (HERRMANN 1995) ist ein Curriculum für die Sekundarstufe I. Er enthält Unterrichtseinheiten zum Thema Atom- und Festkörperphysik, die während der Promotion von LAUKENMANN (1995) entwickelt wurden. Wesentliche Elemente zur Erklärung des Aufbaus von Materie sind die Stoffe Licht und Elektronium, deren Eigenschaften ähnlich wie Stoffe in der Chemie beschrieben werden.

Im ersten Teil der Unterrichtseinheit wird das Licht behandelt. An einigen Beispielen werden typische Stoffumwandlungsprozesse des Lichtes erläutert und Photonen als kleinste Lichtportionen, die an den Reaktionen beteiligt sind, eingeführt. Sie haben eine Größe, welche dem Kohärenzvolumen des Lichtes entspricht; Photonen des Laserlichtes sind demnach groß, Photonen des Sonnenlichtes dagegen klein. Das Interferenzphänomen wird als Eigenschaft von gewellten Stoffen auch beim Licht beobachtet. Es soll die Ähnlichkeit zu anderen Stoffen, die ebenfalls Interferenzen zeigen, verdeutlichen. Außerdem soll durch die Beob-

18

achtung der Entstehung eines Interferenzmusters auf einem Fotopapier die Bedeutung der einzelnen Photonen erklärt werden. Dadurch, daß der Stoff Licht Welleneigenschaften hat und seine Elementarportionen, die Photonen, einzeln zum Entstehen eines Interferenzmusters beitragen, kann auf den üblichen Welle-Teilchen-Dualismus verzichtet werden.

Der Aufbau der Materie wird durch Atome erklärt, deren Atomhülle aus dem Stoff Elektronium besteht. Er ist kugelsymmetrisch um den Kern angeordnet, und seine Dichte nimmt von innen nach außen kontinuierlich ab. Physikalisch entspricht die Dichte des Elektroniums der Aufenthaltswahrscheinlichkeitsdichte von Elektronen, welche Elementarportionen des Elektroniums sind. Ihnen wird als Größe der Wert der quantenphysikalischen Ortsunschärfe zugeordnet. Für das Wasserstoffatom wird die Größe des Elektrons mit etwa 10^{-10} m angegeben. Die Verschiedenheiten der Atome werden mit den Eigenschaften ihrer Kerne erklärt, die ebenfalls aus einem „breiartigen" Stoff mit den Elementarportionen Protonen und Neutronen bestehen. Die Form der Atomhülle kann sich wie ein Luftballon, der in verschiedenen Formen eingeschnürt wird, durch Teilchenbeschuß verändern, wenn Energie auf das Atom übertragen wird. Neben der radialsymmetrischen Form, dem Grundzustand, werden angeregte Zustände durch andere Formen erklärt, in die das Atom einrasten kann, wenn eine passende Energie zugeführt wird. Dies kann beispielsweise durch Absorption von Photonen geeigneter Frequenz geschehen. Die Emission von Photonen entspricht dem Zurückspringen des Atoms in die Form eines niedrigeren Zustandes. Das Zustandekommen von charakteristischen Spektren leuchtender Gase wird so plausibel gemacht. Auch Elektronen können Atome anregen, was am Beispiel der Leuchtstoffröhren erklärt wird.

Es folgt ein Kapitel über Feststoffe, in dem zunächst die Anordnung von Atomen in Gasen, Flüssigkeiten und festen Körpern unterschieden wird. Auch in Festkörpern befindet sich Elektronium. Es füllt den Raum zwischen den Atomen aus und kann wie im gasförmigen Zustand seine Form (Dichteverteilung) verändern. Im Gegensatz zu den diskreten Energiezuständen der einzelnen Atome werden im Festkörper mit Hilfe von Energiebändern die Durchsichtigkeit von Nichtleitern und die Undurchsichtigkeit von Leitern erklärt. Weitere Inhalte sind Leitfähigkeit, Halbleiter und elektronische Bauteile.

Kritisch gesehen werden muß das für die Mittelstufe hohe Niveau des physikalischen Hintergrundes, was dazu führt, daß Inhalte teilweise auf einer rein phänomenologischen Ebene ohne Erklärungen beschrieben werden müssen. Den Schülerinnen und Schülern werden weder für das Zustandekommen der Interferenz noch für die verschiedenen Formen des Elektroniums in der Atomhülle Gründe oder Berechnungsmöglichkeiten geliefert. Dieser Eindruck wird dadurch bestärkt, daß keinerlei methodische Hinweise zur Durchführung des Unterrichtes in den Arbeiten angegeben werden. Ein rein phänomenologisches Vorgehen nutzt nicht die Möglichkeiten des Physikunterrichtes am Ende der Sekundarstufe I und wird dessen Bildungsauftrag nicht gerecht. Warum müssen die quantenphysikalischen Themen Interferenz, Emission, Absorption und Atomspektren von der Oberstufe in die Mittelstufe verlegt werden, wenn sie dort noch nicht erklärt werden können?

Das Hauptproblem besteht jedoch in der Bedeutung der Begriffe Elektronium und Licht. Hier wird bei der Einführung offenbar ganz bewußt eine Teilchenvorstellung erzeugt, und zwar nicht nur für die Elementarportionen Elektron und Photon, sondern auch für die Stoffe selbst. Abgesehen von Erklärungsnöten, die schon bei der Behandlung von Interferenzversuchen am Doppelspalt oder Michelson-Interferometer auftreten, sind die Konsequenzen klassischer Fehlvorstellungen für einen späteren Unterricht der Quantenphysik bereits diskutiert worden. Die Chancen, die sich mit der Einführung des Begriffes Elektronium ergeben, werden vertan.

3.1.2 Der Berliner Quantenphysikkurs

Der Unterrichtsvorschlag der Physikdidaktik der Freien Universität Berlin (BERG, FISCHLER, LICHTFELDT et al. 1989) zeichnet sich durch einen Bruch von dem bisherigen, durch die klassische Physik geprägten Unterrichtsgeschehen aus. Die Feststellung, daß anschauliche Alltagsvorstellungen den Unterricht der Quantenphysik erschweren, veranlassen die Autoren, auf die typische dualistische Darstellung von Licht und Elektronen sowie das Bohrsche Atommodell zu verzichten. Wellen- und Teilchenverhalten, die bei der Behandlung der klassischen Modelle im vorangegangenen Optik- und Mechanikunterricht von den Schülerinnen und Schülern kennengelernt wurden, werden als Eigenschaften, nicht als Modelle der Quantenobjekte behandelt. Der Kurs fügt sich in den Lehrplan ein und darf in Berlin alternativ zu den üblichen Vorgaben unterrichtet werden.

Der Einstieg in die Unterrichtseinheit erfolgt nicht über den Photoeffekt, da dies nach Aussage der Autoren die Teilcheneigenschaften des Lichtes hervorhebe, sondern durch die Auseinandersetzung mit Elektronen, welche ein teilchenuntypisches Interferenzverhalten zeigen. Mit einem Experiment zur Elektronenbeugung und einem Film zum Jönsson-Experiment wird von vornherein klargestellt, daß es sich bei Elektronen weder um Wellen noch um Teilchen handelt und auch der Begriff einer Bahn für die Elektronen keinen Sinn macht.

Der Unterrichtsgang zum Atommodell sieht nach der Behandlung der Heisenbergschen Unbestimmtheitsrelation die Betrachtung des Linearen Potentialtopfes vor. Da die Wellenbeschreibung der Elektronen bei den Interferenzversuchen erfolgreich war, wird sie auch hier genutzt, um die Elektronenverteilung zu bestimmen. Dabei wird eine Quantelung der Energie festgestellt, welche auch bei der Übertragung auf einen räumlichen Potentialtopf bestehen bleibt. Zur Berechnung der Energiezustände im Wasserstoffatom wird eine vereinfachte Größe für die potentielle Energie berücksichtigt. Der Franck-Hertz-Versuch wird gezeigt, um die Interpretation von Emissions- und Absorptionsprozessen durch die Energiezustände der Atome nahezulegen. Erst an dieser Stelle sollen die Quanteneigenschaften des Lichtes behandelt werden. Dazu werden der Photoeffekt und das Taylor-Experiment durchgeführt. Abschließend wird eine Reflexion der Deutungsdebatte anhand von Originaltexten vorgeschlagen, wobei in erster Linie die Kopenhagener und die Ensemble-Deutung betrachtet werden.

Die lehrplankonforme Entwicklung des Kurses verursacht Probleme in bezug auf den vorangegangenen Unterricht. Sowohl der Verzicht auf das Bohrsche Atommodell als auch auf den naiven Dualismus sind innerhalb dieses Konzeptes als sehr positiv zu werten. Aber insbesondere die vorgeschaltete Behandlung des Wellenmodells in der Optik, welche auch von den Autoren kritisch gesehen wird, läßt die Behandlung des Lichtes erst am Ende des Kurses zur Vermeidung klassischer Anschauungen widersprüchlich erscheinen. Die Schülerinnen und Schüler, die vermutlich gerade gelernt haben, daß Licht eine Welle ist, lernen nun auch die Welleneigenschaften der Elektronen kennen und sollen gleichzeitig erkennen, daß es sich bei Elektronen und Licht weder um Wellen noch um Teilchen handelt. Die Schwierigkeiten ließen sich auch nicht vermeiden, indem die Wellenoptik ausgelassen würde, da das Wellenmodell in diesem Kurs der Quantenphysik zugrunde gelegt wird. Konsequenter wäre es, auch auf das klassische Wellen- und Teilchenmodell zugunsten einer abstrakteren Beschreibung zu verzichten. So muß gefragt werden, ob die Schülerinnen und Schüler eine dualistische Vorstellung ablegen können, wenn sie mit Wellen- und Teilcheneigenschaften argumentieren müssen, ohne eine übergeordnete Theorie kennenzulernen, zu der diese Eigenschaften gehören. Kontraproduktiv ist die Argumentation für Elektronenbahnen in der Fernsehröhre über die Heisenbergsche Unbestimmtheitsrelation. Was sollen sich die Schülerinnen und Schüler, abgesehen von Teilchen, unter Elektronen vorstellen, wenn diese sich dort auf Bahnen bewegen? Umgekehrt wird an anderer Stelle durch die Abschätzung der geringen, nicht meßbaren Energie der Quanten von Radiowellen deren Existenz in Frage gestellt, was wiederum eine reine Wellenvorstellung nach sich ziehen muß. Dieses Gegenüberstellen von sich ausschließenden Eigenschaften erinnert doch wieder sehr an den naiven Dualismus.

Dennoch sind in einer Erprobung von LICHTFELDT (1992) bei Schülerinnen und Schülern dieses Kurses gegenüber einem herkömmlichen Unterrichtskurs signifikant verstärkte Ausprägungen von Vorstellungen im Sinne der Quantentheorie festgestellt worden.

3.1.3 Das Fundamentalprinzip von BRACHNER und FICHTNER

In Anlehnung an die FEYNMANSCHE Darstellung der Quantentheorie (FEYNMAN 1996) hat FICHTNER vorgeschlagen, den Zusammenhang der Beobachtungsmöglichkeit von Mikroobjekten und der Interferenz ins Zentrum der Quantenphysik zu stellen und als quantenmechanisches Fundamentalprinzip zu bezeichnen:

> Gibt es verschiedene Möglichkeiten (Wege) für das Eintreten eines bestimmten Ereignisses und wird durch die Versuchsanordnung nicht festgelegt, daß ausschließlich eine bestimmte Möglichkeit gewählt wurde, so tritt immer Interferenz auf.

> Hinterläßt dagegen jedes Ereignis an der Versuchsanordnung eindeutig ein bestimmtes Merkmal, durch das entschieden werden kann, welche der verschiedenen Möglichkeiten gewählt wurde, dann tritt nie Interferenz auf (FICHTNER 1980, S. 25).

Das Fundamentalprinzip stellt ein der Heisenbergschen Unbestimmtheitsrelation äquivalentes Axiom dar, mit dem typische Quantenphänomene erklärt werden können. Im Gegensatz zur

Heisenbergschen Unbestimmtheitsrelation ist das Fundamentalprinzip keine Einschränkung klassischer Begriffe, sondern im positiven Sinne ein Instrument, welches das Wesen der Quantenphysik beschreibt. BRACHNER und FICHTNER zeigen in einem an Lehrer und Studenten gerichteten Buch (1977), wie aus dem Fundamentalprinzip die Heisenbergsche Unbestimmtheitsrelation abgeleitet werden kann. Sie geben zum experimentellen Nachweis den Vorschlag, in einem Mach-Zehnder-Interferometer die Photonen mittels Polarisatoren unterscheidbar zu präparieren. Da bei diesem Experiment prinzipiell die Möglichkeit besteht, mit einem Analysator auf den Weg der Photonen zu schließen, kommt keine Interferenz zustande.

Das Fundamentalprinzip stellt für den Physikunterricht einen äußerst interessanten Baustein des quantentheoretischen Formalismus dar. Die axiomatische Formulierung hat eine große Tragfähigkeit und ist dennoch durch die sprachlich einfache Formulierung und die Möglichkeit, experimentell bestätigt zu werden, anschaulich. Damit kann dieses Prinzip als Teil einer übergeordneten, abstrakteren Theorie den naiven Welle-Teilchen-Dualismus ersetzen. BRACHNER und FICHTNER haben bisher leider kein Curriculum für den Schulunterricht entwickelt, welches das Fundamentalprinzip in den Mittelpunkt rückt. Das gut lesbare Schulbuch „*Quantenmechanik*" (BRACHNER & FICHTNER 1980) für die Sekundarstufe II basiert auf der konventionellen und damit lehrplankonformen Heisenbergschen Unbestimmtheitsrelation.

3.1.4   Eine Quantenwelt ohne Dualismus nach BADER

In Anlehnung an FEYNMANS populärwissenschaftliche Veröffentlichung *QED - Eine seltsame Theorie des Lichtes und der Materie* (1992) schlägt BADER die Nutzung eines Zeigerformalismus für den Optikunterricht vor. Ähnlich dem Lichtwegcurriculum von SCHÖN und ERB werden rotierende Zeiger genutzt, um Interferenzphänomene zu beschreiben (vgl. Kapitel 3.2.2.3). Auch über die Optik hinaus werden Zeiger zur Erklärung von „Materiewellen", z.B. stehenden Wellen im linearen Potentialtopf, eingesetzt.

An BADERS Vorschlag ist die Bereitstellung leicht bedienbarer Computerprogramme besonders interessant, welche die „Fleißarbeit" des Zeigeraddierens für vielfältige Beispielaufgaben übernehmen. Darüber hinaus existiert auch ein Computerprogramm zur numerischen Berechnung von Eigenfunktionen des Wasserstoffatoms als Lösung der Schrödingergleichung, wofür allerdings der Zeigerformalismus nicht mehr genutzt wird. BADER fügt weitere Programme an, welche Quantenphänomene, wie z.B. den Tunneleffekt oder chemische Bindungen, veranschaulichen, mit denen tiefer in die Quantenphysik eingedrungen wird, als es in der Schule üblich ist.

Leider sind dem Konzept wenig Anregungen für die Unterrichtsdurchführung zu entnehmen. Dies gilt sowohl für die Einführung des Zeigerformalismus, als auch für die Nutzung der verschiedenen Computerprogramme. Besonders für die Inhalte der Quantenphysik ist der

Einsatz der Programme, die über eine Veranschaulichung auf andere Weise erarbeiteter physikalischer Zusammenhänge hinausgehen, schwer vorstellbar.

3.1.5 Ein anschauliches Quantenmodell aus Bremen

Der Bremer Vorschlag zur Quantenphysik (NIEDDERER 1992) strebt die Erarbeitung eines Atommodells nach der Schrödingertheorie unter Verzicht des Bohrschen Modells an. Wesentliche Elemente sind die Analogiebildung zu stehenden Wellen und der Einsatz des Computers zur Veranschaulichung und Vereinfachung des mathematischen Formalismus. Als Grundlage wird die Bedeutung der Zustände durch die Analogie stehender Wellen einer schwingenden Saite eingeführt. Es wird erklärt, daß die zugehörigen Amplituden- oder Zustandsfunktionen geeignet sind, auch die Aufenthaltswahrscheinlichkeit von Quantenobjekten zu beschreiben, wobei das Amplitudenquadrat entweder als Wahrscheinlichkeitsdichte für das Antreffen eines Teilchens oder als Ladungsdichte interpretiert werden kann. Über die De-Broglie-Beziehung wird die stationäre Schrödingergleichung plausibel gemacht und im Computer mit dem Modellbildungsprogramm Stella numerisch berechnet.

Unter der Voraussetzung, daß die Schrödingergleichung im Unterricht behandelt werden soll, was in Grundkursen auf das prinzipielle Problem der Behandlung von Differentialgleichungen stößt, ist dieser Unterrichtsvorschlag zu empfehlen. Hier wird durch die Analogiebildung und Computeranwendung eine Anschaulichkeit erreicht, die sich ausschließlich auf den mathematischen Formalismus bezieht und keine verfälschende Veranschaulichung der Quantenobjekte nahelegt. Weder der Computereinsatz noch die Analogie der stehenden Welle suggerieren die Vorstellung, daß Quantenobjekte den stehenden Seilwellen ähnliche, klassische Eigenschaften haben. Der abstrakte mathematische Formalismus und die Bedeutung von Zuständen werden jedoch auf diese elementare Weise verdeutlicht.

3.1.6 Eine Einführung in die Quantentheorie nach WIESNER

WIESNER (1992) hat einen formal recht anspruchsvollen Lehrgang zur Einführung in die Quantentheorie für Leistungskurse entwickelt. Da er großen Wert auf eine fachlich korrekte Elementarisierung der Theorie legt und den Operatorformalismus einführt, sind die mathematischen Anforderungen relativ hoch. Ein zentrales Element ist der Präparationsgedanke, also die Frage, wie Quantenobjekte auf Zustände präpariert werden können und wie sich die Feststellung eines solchen Zustandes in der mathematischen Theorie widerspiegelt. Analog der komplexen Wellenfunktion für eine Gesamtheit von Photonen werden Elektronen durch eine ebensolche Zustandsfunktion beschrieben. Es wird gezeigt, wie mittels Impuls- und Energieoperatoren festgestellt wird, ob ein Zustand mit einer Präparation auf Impuls- oder Energiewerte vorliegt. Axiomatisch werden die Grundgesetze der Quantentheorie aufgestellt und zur Berechnung von Eigenwerten und Eigenzuständen angewandt. Es werden Elektronen im Metallgitter und im Potentialtopf sowie das Wasserstoffatom beschrieben. Zum Abschluß werden die Heisenbergsche Unbestimmtheitsrelation behandelt und Deutungsfragen der Quantenphysik diskutiert.

Überraschenderweise ist es tatsächlich möglich, bereits in der Schule einen derart mathematisch anspruchsvollen Kurs zu unterrichten. Dies belegen die Ergebnisse der Tests, die WIESNER in einer Untersuchungsklasse durchgeführt hat. Die Schülerinnen und Schüler waren demnach in der Lage, sich diese abstrakte Theorie ohne Anschauungshilfen und Bezüge zu den klassischen Theorien anzueignen. Es muß allerdings eingeräumt werden, daß das Leistungsniveau der Schülerinnen und Schüler von WIESNER als überdurchschnittlich angegeben wurde, die Inhalte daher auf diesem Niveau sicherlich nicht generell vermittelbar sind.

Neben dem Einwand, daß nicht davon ausgegangen werden kann, daß bei allen Lehrkräften ein entsprechendes fachliches Hintergrundwissen zur Verfügung steht, muß kritisch gesehen werden, daß WIESNERS Vorschlag aufgrund seiner mathematisch anspruchsvollen Inhalte das Niveau übersteigt, welches in der Schule angestrebt werden sollte. Gemäß den Ausführungen in Kapitel 4.2 soll der Unterricht der Quantenphysik dazu beitragen, allgemeine Bildungsziele des Physikunterrichtes zu erreichen. Dazu ist die Vermittlung wesentlicher Elemente der Quantenphysik geeignet, die Behandlung der Thematik unter einer Schwerpunktverlagerung auf eine vorwiegend mathematische Beschreibung der Theorie aber nicht angebracht.

3.1.7 Abschließende Bewertung der Curricula zur Quantenphysik

In dieser Zusammenstellung moderner Curricula zur Quantenphysik wurden nicht alle entwickelten Konzepte berücksichtigt, und auch die beschriebenen Konzepte konnten nicht vollständig wiedergegeben werden. Dennoch haben sich einige interessante Aspekte für die eigene Curriculumsentwicklung gezeigt, die hier noch einmal zusammengefaßt werden.

Das zentrale Element des Karlsruher Physikkurses zur Atomphysik ist das Elektronium, das den Stoff benennt, dessen Elementarteilchen die Elektronen sind. Die Einführung dieses Stoffes in der Mittelstufe ermöglicht eine konkrete, erweiterbare Materievorstellung und besitzt eine hohe Anschaulichkeit. Die Auseinandersetzung mit dem Bohrschen oder anderen klassischen Atommodellen wird überflüssig. Leider wird mit der Interpretation des Elektroniums durch einen Stoff die notwendige Abstraktheit der quantenphysikalischen Beschreibung aufgegeben, welche wiederum klassische Teilchenvorstellungen seitens der Schülerinnen und Schüler fördert.

Der Berliner Quantenphysikkurs hat sich bewährt, indem er durch die Abkehr vom naiven Dualismuskonzept den vorherrschenden klassischen oder semiklassischen Physikunterricht zur Atomphysik verschiedentlich ersetzen konnte. Wellen- und Teilcheneigenschaften von Licht und Materie werden aufgezeigt, ohne sie durch klassische Modelle zu verankern. Man vermißt jedoch eine übergeordnete Theorie, wie sie beispielsweise mit dem Fundamentalprinzip bei BRACHNER und FICHTNER vorgeschlagen wird. Dieses abstrakte und doch einfache

Prinzip besitzt eine hohe Tragfähigkeit und kann einen interessanten Baustein für ein Quantenphysikcurriculum bilden.

Das Konzept von BADER besitzt mit der Nutzung des Zeigerformalismus eine Parallele zum Lichtwegcurriculum und hat bereits einige weitergehende Anwendungsbeispiele, insbesondere auch im Bereich der Quantenphysik, umgesetzt. Diese Vorschläge sind auch für die Curriculumsentwicklung dieser Arbeit interessant, obwohl die Zielrichtung des Konzeptes von BADER nicht der Entwurf eines Curriculums ist, wie es durch das Lichtwegkonzept und die vorliegende Arbeit beabsichtigt wird. Die von Bader entwickelten Programme könnten stellenweise als Ergänzung des Lichtwegcurriculums genutzt werden.

3.2 Das Lichtwegcurriculum

Das Lichtwegcurriculum (ERB 1994; ERB & SCHÖN 1995, 1996) wird hier ausführlicher beschrieben, obwohl es kein reines Curriculum zur Quantenphysik ist. Es handelt sich vielmehr um ein umfassendes Optikcurriculum, das die gesamte schulrelevante Optik beinhaltet. Beginnend mit einem phänomenorientierten Einstieg in die Optik (Klasse 7 oder 8) unter dem Motto „Vom Sehen zur Optik" (SCHÖN 1991, 1994) folgt in Klasse 9 oder 10 die geometrische Optik, basierend auf dem Fermat-Prinzip (ERB 1992). Für die Oberstufe wird ein weiterführender Optikkurs vorgeschlagen, in dem Beugungs- und Interferenzphänomene mittels eines Zeigerformalismus beschrieben werden (ERB 1995, 1995a). In diesen letzten Unterrichtsabschnitten wird mit den Quanteneigenschaften des Lichtes die Quantenphysik erreicht.

Zur Beurteilung des Hauptanliegens dieser Dissertation, zu überprüfen, ob das Lichtwegcurriculum mit seinem Instrumentarium des Zeigerformalismus durch eine Unterrichtseinheit zur Quantenphysik sinnvoll erweiterbar ist, werden in den folgenden Abschnitten die Konzeption und die Inhalte des Lichtwegcurriculums vorgestellt. Die zu entwerfende Unterrichtseinheit soll sich in das Lichtwegkonzept unter Berücksichtigung seiner didaktischen und inhaltlichen Elemente einfügen. Neben den in Kapitel 4.2 formulierten Leitlinien zur Konstruktion eines Unterrichtes zur Quantenphysik muß sich die neue Einheit daher auch an den didaktischen Grundsätzen des bestehenden Lichtwegkonzeptes orientieren.

Durch den Anschluß der zu entwickelnden Quantenphysikeinheit an das Optikcurriculum besteht die Möglichkeit, das zur Beschreibung der Quanteneigenschaften des Lichtes eingeführte Instrumentarium weiter zu verwenden. Es soll der Versuch unternommen werden, die Inhalte des Lichtwegcurriculums in der neuen Unterrichtseinheit aufzugreifen, wobei sich zeigen wird, ob die Tragfähigkeit der verwendeten Beschreibungen aus dem Bereich der Optik bis in die Atomphysik hineinreicht. Insbesondere ist zu prüfen, inwieweit das Strukturmerkmal des Lichtweges weiter verwendet und der Zeigerformalismus analog seiner Einführung zur Beschreibung optischer Interferenzphänomene in die Quantenphysik übertragen werden kann.

Um die Integration der neuen Unterrichtseinheit, deren Konstruktion in Kapitel 5 beschrieben wird, in das bestehende Konzept nachvollziehen und beurteilen zu können, werden im folgenden die zentralen didaktischen und inhaltlichen Elemente des Lichtwegkonzeptes vorgestellt. Eine ausführliche Beschreibung der Unterrichtseinheit zur weiterführenden Optik, in der der Zeigerformalismus eingeführt wird und die deshalb vor der Durchführung der Quantenphysikeinheit unverzichtbar ist, findet sich im Teil II der Arbeit in Form einer Lehrerhandreichung. Weitere Informationen zu den ersten beiden Teilen des Lichtwegkonzeptes entnimmt der interessierte Leser bitte der angegebenen Literatur.

3.2.1 Das Lichtwegkonzept

Das allgemeindidaktische Prinzip, aus der Wahrnehmung heraus eine physikalische Erkenntnis zu entwickeln, hat in dem Lichtwegkonzept einen hohen Stellenwert. Die sinnliche Wahrnehmung in der Optik, also das Sehen mit dem eigenen Auge, stellt den Bezug zwischen dem Alltäglichen und der wissenschaftlichen Beschreibung von Phänomenen her. Diesen Zusammenhang sollen die Schülerinnen und Schüler erkennen, indem sie erleben, daß der Gedankenwelt der Physik Wirklichkeit entspricht (vgl. SCHÖN 1994, S. 4 f.). Für den Unterricht bedeutet dies nicht die einfache Aneinanderreihung vieler Experimente, welche zur Demonstration eines Gesetzes auf eine gezielte Fragestellung präpariert werden. Vielmehr sollte durch den unvoreingenommenen Blick auf das zugrundeliegende Naturphänomen diese Reduktion als eine physikspezifische Experimentiertechnik zu einem wesentlichen Unterrichtsziel werden (vgl. ERB 1994, S. 14).

[So] kann im Physikunterricht der Weg von der sinnlichen Wahrnehmung hin zum Denken und zum physikalischen Begriff durchschritten werden und dann wieder zurück zur erlebten Wirklichkeit führen. Die in Gesetzen und Formeln gefaßte Gedankenwelt der Physik kann und muß sich an der Wirklichkeit messen lassen: Aus der Gedankenwelt der Physik werden also Handlungen abgeleitet. Denken und Handeln sind hier noch nahe beieinander. (SCHÖN ebd.)

Indem die Schülerinnen und Schüler den Zusammenhang von Wirklichkeit und Physik erleben, werden sie nicht nur motiviert, sich mit der Physik auch über den Unterricht hinaus zu beschäftigen, sondern schaffen auch die Voraussetzung für einen erfolgreichen Lernprozeß: Um eine Sache zu verstehen, müssen ihre Elemente in eine Ordnung gebracht werden. Die Physik hilft eine sinnvolle Ordnung zu schaffen, wobei Zusammenhänge nicht nur unter den physikalischen Gesetzmäßigkeiten, sondern bis hinunter zu den alltäglichen Naturerscheinungen deutlich werden müssen. Dabei können die Lernenden erkennen, daß sich Phänomene durch Beschreibungen auf übergeordneten, abstrakteren Ebenen zusammenfassen lassen. Können auch neue Erscheinungen eingeordnet und auf der Grundlage einer höheren Beschreibungsebene erklärt werden, so kann ein Lerninhalt als verstanden angesehen werden. Um die Zweckmäßigkeit dieser Art der Erkenntnisgewinnung herauszustellen, müssen für den Unterricht geeignete Inhalte ausgewählt werden:

Der Unterricht sollte also am direkt Erfahrbaren beginnen, dann aber nach Beschreibungen suchen, die umfassender und damit tragfähiger sind. Dazu muß deutlich werden, daß die einzelnen Inhalte, die im Physikunterricht häufig ohne Zusammenhang erscheinen, etwas miteinander zu tun haben (ERB 1994, S. 15).

Statt der Verwendung von Gesetzen oder Modellen, die nur für Teilbereiche eine Gültigkeit besitzen, werden allgemeine Erklärungsprinzipien gesucht, so daß im Sinne eines Spiralcurriculums immer wieder an vorangehende Inhalte angeknüpft werden kann. Dabei ist es unvermeidlich und sogar erwünscht, daß sich diese übergeordneten Beschreibungen von der Ebene der Phänomene entfernen und dabei gleichzeitig an Anschaulichkeit verlieren, während der Grad der Abstraktion zunimmt.

ERB hat die didaktischen Grundpositionen, die für das Curriculum des Lichtwegkonzeptes charakteristisch sind, in Form von drei Leitzielen zusammengefaßt:

Leitziel Verstehen: *Dem Verstehen physikalischer Zusammenhänge soll ein höherer Stellenwert als dem Wissen von Fakten eingeräumt werden. Dies wird erreicht durch Erarbeiten von Beschreibungen auf höherer Ebene.*

Leitziel Beobachtung: *Die Beobachtung stellt die Brücke zwischen der möglichst unvoreingenommenen Wahrnehmung und der physikalischen Beschreibung dar. Ihr kommt deshalb besondere Bedeutung für die Erkenntnisbildung zu.*

Leitziel Tragfähigkeit: *Die wesentlichen Unterrichtsinhalte müssen über einen weiten Bereich tragfähig sein. Die Verbindungen zu anderen Unterrichtsinhalten müssen deutlich werden.* (ERB 1994, S. 14 ff.)

Ein zentrales Element, das sich wie ein roter Faden durch den Optik-Lehrgang zieht, ist der Lichtweg (vgl. ERB & SCHÖN 1995). Mit seiner Verwendung wird das inhaltliche Konzept, die Rolle der Ausbreitung gegenüber dem „Sein" des Lichtes stärker zu gewichten, deutlich. Darüber hinaus spiegeln sich an seiner Bedeutung in den aufeinander aufbauenden Erklärungszusammenhängen die didaktischen Grundpositionen wider: Lichtwege werden nicht zur formalen Beschreibung von Phänomenen, vergleichbar dem Strahlmodell, verwendet, sondern als Element in einer wechselnden Perspektive von Real- und Gedankenexperimenten zum Auffinden physikalischer Gesetzmäßigkeiten eingesetzt. Ausgehend von der anfänglichen Funktion, die geradlinige Ausbreitung des Lichtes zu veranschaulichen, behalten so die Lichtwege unter Zunahme des Abstraktionsgrades ihre Bedeutung bis zur Auseinandersetzung mit Interferenzphänomenen.

3.2.2 Inhalte des Curriculums

3.2.2.1 Vom Sehen zur Optik

Die Inhalte des Anfangsunterrichtes sind durch die dem Auge direkt zugänglichen Alltagsphänomene bestimmt. Der Unterricht beginnt mit der Erfahrung von absoluter Dunkelheit, bevor die Bedeutung von Licht und Schatten für das Sehen erarbeitet wird. Interessante Schattenspiele werden mit Hilfe des „Prinzips Ameise" erklärt. Die Schülerinnen und Schüler beobachten die Erscheinungen, indem sie sich entweder direkt an den Ort der Bildentstehung begeben oder sich vorstellen, was eine Ameise, die über den Beobachtungsschirm krabbelt, sehen würde. Als Vorstufe für die in der nächsten Unterrichtseinheit benutzten *Lichtwege* werden hier die durch die Blickrichtung vorgegebenen *Blickwege* beschrieben. Daran wird deutlich, daß in dieser Unterrichtseinheit noch die aufmerksame Wahrnehmung der Phänomene im Zentrum steht. Die abstraktere Beschreibung der Ausbreitung des Lichtes zwischen zwei Punkten wird bewußt nach hinten verschoben.

An einem Spiegel wird die Erfahrung gemacht, daß Blickwege in Bereiche hineinreichen können, die mit der Hand nicht ertastet werden können: Hinter dem Spiegel beginnt eine räumliche Spiegelwelt, deren Gegenstände dennoch ganz ähnlichen Gesetzen unterliegen wie ihre wirklichen „Gegenüber". In das Thema Brechung wird über das in der Natur häufig zu beobachtende Phänomen der optischen Hebung eingeführt. Gegenstände erscheinen, z.b. in einem mit Wasser gefüllten Trog, angehoben, woraus geschlossen werden muß, daß die Blickwege im Wasser zu dem wirklichen Ort der Gegenstände gebrochen sein müssen. Auch mit einem Blick durch Prismen und Linsen werden überraschende Beobachtungen gemacht: Bilder werden verschoben, verdreht oder haben farbige Ränder. Interessante Einsichten lassen sich an einer leeren und gefüllten Glasvase (Schusterkugel) gewinnen (vgl. SCHÖN 1991a).

3.2.2.2 Geometrische Optik mit dem Fermat-Prinzip

Die Unterrichtseinheit zur geometrischen Optik beschreibt die behandelten Phänomene von einer abstrakteren Seite. Üblicherweise werden mit Hilfe des Lichtstrahlmodells die Gesetze der geradlinigen Ausbreitung, Reflexion und Brechung auf einer technisch orientierten Ebene erarbeitet. Im Lichtwegcurriculum soll dagegen, wiederum ausgehend von den direkt erfahrbaren Phänomenen der geometrischen Optik, eine übergeordnete Beschreibung gesucht werden. Das Fermat-Prinzip ist dazu geeignet, da es die voneinander unabhängigen Gesetze der geradlinigen Lichtausbreitung, Brechung und Reflexion beinhaltet.

Die einfachste Form des Fermat-Prinzips besagt, daß ein Lichtbündel bei der Reflexion von einem Punkt über einen ebenen Spiegel zu einem anderen Punkt den kürzest möglichen Weg nimmt (HERON VON ALEXANDRIA) (vgl. Abbildung 1). Aus dieser Beobachtung läßt sich das Reflexionsgesetz ableiten.

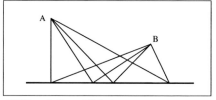

Abbildung 1: Fermat-Prinzip

FERMAT verallgemeinerte 1657 HERONS Beobachtung, indem er formulierte, daß sich das Licht zwischen zwei Punkten auf dem Weg fortpflanze, für den es die kürzeste Zeit benötige. Dabei setzte er voraus, daß sich Licht in optisch dichteren Medien langsamer ausbreitet als in optisch dünneren. Somit läßt sich der Durchgang des Lichtes durch zwei Medien unterschiedlicher optischer Dichte beschreiben und das Brechungsgesetz ableiten.

Das Fermat-Prinzip wird heute noch allgemeiner formuliert: Durchläuft das Licht auf dem Weg von einem Punkt A zu einem Punkt B m verschiedene Medien mit unterschiedlicher optischer Dichte und dem jeweiligen Brechungsindex n_i, so nennt man die Summe $\sum_{i=1}^{m} n_i s_i$ die optische Weglänge,

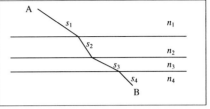

Abbildung 2: Bestimmung der optischen Weglänge in unterschiedlich dichten Medien

wobei s_i der vom Licht im i-ten Medium zurückgelegte Weg ist (vgl. Abbildung 2). Die optische Weglänge entspricht dem Weg, der vom Licht in gleicher Zeit im Vakuum zurückgelegt wird.

Das Fermat-Prinzip läßt sich als Variationsprinzip formulieren: Das Licht nimmt zwischen zwei Punkten unabhängig von den durchlaufenen Medien solche Wege, für die die Variation der optischen Weglänge verschwindet, d.h. deren Länge sich von der ihrer unmittelbaren Nachbarwege praktisch nicht unterscheidet.

Für inhomogene Medien erhält man die optische Weglänge durch die Integration längs des Weges, den das Licht geht

$$OWL = \int_A^B n(s)\ \mathrm{d}s\ .$$

Damit ordnet sich die geometrische Optik in das allgemeine physikalische Prinzip der Hamiltonschen Variationsrechnung ein.

Im Gegensatz zu dem Anfangsunterricht ist die Sicht auf die Optik nicht mehr durch die Beobachterrolle der Schülerinnen und Schüler geprägt, sondern durch die Ausbreitung des Lichtes zwischen einer Lichtquelle und einem Beobachtungspunkt: An die Stelle der Blickwege treten nun die Lichtwege. Das Fermat-Prinzip bestimmt, welche der vielen denkbaren Lichtwege tatsächlich beobachtet werden können. Schrittweise lernen die Schülerinnen und Schüler die Aussage des Fermat-Prinzips kennen:

1. Licht nimmt den kürzesten Weg.
2. Licht nimmt den schnellsten Weg.
3. Stehen mehrere Lichtwege zur Verfügung, auf denen das Licht gleichschnell zum Ziel gelangt, so nimmt es all diese.

Mit dieser Kenntnis können sie die Reflexion und Brechung erklären, aber auch die Form lichtsammelnder Spiegel und Linsen berechnen. Das Entstehen von optischen Abbildungen wird mit Hilfe der dritten Formulierung verständlich.

3.2.2.3 Weiterführende Optik mit dem Zeigermodell

In dem Oberstufenteil des Lichtwegcurriculums wird eine weiterführende Optik mit Beugungs- und Interferenzerscheinungen mittels eines Zeigermodells des Lichtes beschrieben.[1] Als Einstieg in den Unterricht soll ein Experiment durchgeführt werden, das die quantenhafte Wechselwirkung von Licht mit Materie zeigt: Eine Fotoschicht wird mit geringer Intensität belichtet und anschließend unter dem Mikroskop betrachtet. Die körnige Struktur des Bildes wird als Indiz für die quantenhafte Absorption des Lichtes und zur Einführung des Begriffs Photon genutzt. Daß es sich dabei nicht um Teilchen im klassischen Sinne handelt, wird an dem folgenden Experiment deutlich: Die partielle Reflexion an einer Glasplatte und erst recht an einer Seifenhaut zeigen ein ungewohntes Verhalten des Lichtes, welches mit den Gesetzen der geometrischen Optik nicht erklärt werden kann. Mit einem abstrakten Formalismus, der auf FEYNMAN zurückgeht (FEYNMAN 1992: *QED - Die seltsame Theorie des Lichtes und der Materie*), lassen sich die Beobachtungen beschreiben. Mit diesem Formalismus wird ein Lichtmodell konstruiert, dessen Intention in der reinen Phänomenbeschreibung liegt, ohne die Frage nach dem „warum" zu berühren. Für die Schülerinnen und Schüler wird der Formalismus zu einem Handwerkszeug, das sie erlernen müssen und dann recht einfach bedienen können.

Die Schülerinnen und Schüler lernen, den Formalismus auf die Phänomene der Reflexion und Brechung anzuwenden, bevor sie zahlreiche interessante Interferenz- und Beugungsexperimente durchführen. Die Arbeit des zeichnerischen Addierens der Zeiger wird bei aufwendigeren Problemen von einem Computer übernommen. So lassen sich nicht nur die Orte von Intensitätsmaxima und -minima berechnen, sondern auch Intensitätsverteilungen, die mit den Beobachtungen des Experimentes gut übereinstimmen. Auch Überlegungen, wie Gitter zur Bündelung oder Umlenkung des Lichtes konstruiert werden müßten, lassen sich im Unterricht realisieren.

---

[1] Eine ausführliche Beschreibung der Inhalte zur weiterführenden Optik findet sich im Teil II dieser Arbeit in Form einer Lehrerhandreichung.

4 Kriterien zur Curriculumsentwicklung

Ein Verfahren zur Konstruktion von Unterricht, das sich in den letzten Jahren in der Fachdidaktik etabliert hat, ist das der didaktischen Rekonstruktion (vgl. GROPENGIEßER 1997, S. 14 ff; KATTMANN 1997). Die zwei wichtigsten Elemente dieses Verfahrens sind die Analyse der Schülervorstellungen und die fachliche Klärung der Inhalte. Die Entwicklung neuen Unterrichts, die didaktische Strukturierung, basiert auf den Ergebnissen beider Analysen, die wechselseitig vertieft und anhand von empirischen Untersuchungen validiert werden. In einem iterativen Prozeß von empirischen und fachlichen Analysen werden die Ergebnisse schrittweise weiterentwickelt oder gegebenenfalls wieder verworfen.

Für die Curriculumsentwicklung im Rahmen der vorliegenden Arbeit ist die Erforschung von Schülervorstellungen ebenfalls ein wichtiges Instrument zur Strukturierung der Inhalte. Im Gegensatz zu den Inhalten eines Anfangsunterrichtes in Physik läuft die Entwicklung von Vorstellungen im Bereich der Quantenphysik grundsätzlich anders ab. Hier haben die Schülerinnen und Schüler kaum die Möglichkeit, eigene Erfahrungen zu machen, da die Welt der Atome einem direkten manuellen und visuellen Zugriff verborgen bleibt. Vorstellungen, die von den Schülerinnen und Schülern dennoch entwickelt werden, sind daher weitgehend durch von außen herangetragene Informationen zu der Thematik geprägt. Beiträge aus den Medien und auch aus dem Schulunterricht haben meist, wenn auch auf einer populären Ebene, den Anspruch, wissenschaftliche Darstellungen der Inhalte zu vermitteln. Schülervorstellungen, die man am Anfang der Oberstufe findet, sind daher das Ergebnis solcher Vermittlungsversuche und mischen sich mit klassisch-mechanistischen Vorstellungen einer greifbaren Welt (vgl. Kapitel 2.2 und 6.4.2.). Unterrichtskonzepte, die versuchen, diese Schülervorstellungen aufzugreifen, müssen an irgendeiner Stelle ihres Konzeptes einen Bruch von dem klassischen zum abstrakten Vorgehen vornehmen. Ein solcher Bruch mag durch ein Experiment oder einen Konflikt motiviert sein, erfordert aber notwendigerweise von den Schülerinnen und Schülern das Loslösen der bis dahin erfolgreich genutzten Vorstellungen und das Ersetzen durch abstrakte wissenschaftliche Anschauungen. Eine behutsame Entwicklung quantenmechanischer Vorstellungen aus den bestehenden klassisch-mechanistischen Konzepten der Schülerinnen und Schüler ist in der Quantenphysik kaum möglich. Daher muß die Strukturierung des Unterrichts von dem Vorgehen der didaktischen Rekonstruktion abweichen, denn diese fordert die Schülervorstellungen

> in für die Lerner nachvollziehbarer Weise auf wissenschaftliche Anschauung zu beziehen, um die unterschiedlichen Sichtweisen – in verschiedenen Kontexten – einsehbar zu machen. Schülervorstellungen werden zunächst als Lernhilfen nicht als Lernhindernisse betrachtet. Im besten Fall kommt es zu einer Neuinterpretation der lebensweltlichen und fachlichen Vorstellungen (GOPENGIEßER 1997, S 16).

Daher hat die fachliche Klärung der zu vermittelnden Inhalte gegenüber dem Erfassen von Schülervorstellungen bei der Konstruktion des Unterrichts über Quantenphysik in der vorliegenden Arbeit entgegen dem Vorschlag der didaktischen Rekonstruktion ein stärkeres

Gewicht. Es werden bereits vor der Unterrichtskonstruktion Kriterien bestimmt, welche sowohl fachliche als auch didaktische Gesichtspunkte als Rahmen für das Curriculum normativ vorgeben.

In diesem Sinne werden *Leitlinien* zum Entwurf eines Curriculums zur Quantenphysik an den Anfang gestellt und im folgenden anhand von Beiträgen der didaktischen Diskussion zum Unterricht der Quantenphysik sowie eigenen Überlegungen erläutert.

4.1 Leitlinien für einen Unterricht zur Quantenphysik

Die folgenden Leitlinien sind als Orientierung bei der Konstruktion von Unterricht zur Quantenphysik zu verstehen. Sie lassen sich nicht aus allgemeinen Überlegungen ableiten und können daher nicht als einzig richtig verstanden werden. Die Leitlinien enthalten eigene Einschätzungen, die durchaus anfechtbar sind, dennoch sind sie grundlegend für die Curriculumsentwicklung der vorliegenden Arbeit.

Die in den Leitlinien zum Ausdruck gebrachten Unterrichtsziele sprechen verschiedene Bereiche an, welche sich auf unterschiedlichen Ebenen befinden: Sie reichen von allgemeinen Lernzielen, die generell auf den Physikunterricht zutreffen bzw. auf andere Gebiete des Physikunterrichts übertragen werden können, über solche Ziele, die eine spezielle Bedeutung nur im Unterricht der Quantenphysik haben, bis hin zu konkreten didaktischen Vorgaben zur Umsetzung der Unterrichtsinhalte. Die Leitlinien werden in einer entsprechenden Reihenfolge genannt.

L1 Der Unterricht der Quantenphysik soll durch seine Inhalte zum Erreichen der Bildungsziele des Physikunterrichtes beitragen.

Mit dem quantenphysikalischen Weltbild werden den Schülerinnen und Schülern typische Denkweisen der Physik vermittelt. Bei der Auswahl der Inhalte, welche durch die Elementarisierung von Themen der modernen Quantenphysik gewonnen werden, sollen zentrale Aspekte der Theorie mit ihren typischen, abstrakten Lösungswegen vermittelt werden.

Das Trainieren abstrakter Argumentationsweisen soll die Schülerinnen und Schüler befähigen, erlernte Denkweisen auch auf außerschulische Probleme anzuwenden um neue Lösungswege zu finden.

L2 Die Bevorzugung abstrakter Theorieelemente in Abgrenzung der gewohnten klassischen Inhalte des Physikunterrichtes soll den Modellbildungsprozeß fördern.

Der Sinn von Modellen, durch ein Gedankenkonstrukt Phänomene zu beschreiben oder vorhersehbar zu machen, kann erst erkannt werden, wenn von der Phänomenebene abgehoben wird. Dies läßt sich nicht allein dadurch vermitteln, daß viele verschiedenartige Modelle im Unterricht präsentiert werden. Gerade bei der Verwendung klassischer Modelle findet, bedingt durch ihre Anschaulichkeit, häufig eine Gleichsetzung von Modell und Wirklichkeit statt, so daß eine Metaebene, in der über Modelle nachgedacht wird, nicht erreicht wird.

Abstrakte Modelle enthalten in der Regel keine bildlichen Elemente zur Veranschaulichung. Eine Verwechslung von Modell und Realität ist daher unwahrscheinlich, und es wird leichter ein Bewußtsein für die Funktion des Modells geschaffen.

L3 Durch die Verwendung tragfähiger Modelle ist eine vertikale Vernetzung des Unterrichtes von der Optik und Atomphysik in der Mittelstufe bis zur Quantentheorie in der Oberstufe zu erreichen.

Tragfähige Modelle und Unterrichtsinhalte, die aufeinander aufbauend unterrichtet werden, zeigen den Schülerinnen und Schülern, daß sich das Lernen lohnt. Damit neue Elemente während des Lernprozesses in ein bestehendes Netz eingebettet werden können, müssen sie gewissermaßen kompatibel sein. So kann eine hierarchische Ordnung entstehen, in der die weiter oben angeordneten Elemente eine höhere Erklärungsmächtigkeit haben, welche mit einer stärkeren Abstraktion von der Phänomenebene einhergeht.

L4 Die Quantenphysik soll trotz ihrer Abstraktheit anschaulich vermittelt werden.

Eine Anschaulichkeit kann nicht dadurch erreicht werden, daß abstrakte Inhalte durch klassische oder semiklassische Modelle beschrieben werden, denn dabei wird das Gebiet der Quantenphysik verlassen. Es ist statt dessen sinnvoll, abstrakte Elemente durch einfach zu handhabende Formalismen zu veranschaulichen und ihren Umgang durch Anwendungen zu trainieren.

L5 Klassische, anschauliche Modelle sind weitgehend zu vermeiden, um Fehlvorstellungen der Schülerinnen und Schüler abzubauen und das Erlernen der Quantentheorie zu erleichtern.

Die Hinführung zur Quantenphysik über das Bohrsche Modell in der Atomphysik bzw. die klassischen Teilchen- und Wellenmodelle in der Optik erzeugen oder festigen bestehende Fehlvorstellungen der Schülerinnen und Schüler von Licht und Materie. Aufgrund der hohen Anschaulichkeit dieser Modelle, die durch das Anknüpfen an die gewohnte klassisch-mechanistische Denkweise erreicht wird, sind diese ikonischen Vorstellungen sehr stabil. Der Unterricht der Quantenphysik, der keinen Ersatz für solche Bilder liefern kann, da die Quantentheorie keine entsprechenden Elemente enthält, vermag die falschen Vorstellungen kaum zu ersetzen, was den Lernprozeß behindert.

L6 Die Unterscheidung von formaler mathematischer Theorie und experimenteller physikalischer Anwendung ist den Schülerinnen und Schülern durch eine konsequente Interpretation der Quantentheorie mit einem darauf abgestimmten Sprachgebrauch zu vermitteln.

Die Thematisierung der Deutungsdebatte spricht die philosophische Seite der Physik an, mit der aufgezeigt wird, daß die Entstehung einer Theorie einen dynamischen Prozeß darstellt. Im Unterricht sollen nicht all die verschiedenen für Schülerinnen und Schüler kaum nachvollziehbaren Interpretationen behandelt, sondern die Beweggründe für die Diskussion erläutert werden. Unterstützt durch einen konsequenten Sprachgebrauch soll die Abgrenzung von formaler mathematischer Theorie und experimenteller physikalischer Anwendung verdeutlicht werden. Dazu ist eine Einführung neuer Begriffe notwendig.

L7 Das mathematische Niveau der Unterrichtseinheiten zur Quantenphysik soll sich an den Fähigkeiten der Schülerinnen und Schüler orientieren, die sie in den Physikunterricht mitbringen und den üblichen Rahmen anderer physikalischer Themen nicht übersteigen.

Ziel des Unterrichts soll sein, einige zentrale Gedanken der Quantenphysik in ihrer eigenen formalen, abstrakten Sprache zu vermitteln. Dabei sollen die nötigen mathematischen Elemente aber den Schülerinnen und Schülern bereits vertraut sein, damit sich der Schwerpunkt des Unterrichtes nicht in den Bereich der Mathematik verschiebt.

Die Vermittlung der Schrödingertheorie ist daher nicht anzustreben, statt dessen sollten die modernen Vorschläge zur Veranschaulichung der mathematischen Formalismen genutzt werden.

4.2 Erläuterung und Diskussion der Leitlinien

Die folgende Zusammenstellung einiger Beiträge der didaktischen Diskussion über den Unterricht zur Quantenphysik belegen, daß die Meinungen, ob und auf welche Weise Quantenphysik unterrichtet werden soll, auseinander gehen. Die Beiträge können daher die vorangestellten Leitlinien nicht rechtfertigen, aber zusammen mit eigenen Einschätzungen als Erläuterung ihrer Kernaussagen dienen.

4.2.1 Die Anschlußfähigkeit der Unterrichtsinhalte

Der Physikunterricht soll durch seine spezifischen Inhalte wie alle anderen Schulfächer zur Allgemeinbildung beitragen. Daraus resultiert in entscheidender Weise seine Daseinsberechtigung als Unterrichtsfach, und demzufolge sind die allgemeinen Ziele des Physikunterrichtes in erster Linie an der Bildung von Allgemeinwissen orientiert. Gemeint ist damit nicht nur das Anhäufen von unmittelbar anwendbarem Wissen zur Lösung momentaner Lebenssituationen, sondern insbesondere auch das Vermitteln der Fähigkeit, die erworbenen Kenntnisse für zukünftige veränderte Anforderungen anpassen oder erweitern zu können. Die Bund-Länder-Kommission für Bildungsplanung und Forschungsförderung sieht daher eine Aufgabe der Schule in der Vermittlung von Wissen, welches ein späteres Weiterlernen erleichtert, und bezeichnet dies als „Anschlußfähigkeit".

> Die Qualität schulischen Lernens erweist sich also nicht nur – und möglicherweise sogar zum geringeren Teil – in der unmittelbar praktischen Anwendung, sondern in der Förderung anschließenden Lernens innerhalb und außerhalb der Schule. Eine derartige bildungstheoretische Orientierung hat curriculare und didaktische Konsequenzen. Sie akzeptiert die Schule als Lernstätte eigenen Rechts und entlastet sie von dem wenig erfolgversprechenden Versuch, ge-

genwärtige Lebenssituationen von Kindern und Jugendlichen in der Schule abbilden oder zukünftige Anwendungssituationen vorwegnehmen zu wollen (BLK 1997, S. 11).

Durch die Beschäftigung mit der Quantenphysik sollen die Schülerinnen und Schüler typische Denkweisen und Prinzipien der modernen Naturwissenschaften kennenlernen. Sie erkennen, daß Menschen durch ein neu umrissenes Weltbild in der Lage waren und sind, ihre Umwelt zu verändern. Die Quantenphysik mit ihren abstrakten und ungewohnten Formulierungen verdeutlicht, wie Probleme durch eine andere, nicht aus der unmittelbar gewohnten Umgebung stammende Sichtweise erfolgreich gelöst werden können. Voraussetzung dafür ist das Loslassen von anschaulichen Vorstellungen, wie sie in der klassischen Physik genutzt werden. Die von der Bund-Länder-Kommission geforderte Anschlußfähigkeit des im Unterricht vermittelten Wissens wird durch diese besondere Art der Theoriebildung, die sich von bestimmten Inhalten abkoppeln läßt, erreicht.

4.2.2 Der Aspekt der Modellbildung

Die Entwicklung von Modellen ist ein grundlegendes Vorgehen in der Physik, um komplizierte Zusammenhänge der Natur in einer überschaubaren Struktur zu vereinfachen und auf dieser Modellebene eine Klärung zu finden. Dieses Verfahren wird auch im Bereich der Schulphysik immer wieder praktiziert, und es wird als ein allgemeines Ziel des Physikunterrichtes angesehen, ein Bewußtsein für den Prozeß der Modellbildung zu vermitteln. Der Bereich der Optik und der Quantenphysik wird dafür als besonders geeignet angesehen. In keinem anderen Gebiet der Schulphysik stehen zwei gleichwertige Modelle für einen Sachverhalt zur Verfügung, die sich prinzipiell widersprechen. In dieser Feststellung wird für den Unterricht ein besonderer Reiz gesehen, philosophische Fragen über das Sein des Lichtes einerseits und die Erkenntnisbildung der Physik andererseits zu diskutieren. Ganz ohne Zweifel ist aus geschichtlicher Sicht die Irritation der Physiker über dieses Dilemma Anfang dieses Jahrhunderts ein interessantes Thema. Dies kann jedoch kein Unterrichtskonzept legitimieren, das zugunsten einer spannenden Diskussion den Welle-Teilchen-Dualismus als zentrales Element der Quantenphysik vorstellt, und dabei den Schülerinnen und Schülern vorenthält, daß das Dualismusproblem längst überwunden ist.

Gegen eine solche, an der Historie orientierte Behandlung der Quantenphysik, welche die klassischen Modelle, insbesondere das Bohrsche Atommodell, in den Vordergrund stellt, hat sich inzwischen eine breite Front gebildet. Sauer zieht z.B. den Schluß, „daß die didaktische Leistungsfähigkeit des Bohrschen Atommodells, sofern dieses als Planetenmodell aus dem Jahre 1913 verstanden wird, kaum größer als der wissenschaftliche Wert des Modells einzuschätzen ist" (SAUER 1992, S. 72).

Autoren, die sich auf Untersuchungen zu Schülervorstellungen beziehen, nennen meist als Hauptargument gegen die Verwendung klassischer Modelle im Unterricht der Quantenphysik, daß die klassisch-mechanistischen Vorstellungen trotz größter Bemühungen in einem späteren Unterricht zur Quantenphysik kaum mehr überwunden werden können (vgl. Kapitel 2). FISCHLER schreibt:

Für die Schüler ist das Bohrsche Atommodell ein äußerst attraktives Instrument zur Erklärung der atomaren Erscheinungen, insbesondere zur Berechnung der Lichtfrequenzen. Sie werden kaum bereit sein, nach der wiederholten Demonstration der Leistungsfähigkeit dieses Modells sich davon zu lösen, wenn es am Ende des Lehrganges heißt, das Modell sei durch gänzlich andere Annahmen zu ersetzen (FISCHLER 1992b, S. 246).

Die Gründe für die Stabilität der Vorstellungen vom Atom im Sinne des Planetensystems bzw. von Licht und Elektronen als Welle und / oder Teilchen bestehen neben ihrer Attraktivität durch den Alltagsbezug in der Tatsache, daß die Quantenphysik keine „Ersatzbilder" liefert. Die wissenschaftlichen Vorstellungen der Quantenphysik zum Atom bzw. den Quanten sind nicht etwa aufgrund ihrer Abstraktheit „unvorstellbar", sondern die Quantenphysik sieht es gar nicht als ihre Aufgabe an, über die mathematischen Beschreibungen hinausgehende Fragen nach dem Sein des Lichtes oder der Materie zu beantworten. Es ist klar, daß es den Schülerinnen und Schülern sehr schwer fallen muß, ihre anschaulichen Vorstellungen zugunsten einer Theorie, welche eben keine ikonischen Vorstellungen anbietet, aufzugeben.

Sofern es die Absicht des Unterrichtes ist, typische Elemente der Quantenphysik zu vermitteln, ist neben der Quantisierung und dem Unbestimmtheitsprinzip insbesondere die Unsinnigkeit der Frage nach dem „Sein" oder dem „Warum" zu nennen. Letztes kann kaum gelingen, wenn der Unterricht zur Quantenphysik mit der Behandlung klassischer Modelle eingeleitet wird. BUCK faßt zum Teilchenmodell zusammen, und das kann provokativ für alle klassischen Modelle vom Licht und Atom im Rahmen der Quantenphysik gesagt werden: „Es ist anschaulich – und das ist sein Fehler" (BUCK 1994, S. 413).

Wird tatsächlich auf das Wellen- , das Teilchen- und das Bohrsche Modell zugunsten einer Quantentheorie verzichtet, so ist allerdings die Frage legitim, ob aufgrund der fehlenden Variation verschiedener Modelle zur Beschreibung eines Sachverhaltes nicht etwas typisch Physikalisches verlorengeht und dadurch eine Chance für das Erlernen des Umganges mit Modellen vertan wird. Wellen- und Teilchenmodelle von Licht und Elektronen sollen, unterstützt durch geeignete Experimente, zeigen, daß Modelle Grenzen haben, innerhalb derer sie schlüssige Antworten zu den beobachteten Phänomenen liefern. Analog kann die Behandlung des Bohrschen Atommodells befürwortet werden. HÖFLING zählt auf,

daß aus den einfachen Grundannahmen des Modells mit den mathematischen Mitteln der Schule quantitative Folgerungen für das Wasserstoffatom abgeleitet werden können, die wiederum mit den experimentellen Mitteln der Schule überprüft werden können. [...] Wir haben nicht viele Modelle, die den Charakter eines Modells so deutlich werden lassen wie gerade dieses Modell. Darüber hinaus können die Grenzen eines Modell aufgezeigt werden (HÖFLING 1992, S. 86).

Diesem Einwand kann mit eigenen Ergebnissen zu Schülervorstellungen, auf die in Kapitel 6.4.2 eingegangen wird, begegnet werden, daß die klassischen Modelle häufig gar nicht als solche erkannt werden. Durch die Gleichsetzung der zu beschreibenden Objekte mit ihren Modellen stagniert der Modellbildungsprozeß. Vielmehr wächst bei den Schülerinnen und Schülern eine Unzufriedenheit über die verschiedenen im Unterricht vermittelten Wirklichkeiten zu ein und demselben Objekt. Die beobachtete Gleichsetzung von Modell- und Phänomenebene kann nicht als Versäumnis des Unterrichtes begründet werden, sondern muß wiederum auf die Anschaulichkeit der Modelle zurückgeführt werden. Dem entgegen wird der Vorteil der Abstraktheit der Modelle der Quantentheorie deutlich: Aufgrund der fehlenden ikonischen Veranschaulichungsmöglichkeit kann eine Gleichsetzung mit der Realität a priori nicht erfolgen. Man kann daher berechtigterweise vermuten, daß der Modellbildungsprozeß durch die Verwendung abstrakter Modelle effektiver verläuft. Die Absicht der modernen Physik, durch die Konstruktion einer Theorie beobachtbare Phänomene vorhersehbar zu machen, wird dabei vermittelt.

4.2.3 Kann Quantenphysik anschaulich sein?

Das am häufigsten gegen die Quantenphysik in der Schule vorgebrachte Argument ist das der fehlenden Anschaulichkeit. Während der Anfänge der Quantentheorie wurde es im Extremfall dazu herangezogen, einen Unterricht zur Quantenphysik in der Schule vollständig abzulehnen. Erst in den 50er Jahren wurde begonnen, Inhalte der Quantentheorie in den Physikunterricht aufzunehmen, wobei versucht wurde, an die klassischen anschaulichen Modelle von Licht (Welle, Teilchen) und Atom (Planetenmodell) anzuknüpfen. Dabei wurden kritische Stimmen laut, die übrigens noch immer vorgebracht werden und den Verlust wesentlicher Elemente der Quantentheorie sowie der physikalischen Exaktheit zugunsten der Versuche einer Veranschaulichung bemängelten. HEITLER kritisiert z.B. die verfälschende Darstellung eines Elektrons durch eine ausgedehnte Ladungswolke:

> Was diese ‚Ladungswolke‘ in Wirklichkeit darstellt, ist eine Wahrscheinlichkeitsverteilung [...] Dieses Prinzip der Unbestimmtheit von Größen (Ort und Geschwindigkeit und anderen), die in der klassischen Mechanik immer sehr bestimmte, obwohl zeitlich veränderliche Werte haben, ist zunächst der wichtigste Unterschied gegenüber der klassischen Mechanik. Zugegeben, leicht zu verstehen ist das nicht, und vor allen Dingen entbehrt es einer anschaulichen Vorstellbarkeit. Aber das ist kein Grund, deswegen anschauliche aber falsche Bilder zu lehren (HEITLER 1973, S. 253).

Dennoch hat sich unter dem Einfluß von Schulbuchautoren und Lehrmittelfirmen ein Unterricht entwickelt, in dem „unter Quantenmechanik eine Art von semiklassischer Physik mit aufgepfropften Quantisierungsvorschriften verstanden wird" wobei die „neue physikalische Denkweise" noch sehr unbefriedigend vermittelt wird (KUHN 1994, S. 257, vgl. auch Kapitel 1.3).

Obwohl die Kritik an verfälschenden Veranschaulichungsversuchen berechtigt ist, darf das häufig abgeleitete polarisierende Resümee nicht die Konsequenz sein: „Lehrer und Didaktiker können sich der Alternative, entweder abstrakt / richtig oder anschaulich / falsch, natürlich nicht beugen" (FISCHLER 1992a, S. 8). Im Gegenteil, ist es doch ein hauptsächliches Anliegen, zumindest einer Gruppe von Verfassern neuer Curricula zur Quantenphysik, Veranschaulichungsmöglichkeiten zu suchen, welche das bloße Anknüpfen an entsprechende klassische Modelle vermeiden und dabei physikalisch richtig vorgehen. Es werden handlungsorientierte

Formalismen, neue Begrifflichkeiten oder Analogieexperimente aus dem Bereich der Mechanik und die Modellierung mit dem Computer genutzt (vgl. Kapitel 3.1). Anschaulichkeit kann offenbar auf äußerst unterschiedliche Ebenen erreicht werden. Theorien sind nicht grundsätzlich unanschaulich, wenn es keine ikonische Veranschaulichung durch Modelle, die „greifbar" sind, also z.b. bildlich dargestellt werden können, gibt. Zur Klärung sei eine Definition über den Gebrauch des Begriffs Anschaulichkeit in dieser Arbeit angegeben: Das Ansprechen von aus der Erfahrung gewohnten Denkmustern bestimmt die Anschaulichkeit einer Theorie. Gewohnte Denkmuster können Bilder, Begriffe oder zuvor erfolgreich genutzte Modelle enthalten. Sie können durch eine Handlung bestimmt sein. Eine solche Handlung ist etwa das Ausführen eines Formalismus, welcher die Anwendung gewohnter Kalküle erfordert. Schließlich können gewohnte Denkmuster durch ein anderes Medium wie z.b. ein Experiment oder den Einsatz des Computers aktiviert werden, um fremde oder abstrakte Elemente einer Theorie in den Bereich der eigenen Erfahrungen zu transferieren. Beispiele für solche Veranschaulichungen abstrakter Theorien sind der auf FEYNMAN zurückgehende Zeigerformalismus, bei dem der Umgang mit komplexen Amplituden zur Berechnung von Interferenzen auf das zeichnerische Aneinanderreihen von Zeigern reduziert wird (vgl. Kapitel 3.2.2.3), oder das Simulieren der Zustandsfunktion durch stehende Wellen einer Perlenkette im Vergleich zu numerischen Lösungen der Schrödingergleichung (NIEDDERER 1992, vgl. Kapitel 3.1.5).

Die Komplementarität von Anschaulichkeit und Abstraktion kann auch aus erkenntnistheoretischen Überlegungen nicht gehalten werden. Unabhängig vom Grad der Anschaulichkeit erzeugt eine Theorie ein Netz aus Begriffen und Gesetzen, welche eine Ordnung ihrer Inhalte bilden. Dabei werden allgemeine Zusammenhänge gegenüber untergeordneten Aspekten herausgearbeitet, was als Abstraktion bezeichnet wird. Dieser Prozeß ist also auch innerhalb anschaulicher Theorien notwendig, sofern eine interne Vernetzung erreicht werden soll (vgl. ERB 1998, S. 62).

Abstraktion und Anschaulichkeit bieten also keine alternativen Konzepte zur Curriculumsgestaltung, sondern sind Elemente, welche sich in Inhalten des Unterrichts zur Quantenphysik ergänzen müssen.

4.2.4 Tragfähigkeit, Abstraktion und Anschaulichkeit von Atommodellen

Neben der Anschaulichkeit und der Abstraktion bestimmt die Tragfähigkeit der verwendeten Modelle die Möglichkeit der vertikalen Vernetzung der Unterrichtsinhalte. Bieten Beschreibungen von Phänomenen oder Inhalten die Möglichkeit, auf vorangegangene Unterrichtsinhalte aufzubauen, so werden diese als tragfähig bezeichnet. Dies gilt analog für den Einsatz von Modellen, die aufeinander aufbauend im Unterricht eingesetzt werden, während ihre Erklärungsmächtigkeit zunimmt.

Eine Reflexion der im Unterricht eingesetzten Atommodelle unter dem Aspekt ihrer vertikalen Vernetzung zeigt, daß die Vernetzung der Modelle durch die drei Aspekte Tragfähigkeit, Anschaulichkeit und Abstraktion charakterisiert werden kann (vgl. Abbildung 3). In der

Graphik bedeutet ein mit Tragfähigkeit bezeichneter Pfeil, daß mit einem Modell Aussagen getroffen werden, die über den Darstellungsbereich des Modells hinaus beibehalten werden können und insbesondere bezogen auf das nächstfolgende Modell nicht revidiert werden müssen. Der Pfeil der Anschaulichkeit bezeichnet Übergänge von einem Modell zum nächsten, welche mit Hilfe von Alltagsvorstellungen nachvollzogen werden können. Die mit Abstraktion bezeichneten Pfeile zeigen Übergänge an, bei denen sich die Abstraktheit von einem Modell zum nächsten vergrößert.

Im folgenden wird an einigen Beispielen gemäß Abbildung 3 erläutert, wie die im Schulunterricht genutzten Atommodelle miteinander vernetzt sind. Entgegen der oben erwähnten Einschätzung finden sich Beziehungen zwischen einigen Modellen, welche zugleich allen drei Aspekten Tragfähigkeit, Anschaulichkeit und Abstraktion genügen.

Die historisch gesehen frühen Modelle (Dalton, Thomson, Rutherford) sind tragfähig und besitzen durch Analogiemöglichkeiten (Kugel, Rosinenbrötchen) eine hohe Anschaulichkeit. Der Schritt vom Rutherfordschen zum Bohrschen Modell ist durch die Analogie zum Planetensystem ebenfalls anschaulich, jedoch ist, bedingt durch die Bohrschen Postulate und die daraus resultierenden Quantenzustände, eine Abstraktion erforderlich. Die Weiterentwicklung dieses Modells zu dem quantenmechanischen Orbitalmodell ist nur durch Rücknahme der Annahme von elliptischen Elektronenbahnen möglich, daher kann das Bohrsche Modell nicht tragfähig genannt werden. Bei diesem Entwicklungsschritt erfordert auch der mathematische Hintergrund der Schrödingergleichung und die

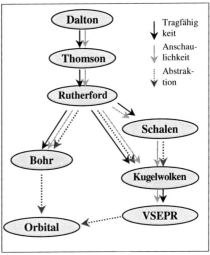

Abbildung 3: Atommodelle im Physik- und Chemieunterricht

notwendige Trennung von einer klassischen Teilchenvorstellung eine starke Abstraktion. Die Anschaulichkeit geht bei diesem oft in Leistungskursen praktizierten Weg vollständig verloren.

Im Chemieunterricht wird überwiegend das sehr einfache und damit anschauliche Schalenmodell verwendet, das jedoch aufgrund der nicht haltbaren Annahme von festen Elektronenplätzen nicht tragfähig ist. Die Ladungswolkenmodelle (das Kugelwolkenmodell von Kimball und das VSEPR-Bindungsmodell von Gillespie) erfordern aufgrund der unscharfen Elektronenorte eine Abstraktion.

Aus der Darstellung wird ersichtlich, daß eine schrittweise Entwicklung bis zu einem quantenmechanischen Modell an einigen, aber nicht allen Stellen Abstraktionsleistungen erfordert. Dabei muß nicht grundsätzlich auf die Anschaulichkeit und die Verwendung tragfähiger Modelle verzichtet werden. In der Graphik ist dies anhand der Entwicklungspfade, z.B. ausgehend vom Rutherfordschen Atommodell, zu sehen, welches tragfähig ist und eine anschauliche Entwicklung zum Kugelwolkenmodell trotz der nötigen Abstraktion ermöglicht.

Die unterschiedlichen Vernetzungen der einzelnen Inhalte haben Einfluß auf den Lernprozeß. Unter der Voraussetzung, daß Verstehen durch einen aktiven Prozeß erreicht wird, bei dem die verschiedenen Inhalte eines Unterrichtsgegenstandes in ihren Beziehungen erkannt oder aber diese Vernetzung erlernt werden, muß man annehmen, daß Netze mit anschaulichen, tragfähigen Modellen, die auf einer abstrakten Ebene miteinander verknüpft sind, den Lernprozeß positiv beeinflussen. Die Tragfähigkeit der Modelle bildet dabei die Voraussetzung für eine Vernetzung der Inhalte, die aufeinander abgestimmt (kompatibel) sein müssen. Zusammenhänge unter den einzelnen Elementen des Netzes lassen sich herstellen, wenn die einzelnen Inhalte nach einem gemeinsamen Schema geordnet werden können, was eine Abstraktheit der Elemente erfordert. Durch die Anschaulichkeit der verwendeten Modelle oder Formalismen ergeben sich Anknüpfungsmöglichkeiten zu dem Bereich der Alltagserfahrungen.

4.2.5   Die Sprache in der Quantenphysik

Die in der Quantenphysik verwendete Sprache ist mit der Entwicklung der verschiedenen Modelle historisch gewachsen. Sie enthält Begriffe, die eindeutig klassischen Beschreibungen zugeordnet werden können, sowie aus dem alltäglichen Gebrauch übernommene Formulierungen. Die Besonderheit der Quantentheorie, für bestimmte Vorgänge keine anschaulichen ikonischen Vorstellungen zu suggerieren, wird oft mit der Verwendung bedeutungsvoller Begriffe verfehlt. Manche Didaktiker tolerieren diesen Umstand, wie z.B. FISCHLER, der rechtfertigt, „daß auch Physiker überall dort, wo sie Quantenphänomene ohne den mathematischen Formalismus beschreiben, Anleihen bei anschaulichen Bildern machen" (FISCHLER 1992a, S. 8). In einem Brief an EINSTEIN erklärte schon BOHR, daß alle experimentellen Erfahrungen von Quantenphänomenen in klassischen Begriffen dargestellt werden müssen.

> Die Begründung hierfür ist einfach die, daß wir mit dem Wort ‚Experiment' auf eine Situation
> hinweisen, in der wir anderen mitteilen können, was wir getan und was wir gelernt haben und
> daß deshalb die Versuchsanordnung in klar verständlicher Sprache unter passender Anwen
> dung der Terminologie der klassischen Physik beschrieben werden müssen (BOHR 1949, zitiert
> nach BAUMANN & SEXL 1987, S. 18).

Die Verwendung klassischer Begriffe ist im Zusammenhang der Messung eines quantenhaften Vorganges zulässig und notwendig, da die Meßgeräte zwangsläufig Bestandteil der klassischen Welt sind. Meines Erachtens ist die Vermeidung anschaulicher Beschreibungen für die eigentliche, mathematische Quantentheorie aber besonders wichtig, um den Gegensatz von mathematischer Theorie und experimenteller, physikalischer Deutung hervorzuheben. In der historisch mit all ihren Irrwegen entstandenen Sprache der Quantenphysik ist eine solche Trennung kaum zu erkennen, und es ist mitunter schwer nachvollziehbar, daß Physiker Aussagen über abstrakte nichtklassische Objekte der Quantentheorie unter Verwendung von Begriffen, die eine anschauliche Bedeutung in klassischen Modellen haben, machen. Schon die einfache Feststellung, daß ein Elektron sich fortbewegt, muß eine klassische Teilchenvorstellung nach sich ziehen, die keinesfalls Gegenstand der Quantentheorie ist. Während

Physiker in der Lage sind, je nach verwendetem Modell denselben Begriffen die passende Bedeutung zuzuschreiben, kann man den Schülerinnen und Schülern diese Leistung nicht abverlangen. Im Unterricht der Quantenphysik erscheint daher die Benutzung einer Sprache notwendig, die sehr konsequent im Kontrast zur Sprache der klassischen Modelle verwendet wird. Dies erfordert unter Umständen die Definition neuer sowie die Vermeidung unnötiger oder irreführender Begriffe.

Einige in der letzten Zeit neu entwickelten Curricula haben diese Forderung bereits berücksichtigt. In dem Optikcurriculum von SCHÖN und ERB (1996) wird z.b. der Begriff des Lichtweges zur Beschreibung der Lichtausbreitung im Rahmen des Fermat-Prinzips und zur Bestimmung von Beugungs- und Interferenzeffekten eingeführt. Um sich von der Wellenoptik zu distanzieren, wird der Begriff Wellenlänge durch Basislänge ersetzt. Auf den Begriff der Frequenz kann, da in der Schule nur zeitlich stationäre Phänomene betrachtet werden, gänzlich verzichtet werden. Auch HERRMANN gibt in seinen regelmäßigen Beiträgen „Altlasten der Physik" in *Physik in der Schule* Anregungen, durch das Eliminieren bestimmter Begriffe und das Neustrukturieren vieler Inhalte der Physik den Unterricht von tradierten Mustern zu lösen und dadurch zu vereinfachen (vgl. Der Karlsruher Physikkurs, HERRMANN 1995; LAUKENMANN 1995). Im Bereich der Atomphysik ist dabei der Begriff des Elektroniums als Analogon zum Begriff des Lichtes entstanden und wird inzwischen von verschiedenen Didaktikern zum Einsatz im Unterricht befürwortet (vgl. Kapitel 3.1.1).

Die Verwendung neuer Begriffe wird, wie auch die Einführung neuer Konzepte, häufig besonders von Physikern kritisiert. Als Ursache ist zu sehen, daß sie in eine aus ihrer Sicht funktionierende und sinnvolle Struktur von Begriffen und Modellen neue Elemente einfügen und umlernen müßten, was zunächst zu Irritationen führen kann. Diese Schwierigkeit erleben aber nicht die Schülerinnen und Schüler, die die alten physikalischen Theorien nicht kennen, also auch nicht umlernen müssen. Ich halte diese Kritik also für ungerechtfertigt, zumal ein späteres Weiterlernen, z.B. im Studium, durch die Inhalte der neuen Curricula nicht erschwert wird.

Um die Trennung der mathematisch formulierten Quantentheorie und der experimentellen, physikalischen Interpretation der Theorie sprachlich zu verdeutlichen, ist die Verwendung verschiedener Begriffe notwendig. Elektronen haben beispielsweise ihre Bedeutung mit den klassischen Eigenschaften von Ort und Impuls erst bei ihrer Registrierung, also im Meßprozeß. Es fehlt ein Begriff für das entsprechende Medium, welches sich vor einer Messung in einem durch die Quantentheorie (ψ-Funktion) beschriebenen, reinen Zustand befindet. Für Photonen existiert mit „Licht" ein übergeordneter Begriff, dem eine solche Bedeutung zugeschrieben werden kann. Es ist zu überprüfen, ob der von HERRMANN und LAUKENMANN eingeführte Begriff des Elektroniums, welcher im Karlsruher Physikkurs analog dem Begriff Licht für ein dem Quant übergeordneten Stoff steht, geeignet ist, das dem Elektron übergeordnete quantenphysikalische Medium zu beschreiben.

4.2.6 Die Deutungsdebatte der Quantentheorie

Der Diskussion, wie die Quantentheorie im Physikunterricht behandelt werden soll, liegt eine über beinahe das ganze Jahrhundert andauernde lebhafte Debatte um die richtige Deutung der Theorie zugrunde (vgl. Kapitel 5.3.1.4). Die Beschäftigung mit den Deutungsproblemen scheint trotzdem in letzter Zeit in den Hintergrund gerückt zu sein. WIESNER stellt unter „Physikern und Physikhochschullehrern" fest, „daß im allgemeinen nicht einmal die Kenntnis von Schwierigkeiten und alternativen Deutungen vorhanden ist, d.h. auch keine Auseinandersetzung mit den verschiedenen Argumenten für die einzelnen Deutungen stattgefunden hat" (WIESNER 1989, S. 244). Auch bei einer Lehrbuchanalyse der in den letzten Jahrzehnten erschienenen Werke „läßt sich zunächst ein allgemeiner Trend zur Reduzierung der Anteile, die Deutungsfragen gewidmet sind, feststellen" (ebd., S. 243). In Büchern, die eine Interpretation der Quantentheorie vornehmen, liegt nach WIESNER kaum noch die Kopenhagener Deutung, sondern die Gesamtheitsinterpretation (statistische Deutung) zugrunde.

Welche Relevanz hat die Deutungsdebatte für den Physikunterricht? Es schließen sich drei Fragen an: Soll die Debatte mit den verschiedenen Interpretationen im Unterricht thematisiert werden? Welche Interpretation soll im Unterricht favorisiert werden oder, ist eine Behandlung des mathematischen Formalismus der Quantentheorie ausreichend?

Die allgemeinen Ziele des Physikunterrichtes (vgl. z.B. die Rahmenpläne Physik, Senatsverwaltung 1996a) sprechen für die Anwendung der Theorie, die über den Kalkül des mathematischen Formalismus hinausgeht: Eine Anwendung, beispielsweise in physikalischen Experimenten, macht eine Auseinandersetzung mit einer Interpretationsmöglichkeit der mathematischen Ergebnisse der Theorie notwendig. Für die Behandlung verschiedener Interpretationen der Deutungsdebatte sprechen mehrere Argumente. Es wird den Schülerinnen und Schülern gezeigt, daß die Physik eine Wissenschaft ist, deren Gesetze nicht vom Himmel fallen und automatisch richtig sind, sondern mitunter in einem langen, kontroversen Prozeß entstehen. Durch die Beschäftigung mit der historischen Debatte wird die philosophische Seite der Physik angesprochen, die im üblichen Physikunterricht kaum vorkommt. Es besteht die Möglichkeit, in diesem Bereich bei solchen Schülerinnen und Schülern Interesse zu wecken, die der formalen mathematischen Seite der Physik eher ablehnend gegenüberstehen.

Gegen eine ausführliche Thematisierung der Deutungsdebatte im Unterricht spricht der benötigte Aufwand. Das Nachvollziehen der historischen Debatte mit all den Argumenten der Kontrahenten müßte einen enormen zeitlichen Umfang im Unterricht in Anspruch nehmen. Um die physikalischen Deutungen, insbesondere der Kopenhagener Deutung, bewerten zu können, müssen zunächst die ihnen zugrundeliegenden mathematischen Theorien verstanden werden. Das Hervorheben der Deutungsprobleme gegenüber der formalen Behandlung der Theorie birgt zudem die Gefahr, daß Fehlvorstellungen der Schülerinnen und Schüler durch die Erörterung anschaulicher Deutungsmöglichkeiten gefestigt werden.

Für den Unterricht ist daher die Verwendung einer konsequenten Interpretation der Quantentheorie notwendig, die sich in einem adäquaten Sprachgebrauch ausdrückt. Da die Deutungsdebatte als nicht abgeschlossenen angesehen werden muß, ist es durchaus legitim, Elemente verschiedener Deutungen für eine Interpretation im Unterricht heranzuziehen. Diese sollte für alle im Physikunterricht vorkommenden Anwendungen der Quantentheorie geeignet sein, muß also nicht die Komplexität etwa der Kopenhagener Deutung aufweisen. Anstelle einer ausführlichen Behandlung erscheint ein kurzer historischer Abriß der Deutungsdebatte, bei dem die Interpretation der verwendeten Modelle den wichtigsten anderen Deutungen gegenüber gestellt wird, sinnvoll.

4.2.7 Das mathematische Niveau

Im Vergleich zu anderen Bereichen der Physik, stellen die mathematischen Voraussetzungen in der Quantenphysik höhere Anforderungen an die Schülerinnen und Schüler. STRNAD vergleicht die Quantenphysik mit der Relativitätstheorie:

> Von der mathematischen Seite ist die nichtrelativistische Quantenmechanik mit selbstadjungierten Operatoren im Hilbertraum weit anspruchsvoller als die Relativitätstheorie mit dem ebenen psedoeuklidischen Raum. Das findet seinen Niederschlag auch in den für die Schule elementarisierten Fassungen. In der speziellen Relativitätstheorie kann man mit dem Pythagoras-Satz auskommen, dagegen braucht man in der Quantenmechanik komplexe Zahlen, Integrale und womöglich Differentialgleichungen (STRNAD 1980, S. 225).

Folgt man dieser Aussage STRNADS, so müßte man das Vorhaben, Quantenmechanik in der Schule zu unterrichten, aufgeben, falls einem die genannte mathematische Hürde zu hoch erscheint. Das sehen nicht alle Verfasser von Konzepten für den Unterricht der Quantenmechanik so. NIEDDERER empfiehlt beispielsweise in seinem Curriculum, den mathematischen Aufwand so weit wie möglich durch Analogiebildungen zu reduzieren und setzt den Computer als Hilfsmittel ein (vgl. Kapitel 3.1.5). Dagegen sieht WIESNER es als lohnend an, fehlende mathematische Elemente im Physikunterricht zu erarbeiten: "Investiert man dagegen einige Stunden für einen spielerischen Zugang zu komplexen Zahlen, eröffnen sich auch für die Schule erstaunlich weitreichende Möglichkeiten für eine Einführung in die Quantentheorie" (WIESNER 1992, S.186). KUHN relativiert die Schwierigkeiten im Umgang mit der Mathematik: „Dabei geht es in der Schule überhaupt nicht darum, mit Hilfe der Schrödingergleichung komplizierte formale Rechnungen auszuführen, sondern mit Hilfe einer Art mathematischen Stenographie physikalisch zu argumentieren" (KUHN 1994, S. 259).

WIESNER und KUHN argumentieren mit der Gefahr der Verfälschung der Quantentheorie, sofern zu starke Vereinfachungen vorgenommen werden und schlagen Curricula, die auf einer entsprechend formalen mathematischen Grundlage konzipiert sind, für den Unterricht vor (WIESNER 1992; KUHN 1990, 1992).

Es muß vermutet werden, daß die Inhalte solcher Konzepte bestenfalls die Schülerinnen und Schüler guter Leistungskurse erreichen. Daher sollten Anregungen aus populärwissenschaftlichen Veröffentlichungen, die versuchen, die zentralen Gedanken der Quantenphysik durch eine Darstellung beispielhafter Probleme auf einem einfacheren mathematischen Niveau zu vermittelt, auch als Alternativen für den Physikunterricht in Betracht gezogen werden. (vgl.

PENROSE 1991; FEYNMAN 1992; GILMORE 1995). Der typische Charakter der Quantentheorie, physikalische Phänomene durch abstrakte Mathematik zu beschreiben, bleibt dabei erhalten, die mathematischen Anforderungen lassen sich aber größtenteils auf Mittelstufenniveau reduzieren.

Der Physikunterricht sollte sich diese Möglichkeiten zunutze machen. Entsprechende Unterrichtskonzepte für die Optik sind von ERB und SCHÖN entwickelt und erprobt worden (ERB 1994, 1995; ERB & SCHÖN 1996), für den Bereich der Atomphysik gibt es Vorschläge von BADER (1994, 1996), FICHTNER (1980) und STRNAD (1987) (vgl. auch Kapitel 3.1).

5 Vom Licht zum Atom: Didaktische Elementarisierung

In diesem Kapitel wird eine Beurteilung der Modelle des Lichtwegkonzeptes auf der Basis der festgelegten Leitlinien, insbesondere unter Prüfung ihrer Tragfähigkeit vorgenommen, da diese Modelle auch als Grundlage für das sich anschließende Curriculum „Vom Licht zum Atom" genutzt werden sollen.

Im Mittelpunkt steht eine umfangreiche Sachanalyse der für die Unterrichtseinheiten bedeutsamen Themen der Quantenphysik. Dabei werden zunächst zentrale physikalische Begriffe im Rahmen einer kurzen Einführung in die Quantenmechanik sowie neu einzuführende Begriffe des Curriculums geklärt. Anschließend wird die Rekonstruktion der Unterrichtsinhalte auf der Basis der verwendeten Modelle erläutert. Die Ergebnisse der vorgenommenen Elementarisierungen lassen den Bezug zu den jeweiligen physikalischen Grundlagen erkennen.

Die Darstellung der Grundlagen ist vom übrigen Text durch eine Einrahmung abgesetzt und bietet den interessierten Lesern zusätzliche Informationen über physikalische Zusammenhänge, insbesondere zur Quantenmechanik. Leser, die einen schnellen Überblick über die Rekonstruktion der Unterrichtseinheiten erlangen wollen, können diese Informationskästen überspringen.

Aufgrund der Sachanalyse wird eine Gliederung des erarbeiteten Curriculums vorgenommen, aus der die Abfolge der Unterrichtsinhalte ersichtlich ist. Auf die ausführliche Beschreibung einer schulischen Umsetzung wird an dieser Stelle verzichtet, da sie mit dem zweiten Teil dieser Arbeit in Form einer Lehrerhandreichung vorliegt.

5.1 Bemerkungen zu Tragfähigkeit und Abstraktheit der Modelle des Lichtwegcurriculums

Die Unterrichtseinheiten des Lichtwegcurriculums zeichnen sich durch eine vertikale Vernetzung ihrer Inhalte aus. Diese wird durch die Verwendung tragfähiger Modelle erreicht, die aufgrund ihrer zunehmenden Abstraktheit eine große Erklärungsmächtigkeit erlangen: Alltägliche optische Phänomene, die den Gesetzen der geometrischen Optik genügen, werden zunächst gemäß der unmittelbaren Wahrnehmung beschrieben. Sie lassen sich in einer einheitlichen Formulierung dem Fermat-Prinzip unterordnen. Die Gültigkeit des Fermat-Prinzips läßt sich schließlich durch das Zeigermodell auf einer noch höheren Ebene begründen.

Mit dem Curriculum „Vom Licht zum Atom" soll das Lichtwegkonzept fortgesetzt werden. Im Kontrast zu einer traditionellen Modellauswahl (vgl. Abbildung 3, S. 39) sollen auch auf dem Weg zur Quantenphysik tragfähige Modelle zum Einsatz kommen, so daß Inhalte und Beschreibungen, die an späteren Stellen wiederaufgegriffen werden, sich im Sinne des Spiralprinzips in die bereits erarbeiteten Erklärungsmuster einfügen lassen. Mehrfach auftretende Inhalte müssen dann nicht verworfen werden, sondern können durch übergeordnete, umfassende und damit meist abstraktere Beschreibungen erweitert werden *(Leitlinie 3).*

Werden die im Lichtwegcurriculum verwendeten Modelle analog Abbildung 3 nach den drei Aspekten Tragfähigkeit, Anschaulichkeit und Abstraktion charakterisiert, so zeigt sich trotz der Abstraktheit eine Anschaulichkeit der einzelnen Elemente (vgl. Abbildung 4). Das Zeigermodell ist z.b. mathematisch-abstrakt, die Anwendung des Zeigerformalismus als ein Handwerkszeug ist jedoch, wie sich im folgenden Kapitel zeigen wird, durch seine Einfachheit anschaulich. Ein Rückgriff auf klassische Beschreibungen zur Erhöhung der Anschaulichkeit ist deshalb nicht notwendig *(Leitlinie 4)*.

In den folgenden Unterrichtseinheiten soll die Tragfähigkeit des Zeigermodells genutzt werden, um einen Weg in die Quantenphysik einzuschlagen, auf dem die Anschaulichkeit des Lichtwegkonzeptes beibehalten werden kann. Da der Sprung von dem Zeigermodell zu einem quantenmechanischen Atommodell (Orbitalmodell) sehr groß ist, sollen solche Aussagen von historischen Atommodellen aufgegriffen werden, die sich durchgängig halten lassen, also ebenfalls tragfähig sind. Geeignete Modelle sind das Daltonsche, das Thomsonsche und das Rutherfordsche Atommodell, solange keine konkrete Aussage über die Elektronenbewegung getroffen wird.

Auf das Bohrsche Atommodell muß konsequenterweise verzichtet werden, da es zwar eine hohe Anschaulichkeit besitzt, aber grundlegende Annahmen bei der Entwicklung eines Quantenmodells revidiert werden müssen.

In Abbildung 4 ist zu erkennen, daß der Grad der Abstraktion ständig zunimmt. Das ist durchaus erwünscht, da mit der Abstraktheit die Erklärungsmächtigkeit der Modelle zunimmt. Darüber hinaus wird bei der Verwendung dieser Modelle das abstrakte

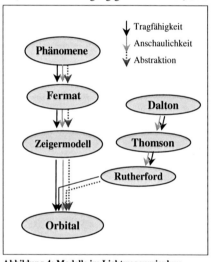

Abbildung 4: Modelle im Lichtwegcurriculum

Denken gefördert, was neben der Vermittlung von Inhalten positiv zu werten ist *(Leitlinie 1)*.

Mit Hilfe des Zeigermodells werden auf einer mathematischen Ebene Lösungswege für beobachtbare Phänomene erzielt. Das Anwenden dieses Modells erfordert das Loslösen von Fragen aus dem Bereich der Anschauung, wie z.B.: Was ist Licht? Wie sehen Elektronen aus? Ein Training solcher ungewohnten Denkweisen ist ein wertvolles Ziel, welches durch die Beschäftigung mit anschaulichen Modellen, etwa dem Bohrschen Atommodell, nicht erreicht werden kann.

Unter Verwendung des Zeigermodells läßt sich die Quantenphysik auf einer Ebene beschreiben, die genügend abstrakt ist, um eine tragfähige Vernetzung der Inhalte zu erreichen. Die Beschreibung der Quantenphysik und der Optik durch dasselbe Modell ermöglich eine Anbindung der quantenphysikalischen Inhalte an optische Phänomene, so daß das entstehende Gesamtnetz mit alltagsweltlichen Erfahrungen verknüpft ist.

5.2 Zentrale Begriffe in der Quantenphysik

Mit einer kurzen Einführung in die Quantenmechanik werden grundlegende Begriffe und Vorgehensweisen genannt, die im weiteren Verlauf der Sachanalyse zur Erörterung physikalischer Zusammenhänge wieder aufgegriffen werden. Es wird in die für den Zeigerformalismus bedeutende Beschreibung von Zuständen mittels Wahrscheinlichkeitsamplituden und in die Schrödingertheorie eingeführt.[1]

Nach der allgemeinen Einführung werden neuartige Begriffe vorgestellt, die eine zentrale Bedeutung im Curriculum „Vom Licht zum Atom" haben.

5.2.1 Wahrscheinlichkeitsamplituden und Schrödingergleichung

Alle physikalischen Phänomene, in denen Licht und Elektronen eine Rolle spielen, lassen sich im wesentlichen durch drei elementare Ereignisse beschreiben:

- Ein Photon bewegt sich von Ort zu Ort.
- Ein Elektron wandert von Ort zu Ort.
- Ein Elektron emittiert oder absorbiert ein Photon. (FEYNMAN 1992, S. 101)

Diese elementaren Ereignisse, die einen definierten Anfangs- (S) und Endzustand (X) haben, können nur durch die Wahrscheinlichkeit ihres Eintretens beschrieben werden. Dazu ordnet man den Ereignissen Amplituden A (auch: Wahrscheinlichkeitsamplituden) zu, deren Betragsquadrate nach der Bornschen Interpretation der Quantentheorie die Eintrittswahrscheinlichkeit des Ereignisses angeben:

$$P(S \rightarrow X) = |A|^2 = A \cdot A^* .$$

Es handelt sich bei diesen Amplituden um komplexe Zahlen, die in der komplexen Zahlenebene als Vektoren mit der Länge A_0 und der Phase φ beschrieben werden. Sie werden deshalb auch als *Zeiger* bezeichnet:

$$A = A_0 \cdot e^{i \varphi} .$$

In der Regel sind sie sowohl orts- als auch zeitabhängig, d.h. Funktionen, in die die räumlichen und zeitlichen Anfangs- und Endpunkte der Ereignisse eingehen

$$A = A(r_1, t_1, r_2, t_2) .$$

Die Zusammensetzung mehrerer Elementarereignisse läßt sich durch die Anwendung folgender Regeln berechnen:

- Ereignisse, die sich durch eine Folge von Elementarereignissen zusammensetzen, errechnen sich durch die Multiplikation der zugehörigen Amplituden.
- Können Ereignisse auf verschiedene Weise eintreten (z.B. die Lichtausbreitung über verschiedene Wege), so werden deren Amplituden addiert.

---

[1] Über diese Darstellung hinausgehende Informationen sind der einschlägigen Literatur zu entnehmen (vgl. z.B. FEYNMAN 1996 oder NOLTING 1997).

Durch das einfache Multiplizieren und Addieren von komplexen Zeigern lassen sich tatsächlich komplizierte Quantenphänomene beschreiben, wobei sich die Eintrittswahrscheinlichkeiten wieder durch die Absolutquadrate ergeben:

$$P(A, B, ..) = |A_1 \cdot A_2 \cdot ... + B_1 \cdot B_2 \cdot ... + ...|^2.$$

Die Diracsche Schreibweise der Quantenmechanik

In der Diracschen Schreibweise werden die Amplituden für Ereignisse durch die Angabe ihrer Anfangs- *(S)* und Endzustände *(X)* beschrieben (von hinten nach vorn gelesen):

$$<X|S>.$$

Ein Zustand eines Quantenobjektes muß dabei nicht immer durch einen Ort bestimmt sein, sondern kann z.B. den Impuls, die Energie oder den Drehimpuls festlegen.
Zusammengesetzte Ereignisse bekommen die Form:

$$<X|S> = <X|A> <A|S> + <X|B> <B|S>$$

oder allgemeiner

$$<X|S> = \sum_i <X|i> <i|S>,$$

dabei bilden die $<i|$ einen Satz unabhängiger Basiszustände, über die das System vom Anfangs- in den Endzustand übergehen kann. Letztere können wie alle Zustände als Linearkombination von solchen Basiszuständen geschrieben werden

$$|S> = \sum_i |i> <i|S> = \sum_i C_i |i>,$$

dabei ist $C_i = <i|S>$ die Amplitude des i-ten Basiszustandes.
Der Übergang von einem in einen anderen Zustand läßt sich mathematisch durch Anwendung von Operatoren $\hat{A}$ erreichen. Insbesondere, wenn die Zustände nicht mehr durch diskrete Werte, sondern durch eine Zustandsfunktion $\psi(x)$ gegeben sind, bedeutet die Anwendung eines Operators das Ausführen algebraischer Operationen, bei der eine neue Zustandsfunktion $\varphi(x)$ entsteht

$$\varphi(x) = \hat{A} \, \psi(x).$$

Interessanterweise gibt es Operatoren, deren Anwendung das System z.B. in Zustände des Ortes, des Impulses oder der Energie überführt. Durch die algebraische Operation entstehen Eigenwertgleichungen, welche Lösungen (Eigenfunktionen) $\psi_i(x)$ mit den zugehörigen Eigenwerten des Ortes, Impulses oder der Energie etc. haben

$$\hat{A} \, \psi_i(x) = A_i \, \psi_i(x).$$

Erwartungswerte dieser (Meß-)größen A lassen sich durch die folgende Integration gewinnen:

$$<A> = A_{Mittel} = \int \psi^*(x) \, \hat{A} \, \psi(x) \, dx,$$

mit der zu $\psi(x)$ konjugiert-komplexen Funktion $\psi^*(x)$.

Beispiel:

Der Impulsoperator ist $\hat{p} = \dfrac{\hbar}{i} \dfrac{\partial}{\partial x}$. Der Erwartungswert für den Impuls eines freien Quants, das

durch die Wellenfunktion $\psi(x) = \psi_0 e^{i(kx - \omega t)}$ beschrieben wird, ist damit

$$p_{Mittel} = \int_{-L}^{L} \psi^*(x)\,\hat{p}\,\psi(x)\mathrm{d}x = \int_{-L}^{L} \psi_0 e^{-i(kx-\omega t)} \frac{\hbar}{i}\frac{d}{dx}\psi_0 e^{i(kx-\omega t)}\mathrm{d}x$$

$$= \int_{-L}^{L} \psi_0^2 \frac{\hbar}{i} i k \,\mathrm{d}x = \hbar k \psi_0^2 2L = \hbar k = p$$

mit der Normierung $\psi_0^2 = \dfrac{1}{2L}$, so daß $\int_{-L}^{L}\psi^*(x)\psi(x)\mathrm{d}x = 1$, was auch für $L \to \infty$ gilt.

Der Erwartungswert des Ortes läßt sich mit dem Ortsoperator $\hat{x} = x$ für das freie Quant mit bestimmter Wellenzahl k nicht lösen, da die Antreffwahrscheinlichkeit (Aufenthaltsdichte) an einem Ort über den ganzen Raum gleichverteilt, wegen der Normierungskostante also Null, ist. Dies ist nur bei sogenannten Wellenpaketen möglich, also Quanten deren Wellenfunktion durch Superpositionen über den gesamten Impulsraum $-\infty \le k \le \infty$ gegeben sind.

Die zeitliche Änderung des Zustandes eines quantenmechanischen Objektes wird durch die Wellenfunktion $\psi = \psi(x, t)$ beschrieben. Analog der Newtonschen Bewegungsgleichung in der klassischen Mechanik gibt es in der Quantenmechanik eine Differentialgleichung, welche durch die Wellenfunktion erfüllt werden muß: Es ist die Schrödingergleichung, die von SCHRÖDINGER 1926 aufgestellt wurde und nicht abgeleitet werden kann.

Viele quantenmechanische Systeme besitzen Zustände mit scharfer Energie. Ändern sich ihre Wahrscheinlichkeitsamplituden nicht mit der Zeit, so heißen diese stationäre Zustände. Die sie beschreibende Schrödingergleichung vereinfacht sich zu der zeitunabhängigen Schrödingergleichung. Es handelt sich bei dieser um eine Eigenwertgleichung, deren Eigenwerte die Energiewerte der zugehörigen Zustandsfunktionen sind. Üblicherweise werden die Energiewerte und die zugehörigen Zustände durch die Quantenzahl n numeriert. Die Bestimmung von quantisierten Energiewerten und den zugehörigen Zustandsfunktionen von Quantensystemen ist ein wichtiges Anliegen der Quantenmechanik.

Der Hamiltonoperator

Zur Berechnung der Energieeigenwerte E_i eines Quantsystems nutzt man den Hamiltonoperator $\hat{H} = -\dfrac{\hbar^2}{2m}\dfrac{d^2}{dx^2} + V(x)$, den man auf $\psi(x)$ wirken läßt und dadurch eine Eigenwertgleichung, welche die Energiewerte bestimmt, erhält

$$\hat{H}\psi_i(x) = E_i\psi_i(x), \tag{49.1}$$

$$\Leftrightarrow \frac{\hbar^2}{2m}\psi_i'' + \left(E_i - V(x)\right)\psi_i = 0.$$

Dies ist die stationäre (eindimensionale) Schrödingergleichung, sie läßt sich durch einen Produktansatz aus der allgemeinen, zeitabhängigen Schrödingergleichung gewinnen, welche die zeitliche Entwicklung eines Quantensystems angibt:

$$i\hbar\frac{\partial}{\partial t}\psi(x,t) = \hat{H}\psi(x,t) \tag{49.2}$$

$$\Leftrightarrow \frac{\hbar^2}{2m}\psi'' + i\hbar\dot{\psi} - V(x)\psi = 0.$$

Bei der Berechnung der Wellenfunktionen der Potentialtöpfe und des Wasserstoffatoms wird auf die stationäre Schrödingergleichung zurückgegriffen.

5.2.2 Begriffe im Lichtwegcurriculum

Die in der Geschichte der Physik entstandene Sprache bildet nicht immer eine einfache Struktur, nach der Physik gelernt werden kann. Die Einführung neuer Begriffe kann für den Unterricht sinnvoll sein und hat die Funktion, die durch ein Konzept oder ein Modell vorgegebene Ordnung zu unterstützen. Neue Konzepte erfordern unter Umständen selbst dann neue Begriffe, wenn es für ihre Bedeutung bereits andere Namen gibt. So wird z.b. im Lichtwegcurriculum nicht der Name *Wellenlänge* benutzt, weil er zwangsläufig eine Identifikation mit dem Wellenmodell des Lichtes hervorruft, die im Lichtwegkonzept unerwünscht ist, obwohl mit dem Ersatz, der *Basislänge,* das gleiche gemeint ist (vgl. ERB 1994, S. 97). Darüber hinaus wird mit der Verwendung des neuen Begriffs auch die Größe der Frequenz ersetzt. Da im Schulunterricht nur stationäre Zustände zur Berechnung von Licht und Elektronen Anwendung finden, kann auf die explizite Angabe der Frequenz verzichtet werden. Zur Rechtfertigung der Stellen, die mit dem Ersatz c/λ umständlich wirken, sei auf die Verringerung des Lernaufwandes hingewiesen, die sich durch das Einsparen einer physikalischen Größe ergibt.

Anders ist der Vorschlag zur Einführung der Begriffe *Lichtweg* und *Elektronium* begründet: Mit diesen Begriffen bekommen Strukturen einen eindeutigen Namen, die erst durch die Sichtweise des neuen Konzeptes bedeutsam sind *(Leitlinie 6).*

5.2.3 Das Medium Elektronium

Ebenso wie im Karlsruher Physikkurs besteht auch im Lichtwegkonzept die Notwendigkeit der Einführung eines Begriffes, dessen Bedeutung den Elektronen übergeordnet ist. Im Karlsruher Physikkurs beschreibt das *Elektronium* den *Stoff,* dessen kleinste Elemente die Elektronen sind (vgl. Kapitel 3.1.1). Elektronium hat dort physikalische Eigenschaften wie Ladung und Masse, die z.B. über den Raum des Atoms „verschmiert" sind, und damit auch Ort und Größe.

Im Lichtwegkonzept soll die Verwendung eines neuen Begriffs die Trennung der mathematisch formulierten Quantentheorie und der experimentellen, physikalischen Interpretation sprachlich verdeutlichen. In Kapitel 5.3.1.2 wird ausgeführt, daß die Einführung des Begriffs Elektronium auch aus physikalischer Sicht sinnvoll ist: Während die Elektronen ihre Bedeutung mit den klassischen Eigenschaften von Ort und Impuls erst bei der Registrierung, also im Meßprozeß haben, kann der Begriff des Elektroniums für das *Medium* genutzt werden, welches sich vor einer Messung in einem durch die Quantentheorie (ψ-Funktion) beschriebenen, reinen Zustand befindet. Damit ist zugleich auch der Begriff *Medium* definiert, der für ein beliebiges *quantenmechanisches System* stehen kann. Das *Medium* ist Teil der mathematischen Beschreibung der Quantentheorie, während seine *Quanten* im physikalischen Experiment nachweisbar sind. Dies begründet die Bevorzugung des abstrakten Begriffes *Medium* (Mittel, Träger) gegenüber dem Begriff *Stoff,* der im Karlsruher Physikkurs verwendet wird und eindeutig klassische Eigenschaften der Materie suggeriert *(Leitlinie 6).*

Elektronium ist also das Medium, welches im Atom vorkommt, dort aber – und damit unterscheidet sich Elektronium im Lichtwegcurriculum vom Karlsruher Physikkurs - nicht die physikalische, materielle Bedeutung mit den Eigenschaften Ort und Impuls hat, sondern die mathematische Funktion der Antreffwahrscheinlichkeit von Elektronen angibt.

Auch die bei einer Glühemission erzeugten Elektronenwellen (Kathodenstrahlung) können mit demselben Begriff Elektronium bezeichnet werden. Hier ist nach der Quantentheorie ebenfalls keine Vorstellung klassischer Eigenschaften, etwa der Ausbreitung lokalisierbarer Teilchen auf Bahnen, legitim.[1]

Es ist abzuwägen, ob anstelle des neuen Begriffs Elektronium nicht die existierenden Begriffe Elektronenwelle bzw. Kathodenstrahlung und Atomhülle beibehalten werden können. Außer der Tatsache, daß jeweils das gleiche quantenphysikalische Medium gemeint ist, sind alle drei Begriffe mit klassischen Eigenschaften besetzt. Die Einführung eines einheitlich genutzten Begriffs, der von jeglichen klassischen Vorstellungen gelöst ist, erscheint daher gerechtfertigt.

Die gleiche Problematik existiert bei der Beschreibung des Lichtes. Das Medium, dessen Quanten bei einer Messung als Photonen registriert werden, hat in der Sprache der Physik mehrere Namen: elektromagnetische Welle, Lichtstrahlung, Röntgenstrahlung, γ-Strahlung, Wärmestrahlung, Radiowellen, etc. Auch hier scheint die Einführung eines einheitlichen Begriffs, der das quantenphysikalische Medium beschreibt, sinnvoll. Analog zum Elektronium könnte man dieses *Photonium* nennen. In diesem Fall ist jedoch der Begriff *Licht*, der all die verschiedenen Strahlungen und Wellen meint, geeignet, zumal er zwar mit alltäglichen Bedeutungen besetzt ist, aber zunächst keine physikalischen Vorstellungen nahelegt. Klassische anschauliche Vorstellungen werden erst durch die Verwendung der klassischen Modelle mit ihren Namen Lichtstrahlung, Lichtwellen und Lichtteilchen generiert. Der Begriff Licht hat umgangssprachlich in erster Linie die Bedeutung von Helligkeit, ist aber aus physikalischer Sicht übergeordnet und abstrakt.

Im Unterricht können die Begriffe Elektronium und Licht zur Beschreibung des quantenphysikalischen Mediums sowie die Begriffe Elektron und Photon für die bei einer Messung registrierten Quanten eine Ordnungshilfe bieten, die die Gemeinsamkeiten von Licht und Elektronium und zugleich die Gegensätze von Medium und Quant bzw. Theorie und Messung nahelegen.

5.2.4 Lichtwege und Raummaße

Der *Lichtweg* ist das zentrale Element des Unterrichtskonzeptes. An seiner Verwendung wird die Vernetzung der Inhalte und die zunehmende Abstraktion der Beschreibungen deutlich. Während beim Einstieg in die Optik von *Blickwegen* gesprochen wird, was der Schülervorstellung einer gegenseitigen Wechselwirkung von Gegenstand und Beobachter entgegenkommt, beschreiben die Lichtwege beim Fermat-Prinzip denkbare Wege, auf denen sich das

---

[1] Es lassen sich lediglich Wellenpakete für Elektronen angeben, wodurch ihr Ort entsprechend der Heisenbergschen Unbestimmtheitsrelation „verschmiert" ist.

Licht von einer Quelle zu einem Beobachtungspunkt ausbreiten kann. Da in der weiterführenden Optik in der Oberstufe festgestellt wird, daß Licht *alle* möglichen Wege geht, werden sie dort zur Vermessung des Raumes verwendet. Deshalb ist schließlich die Rede von *Raummaßen*, mit denen sowohl die Ausbreitung des Lichtes als auch die des Elektroniums beschrieben wird. Mit diesem Schritt soll deutlich werden, daß in erster Linie die charakteristischen Eigenschaften des Raumes mit den in ihm enthaltenen Beugungsobjekten für die Beobachtung von Interferenzen und Berechnung von Antreffwahrscheinlichkeiten entscheidend sind. Was sich auf welche Weise in diesem Raum ausbreitet, ist nur insofern von Bedeutung, daß die Vermessung des Raumes in der Einheit der Basislänge des jeweiligen Mediums geschehen muß. Der naheliegenden Vorstellung, daß Lichtwege zugleich Bahnen für teilchenhafte Photonen bzw. Elektronen sind, sollte durch die Problematisierung der abstrakteren Begriffswahl entgegengearbeitet werden.

Neben der Funktion der Vernetzung der einzelnen Unterrichtseinheiten sollen durch die Verwendung des abstrakten Lichtwegbegriffs Fehlvorstellungen vermieden werden, die durch die schulüblichen Modelle gefördert werden (vgl. ERB 1994, S. 97). Das Lichtstrahl-, das Teilchen- und das Wellenmodell werden umgangen, denn sie legen Vorstellungen vom „Sein" des Lichtes nahe, die aus physikalischer Sicht nicht haltbar sind.

5.3   Die Funktion der im Curriculum verwendeten Modelle

Die im Curriculum „Vom Licht zum Atom" verwendeten Modelle sind größtenteils nicht Gegenstand des herkömmlichen Unterrichtes. Gemäß *Leitlinie 5* stehen sie im Kontrast zu den klassischen, anschaulichen Modellen, indem sie durch ihre Abstraktion die Entwicklung von Vorstellungen der modernen Quantentheorie fördern.

Die nächsten Abschnitte beschreiben die didaktische Funktion und den methodischen Einsatz der Modelle. Darüber hinaus werden insbesondere die Schritte der Elementarisierung von den physikalischen Grundlagen zu den für den Unterricht zugeschnittenen Modellen aufgezeigt.

5.3.1   Das Zeigermodell

Das Zeigermodell hat die Funktion, die Ausbreitung der Medien Licht und Elektronium zu beschreiben, wobei insbesondere die Interferenzeigenschaften (Wellenaspekt) dieser Medien Berücksichtigung finden. Aber auch die besonderen Eigenschaften der Registrierung von einzelnen Quanten (Teilchenaspekt), die sich in der Angabe von Antreffwahrscheinlichkeiten ausdrücken lassen, sollen durch das gleiche Modell einbezogen werden. Es wird so vermieden, verschiedene, sich widersprechende Modelle zu lehren, welche die Schülerinnen und Schüler nur für die „passenden Probleme" anwenden können. Durch die Abstraktheit des Zeigermodells wird der Schwerpunkt der Modellierung von den anschaulichen Fragen nach dem Sein des Lichtes bzw. Elektroniums verschoben und zu der Beschreibung des Beobachtbaren verlagert. Kritiker des Lichtwegkonzeptes sehen in dem Übergehen der schulüblichen klassischen Modelle allerdings einen Verlust für den Modellbildungsprozeß. FISCHLER und

SEIFERT befürworten statt dessen die Konstruktion von Unterricht unter häufigen Wechseln der Repräsentationsebenen (SEIFERT et al. 1999). Dem muß entgegnet werden, daß selbst eine vielfältige Variation von anschaulichen Modellen nicht verhindert, daß die Schülerinnen und Schüler eine Verwechslung bzw. Gleichsetzung von Modell und Wirklichkeit vornehmen. Dies ist bei der Verwendung des Zeigermodells durch seine Abstraktheit ausgeschlossen, womit ein effektiver Beitrag zum Modellbildungsprozeß geleistet wird *(Leitlinie 2)*.

5.3.1.1 Der Zeigerformalismus

Das Zeigermodell ist durch seinen sehr einfach zu handhabenden Formalismus nicht nur leicht zu erlernen, sondern auch anschaulich. Die Einführung des Formalismus läßt sich mit Funktionsobjekten für eine Magnethafttafel vornehmen, mit denen sich verschiedene Interferenzexperimente nachstellen lassen. Die Lichtwege werden durch einen Faden realisiert, dessen Länge durch Abrollen einer Achse, mit der sich ein Zeiger dreht, bestimmt werden kann (vgl. Abbildung 7). Der Formalismus des abstrakten Modells wird so „greifbar".

Physikalisch gesehen ist der Zeiger die Visualisierung einer komplexen Wahrscheinlichkeitsamplitude

$$Z = A \cdot e^{ikx}, \tag{53.3}$$

wobei $k = 2\pi/\lambda$ die Wellenzahl und x die Länge des Lichtweges ist.

Zur Beschreibung von Interferenzexperimenten werden die Wege, die dem Licht zur Ausbreitung zwischen Lichtquelle und Beobachtungspunkt zur Verfügung stehen, mit Zeigern in Vielfachen der „Basislänge" des Lichtes (Wellenlänge) vermessen: Die Zeiger haben je nach der Länge der Lichtwege gemäß (53.3) verschiedene Phasenwinkel. Werden die Zeiger aller möglicher Lichtwege vektoriell addiert, so erhält man eine Resultierende, deren Quadrat sich proportional der Intensität des Lichtes am Beobachtungspunkt verhält.

Licht

Nach einer Überlegung von MAXWELL läßt sich Licht als transversale, elektromagnetische Welle beschreiben. Dabei stehen das elektrische Feld E und das magnetische Feld B senkrecht zueinander und breiten sich phasengleich mit einer Geschwindigkeit v aus (vgl. GERTHSEN 1989). Man kann die Welle in einem Koordinatensystem betrachten, in dem die Ausbreitungsrichtung mit der x-Achse zusammenfällt und die elektrische Feldstärke nur eine Komponente in y-Richtung E_y und die magnetische Feldstärke nur eine Komponente in z-Richtung B_z hat.

Setzt man die Feldstärken, welche sich im Abstand Δx um ΔE_y bzw. ΔB_z verändern (zur Vereinfachung sollen ebene Wellen betrachtet werden), in die ersten beiden Maxwellschen Gleichungen

$$\oint \vec{E} \cdot d\vec{s} = -\frac{d}{dt}\left(\vec{A} \cdot \vec{B}\right) \quad \text{und} \quad \oint \vec{B} \cdot d\vec{s} = \mu_0 \varepsilon_0 \frac{d(\vec{E} \cdot \vec{A})}{dt} \tag{53.4}$$

ein, so lassen sich die links stehenden Integrale vereinfachen: Indem entlang des Umfangs der Rechtecke $\Delta x \cdot y$ bzw. $\Delta x \cdot z$ integriert wird, erhält man $y \cdot \Delta E_y$ bzw. $z \cdot \Delta B_z$. Die rechten Seiten ergeben

$$-\frac{dB_z}{dt} \cdot \Delta x \cdot y \quad \text{bzw.} \quad -\mu_0 \varepsilon_0 \frac{dE_y}{dt} \cdot \Delta x \cdot z, \text{ so daß die Maxwellschen Gleichungen (53.4) die Form}$$

$$\frac{dE_y}{dx} = -\frac{dB_z}{dt} \qquad\qquad (54.5)$$

$$\frac{dB_z}{dx} = -\mu_0\varepsilon_0 \frac{dE_y}{dt} \qquad\qquad (54.6)$$

annehmen. Wird (54.5) nach x und (54.6) nach t abgeleitet, so erhält man nach Gleichsetzen

$$\frac{d^2E_y}{dx^2} = \mu_0\varepsilon_0 \frac{d^2E_y}{dt^2} \; .$$

Wird (54.5) nach t und (54.6) nach x abgeleitet, so erhält

$$\frac{d^2B_z}{dx^2} = \mu_0\varepsilon_0 \frac{d^2B_z}{dt^2} \; .$$

Diese Gleichungen lauten in allgemeiner Form, bei der die Feldstärken nicht ausschließlich ebene Wellen sein müssen $\dfrac{d^2\vec{E}}{dx^2} = \mu_0\varepsilon_0 \dfrac{d^2\vec{E}}{dt^2}$ und $\dfrac{d^2\vec{B}}{dx^2} = \mu_0\varepsilon_0 \dfrac{d^2\vec{B}}{dt^2}$ und erinnern an die Wellengleichung aus der Mechanik mit der Ausbreitungsgeschwindigkeit u:

$$\frac{d^2s}{dx^2} = \frac{1}{u^2} \frac{d^2s}{dt^2} \; .$$

Der Vergleich der Differentialgleichungen legt nahe, daß die Geschwindigkeit der elektromagnetischen Wellen $v = \dfrac{1}{\sqrt{\mu_0\varepsilon_0}}$ ist, welche den numerischen Wert $c = 2{,}998\cdot 10^8$ m/s hat.

Lösungen der Wellengleichung (54.5) und (54.6) sind durch die Wellenfunktionen $E = E_0\, e^{\pm i(kx - \omega t)}$ bzw. $B = B_0\, e^{\pm i(kx - \omega t)}$ mit $k = 2\pi/\lambda$ gegeben.

Sie lassen sich in der komplexen Zahlenebene durch Zeiger $Z = A_0\cdot e^{i\varphi}$ mit der Länge E_0 bzw. B_0 und der Phase $\varphi = kx - \omega t$ beschreiben, wobei die Phase zu einem konstanten Zeitpunkt nur noch vom Ort abhängt: $\varphi = 2\pi x/\lambda$.

Die Addition von mehreren Zeigern erfolgt wie die Addition von Feldstärken durch vektorielle Addition ihrer Amplituden (vgl. **Abbildung 5**):

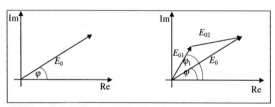

Abbildung 5: Addition der Feldstärkevektoren

$$\vec{E} = \vec{E}_1 + \vec{E}_2 = E_{01}e^{i\varphi_1} + E_{02}e^{i\varphi_2} = E_0 e^{i\varphi} \; ,$$

also in der Zeigerschreibweise:

$$Z = Z_1 + Z_2 = Z_{01}e^{i\varphi_1} + Z_{02}e^{i\varphi_2} = Z_0 e^{i\varphi} \; .$$

Im Wellenmodell gibt der Poyntingvektor $\vec{S} = c^2\varepsilon_0 \vec{E}\times\vec{B}$ die Leistung der sich ausbreitenden Welle pro Fläche (Energiestromdichte) an. Da $\vec{S}$ mit ω variiert, betrachtet man das zeitliche Mittel $<S>$, welches als Bestrahlungsstärke oder Intensität bezeichnet wird:

$$< S > = I = \tfrac{1}{2} c^2\varepsilon_0 |\vec{E}\times\vec{B}| \; .$$

oder wegen $\vec{E} = \vec{c} \times \vec{B}$ gilt für $E \perp B$

$$I = \tfrac{1}{2} c\, \varepsilon_0\, E^2 .$$

Die Intensität des Lichtes verhält sich also proportional zum Quadrat des zeitlichen Mittels des elektrischen Feldes also dem Quadrat der vektoriell addierten Zeiger

$$I \sim |Z_1 + Z_2|^2 .$$

Zur Einführung des Zeigers in der Schule ist ein Funktionsmodell hilfreich, welches das Vermessen der Lichtwege veranschaulicht: Der Lichtweg wird in dem Modell durch einen gespannten Faden realisiert, dessen eines Ende am Ort der Lichtquelle befestigt ist. Das andere Ende wird über eine drehbare Achse gewickelt, an der ein Zeiger befestigt ist (s. Abbildung 7). Wird die Achse von der Lichtquelle zu einem Beobachtungspunkt verschoben, so dreht sich dabei der Zeiger. Man legt die Phase $\varphi_0 = 0$ am Anfang des Meßprozesses mit der Zeigerstellung „3 Uhr" fest und kann nach dem Verschieben die Phase in Übereinstimmung mit (53.3) ablesen, wobei die Basislänge hier dem Kreisumfang der Achse entspricht. Es läßt sich auf einfachste Weise das Vermessen verschiedenster Interferenzexperimente nachstellen (vgl. Abbildung 6). Es wird dabei deutlich, daß sich die Längen der Lichtwege je nach Position des Beobachtungspunktes unterscheiden und dadurch die Zeiger mal in die gleiche und mal in entgegengesetzte Richtung weisen, was das beobachtete Interferenzmuster erklärt.

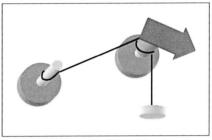

Abbildung 7: Funktionsmodell zum Zeigerformalismus

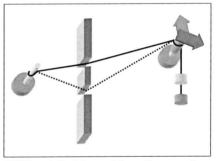

Abbildung 6: Funktionsmodell zum Vermessen des Doppelspaltexperimentes

Bei der Ausbreitung des Lichtes in den dreidimensionalen Raum muß beachtet werden, daß die von einer punktförmigen Lichtquelle abgegebene Strahlungsleistung unabhängig von der Entfernung r von der Lichtquelle (bei Vernachlässigung einer Absorption) auf der Oberfläche einer Kugel konstant bleiben muß. Da sich die Kugeloberfläche mit r^2 vergrößert, muß die Intensität mit $1/r^2$ bzw. die Zeigerlänge mit $1/r$ abnehmen, so daß sich für die Zeigerdarstellung $Z = a/r \cdot e^{ikr}$ ergibt. Die Zeigerverkürzung darf bei den meisten Interferenzexperimenten vernachlässigt werden, da bereits aufgrund der Größe der Kohärenzlänge des Mediums keine starken Differenzen zwischen den Längen der verschiedenen Lichtwege auftreten dürfen. Bei der Behandlung des Lichtes im Unterricht wird dies stillschweigend getan.

Die Länge der Zeiger hat aber z.B. bei der Beschreibung der partiellen Reflexion eine Bedeutung. Die Zeiger werden so verkürzt, daß ihre Quadrate mit den experimentell bestimmbaren Intensitäten des reflektierten und transmittierten Lichtes übereinstimmen. Wie in der Wellenoptik muß auch bei der Anwendung des Zeigers ein Phasensprung bei der Reflexion am dichteren Medium beachtet werden, der sich in einer zusätzlichen Drehung des Zeigers um 180° äußert. Diese Drehung läßt sich durch Vergleich der Intensitäten des reflektierten und transmittierten Lichtes motivieren, die zusammen der Anfangsintensität entsprechen müssen. Außerdem läßt sich bei sehr dünnen Reflexionsschichten (z.b. einer Seifenhaut kurz vor dem Zerplatzen), bei denen sich die Längen der Lichtwege kaum unterscheiden, beobachten, daß es keine Reflexion gibt, was entgegengesetzte Zeigerstellungen erfordert. Welcher der beiden Zeiger zusätzlich gedreht wird, ist für den Zeigerformalismus unbedeutend. Es wird die Handhabung der Wellentheorie übernommen.

Damit ist die Verwendung des Zeigerformalismus in der Wellenoptik bereits motiviert. Interessanterweise ist es im Zeigermodell möglich, unter Beibehaltung desselben Formalismus die Wahrscheinlichkeit des Registrierens von Photonen zu berechnen. Dazu werden die Quadrate der ermittelten resultierenden Zeigerlängen, welche bei hohen Lichtenergien die Intensitäten am Beobachtungspunkt angeben, als Größen der Antreffwahrscheinlichkeit einzelner Photonen interpretiert. FEYNMANS Erklärung geht dabei von der Quantenelektrodynamik aus, die hier nicht aufgegriffen werden kann (FEYNMAN 1992, vgl. auch KUHN & STRNAD 1995). Es zeigt sich jedoch, daß Photonen, die wie elektromagnetische Wellen nur durch die Wechselwirkung mit Ladungen registriert werden können, ebenfalls durch die Maxwell-Gleichungen beschrieben werden, so wie Elektronen durch die Schrödingergleichung. Die jeweiligen Wellenfunktionen geben die Wahrscheinlichkeitsamplituden an, die nach der Bornschen Deutung die Antreffwahrscheinlichkeiten bestimmen. Im Gegensatz zur Ausbreitung von Elektronium kann beim Licht grundsätzlich nur für die Wechselwirkung mit Ladungen die Wahrscheinlichkeitsdichte zur Lokalisation eines Photons berechnet werden.

Antreffwahrscheinlichkeit von Photonen

Die Energiestromdichte $\vec{S} = c^2 \varepsilon_0 \vec{E} \times \vec{B}$ ist für $E \perp B : S = c\,\varepsilon_0\,E^2$. Wird die Energiedichte

$$\frac{dW}{dV} = \frac{S}{c} = \varepsilon_0\,E^2$$ über das Volumen ΔV integriert, so erhält man klassisch die Energie der Welle in diesem Volumenelement:

$$W = \frac{1}{c} \int_{\Delta V} S\,dV = S\,\frac{\Delta V}{c} = \varepsilon_0\,E^2\,\Delta V$$

Die Energie W ist daher proportional zum Quadrat der Feldstärke E. Bei der Ausbreitung von Photonen ist diese verschieden von der Photonenenergie $W_{Ph} = h\cdot c/\lambda$, die unabhängig von der Lichtintensität konstant ist. Der Quotient der Energien W/W_{Ph} entspricht der Wahrscheinlichkeit P, ein Photon anzutreffen. Damit gilt

$$P \sim W \sim E^2 .$$

Aufgrund der Proportionalität von P und E^2 kann die Antreffwahrscheinlichkeit mit den gleichen Zeigern wie die Intensität errechnet werden kann.

Die Quanteneigenschaften des Lichtes lassen sich durch die Untersuchung des Taylor-Experimentes motivieren. TAYLOR hat 1909 Licht einer Gasflamme durch einen Spalt abgeblendet und die Beugung an einer Nadel fotografiert. Ihn interessierte, ob sich das Interferenzmuster verändert, wenn die Intensität des Lichtes bei gleichzeitiger Erhöhung der Belichtungszeit durch Graufilter reduziert wird. Sein Ergebnis war, daß sich die Schärfe des Bildes nicht veränderte, selbst wenn die Intensität nur noch einer eine Meile entfernten Kerze entsprach und das Foto drei Monate belichtet werden mußte (vgl. TAYLOR 1909).

Das Taylor-Experiment wird heute nach einem Vorschlag von PARKER einfacher am Doppelspalt demonstriert (PARKER 1971). Die Auswertung des Experimentes legt einerseits aufgrund der körnigen Struktur des fotografierten Interferenzmusters eine quantenhafte Ausbreitung des Lichtes nahe und macht andererseits die Problematik der Beschreibung des Lichtes mit Hilfe klassischer Modelle deutlich: Dieses Experiment läßt sich weder mit dem Teilchen- noch mit dem Wellenmodell des Lichtes erklären. Die geringen Intensitäten zeigen die Teilcheneigenschaften des Lichtes, ein naives Teilchenmodell kann die Interferenz jedoch nicht erklären. Und die Frage, durch welchen Spalt die Photonen fliegen, läßt sich bei gleichzeitiger Existenz von nur einem Photon in der Anordnung ad absurdum führen. Das Wellenmodell erklärt zwar die Interferenz, setzt aber eine kontinuierliche Lichtausbreitung voraus, die der Beobachtung der körnigen Struktur des Interferenzbildes widerspricht. Eine alternative Beschreibung des Lichtes wird an dieser Stelle notwendig, die PARKER anbietet, indem er DIRAC zitiert: „Jedes Photon interferiert mit sich selbst". Diese Aussage löst das Problem jedoch nur dann, wenn man sich von jeglicher anschaulichen Vorstellung des Photons während seiner Ausbreitung freimacht und seine Bedeutung erst für den Moment der Registrierung zuläßt. Deshalb ist es hilfreich, während der Ausbreitung grundsätzlich von Licht zu reden und den Begriff Photon nur für die Erzeugung oder Registrierung von Licht zu verwenden.

Zur Interpretation des Taylor-Experimentes

Das Punktmuster auf dem Fotopapier hängt direkt mit dessen Struktur zusammen, ist aber dennoch ein Indiz für die diskontinuierliche Lichtausbreitung: Es zeigen sich auch bei geringsten Lichtintensitäten schon nach kurzer Zeit die ersten schwarzen Punkte auf dem Papier, obwohl gemäß einer kontinuierlichen Lichtausbreitung dafür noch nicht die ausreichende Energiemenge eingetroffen sein kann.

Die mittlere Lichtenergie in der Versuchsanordnung entspricht der Energie eines Photons E_{Ph}, wenn der mittlere zeitliche Abstand der Emission von Photonen aus der Lichtquelle (Δt = Photonenenergie pro Lichtleistung) der Lichtausbreitungszeit bis zum Beobachtungsschirm L/c entspricht:

$$\Delta t = \frac{E_{Ph}}{f \cdot P} = \frac{L}{c} \Rightarrow f = \frac{E_{Ph} \, c}{L \, P} = \frac{h \, c^2}{L \, P \, \lambda} \; .$$

Bei Verwendung eines roten Laserpointer der Leistung $P = 1 \text{mW}$ und einer Aufbaulänge von $L = 1 \text{m}$ muß die Lichtquelle um den Faktor $f \approx 10^{-7}$ verdunkelt werden. In dem Fall müßte nach einem naiven Teilchenmodell angenommen werden, daß immer nur ein Photon unterwegs ist und durch einen der beiden Spalte fliegt, womit sich die Interferenz im Wellenbild nicht mehr erklären läßt.

Die Größe der Energie des Lichtes, welches in Form von Photonen registriert wird, wird im Zeigermodell auf üblichem Wege mit dem *Photoeffekt* bestimmt, wobei jedoch nicht die Abhängigkeit der Energie von der Frequenz, sondern von der Basislänge des Lichtes bestimmt wird: $E_{Ph} = h \cdot c / \lambda$. Als weitere Eigenschaft der Photonen wird der Impuls behandelt. Seine Einführung ist schwieriger, da das Experiment des *Compton-Effektes,* welches die Größe des Photonenimpulses rechtfertigt, relativ aufwendig ist. Eine Alternative bietet sich mit der Anwendung der Einsteinschen Beziehung $E = m\,c^2$. Obwohl die Relativitätstheorie üblicherweise erst Inhalt in der 13. Jahrgangsstufe in Leistungskursen ist, kann diese Beziehung bei vielen Schülerinnen und Schülern als bekannt angenommen werden. Gleichsetzen von $E = m\,c^2 = p\,c$ und $E_{Ph} = h \cdot c / \lambda$ liefert die de Brogliesche Beziehung $p = h / \lambda$. Sie stellt den Zusammenhang zwischen der Quanteneigenschaft des Photons, dem Impuls, und der Interferenzeigenschaft des Lichtes, der Basislänge, her. Die anschließende Durchführung des Experiments zum Compton-Effekt kann die Einführung der Größe im Nachhinein rechtfertigen.

5.3.1.2 Die Beschreibung von Elektronium im Zeigermodell

Seine enorme Tragfähigkeit erweist das Zeigermodell dadurch, daß es auch die Ausbreitung von Elektronen (Elektronium) zu beschreiben vermag und die Berechnung von Verteilungen der Antreffwahrscheinlichkeiten von Elektronen im Atom ermöglicht.

Freie Elektronen (Kathodenstrahlen, Elektronenwellen), welche im Rahmen des Curriculums Elektronium genannt werden (vgl. Kapitel 5.2.3), können durch Glühemission erzeugt werden. Mittels eines elektrischen Feldes kann Elektronium beschleunigt werden und breitet sich dann in den Raum aus, wobei es sich dem Licht ähnlich verhält. Analog der geometrischen Optik erfolgt die Ausbreitung geradlinig, solange es keine elektrischen oder magnetischen Felder gibt und der Raum evakuiert ist. Elektronium interferiert auch wie Licht, wobei seine Basislänge (Wellenlänge) von der Größe der Beschleunigung (Impuls der Elektronen) abhängt. Bei der Beschleunigung wird dem Elektronium in einem elektrischen Feld mit der angelegten Spannung U pro Elementarladung e die Energie $E_{kin} = e \cdot U$ übertragen.

Wenn dieser Zusammenhang noch nicht vorausgesetzt werden kann, bietet sich die folgende Argumentation an: Wird eine positive Ladung in einem homogenen elektrischen Feld von der negativen zur positiven Kondensatorplatte bewegt, welche sich im Abstand d befinden, so muß dazu die Arbeit $W = F \cdot d$ aufgebracht werden. Die Kraft hat die Größe $F = Q \cdot E$, wobei die elektrische Feldstärke im Kondensator durch die angelegte Spannung pro Plattenabstand gegeben ist: $E = U/d$. Somit ist die benötigte Arbeit $W = Q \cdot U$. Umgekehrt wird eine negative Ladung, z.B. die eines Elektrons, in dem Feld durch die Kraft F beschleunigt und erhält die frei werdende Arbeit in Form von kinetischer Energie $E_{kin} = e \cdot U$.

Daß diese Energie pro Elektron übertragen wird, steht nicht im Widerspruch mit der Aussage, daß das Elektronium als Ganzes beschleunigt wird, denn das Elektronium besitzt eine bestimmte Ladung Q, die mit der Ladung seiner Elementarportionen $N \cdot e$ übereinstimmt.

Der Impuls ist eine Größe, die den Quanten des Elektroniums, den Elektronen, zugeschrieben wird. Wie beim Licht wird der Zusammenhang zwischen dem Impuls der Elektronen und der

Basislänge (Wellenlänge) des Elektroniums durch die de Brogliesche Beziehung $p = h/\lambda$ bestimmt.

Zur Beschreibung der Ausbreitung von Elektronium in einen Raum, der frei von äußeren elektrischen und magnetischen Feldern ist, kann der Zeigerformalismus wie in der Optik angewendet werden. Elektronium, das einem veränderlichen Potential unterworfen ist, kann dagegen keine konstante Basislänge zugeordnet werden.

Freie Elektronen

Die Schrödingergleichung für ein freies (nichtrelativistisches) „Teilchen", das sich auf einem eindimensionalen Weg ausbreiten kann, ist (49.2):

$$i\hbar \frac{\partial}{\partial t}\psi(x,t) = \hat{H}\psi(x,t)$$

$$\Leftrightarrow i\hbar\dot{\psi}(x,t) = -\frac{\hbar^2}{2m}\psi''(x,t) . \tag{59.7}$$

Mit dem Separationsansatz läßt sich $\psi(x,t) = g(t)\cdot u(x)$ wieder in eine Zeit- und eine Ortsfunktion (stationäre Zustände) zerlegen:

$$i\hbar u\dot{g} = -\frac{\hbar^2}{2m}gu''$$

$$\Rightarrow i\hbar\frac{\dot{g}}{g} = -\frac{\hbar^2}{2m}\frac{u''}{u} = \text{const} = E$$

E ist die Separationskonstante, beide Seiten dürfen weder von x noch von t abhängen.

$$\Rightarrow \dot{g} = -i\frac{E}{\hbar}g \quad \text{und} \quad u'' + k^2u = 0 \quad , \text{mit } k^2 = \frac{2mE}{\hbar^2} . \tag{59.8}$$

Die Zeitfunktion hat die Lösung $g(t) = e^{-i\frac{E}{\hbar}t}$, so daß die Gesamtwellenfunktion nur über einen Phasenfaktor von der Zeit abhängt:

$$\psi(x,t) = e^{-i\frac{E}{\hbar}t}\cdot u(x) .$$

Die Ortsfunktion läßt sich mit dem Ansatz $u = A\cdot e^{\lambda x}$ lösen, wobei die charakteristische Gleichung $\lambda^2 = -k^2$ die beiden Lösungen $\lambda = \pm i k$ hat, d. h. es gibt zwei Fundamentallösungen:

$$\psi(x,t) = Ae^{i\left(kx-\frac{E}{\hbar}t\right)} = Ae^{i\left(kx-\frac{\hbar k^2}{2m}t\right)} \quad \text{(„rechtslaufende Welle") und}$$

$$\psi(x,t) = Ae^{i\left(-kx-\frac{E}{\hbar}t\right)} = Ae^{i\left(-kx-\frac{\hbar k^2}{2m}t\right)} \quad \text{(„linkslaufende Welle")}.$$

Man könnte sagen, das „Teilchen" breite sich in beide möglichen Richtungen aus. Die Wahrscheinlichkeitsdichte $\rho = \psi^*\psi = |A|^2$ ist jedoch überall konstant - es wird kein Ort bevorzugt. Daher ist es wenig sinnvoll, von einem Teilchen im klassischen Sinn zu sprechen. Vielmehr sollte von einem Quantensystem gesprochen werden, das im Rahmen dieser Arbeit und des Curriculums *Elektronium* genannt wird, während in der Physik der Begriff der Elektronenwelle üblich ist. Die allgemeine Lösung ergibt sich durch die Superposition der obigen speziellen Lösungen mit variierendem Wellenvektor k:

$$\psi(x,t) = \int_{-\infty}^{\infty}A(k)e^{i\left(kx-\frac{\hbar k^2}{2m}t\right)}dk .$$

Bei einem solchen „Wellenpaket" hat die Elektronenwelle keinen scharfen Impuls, sondern dieser kann mit dem kontinuierlich variierenden k „verschmiert" sein. Durch diese Impulsunschärfe läßt sich das Elektron lokalisieren, d.h. es gibt einen Bereich, der mit einer Geschwindigkeit v wandert und in dem das Elektron angetroffen werden kann.

Um die Ausbreitung von Elektronenwellen (Elektronium) ausgehend von einer punktförmigen Quelle in den dreidimensionalen Raum zu betrachten, ist die Verwendung von Kugelkoordinaten $r = \sqrt{x^2 + y^2 + z^2}$, $\Theta = \arctan\dfrac{z}{\sqrt{x^2 + y^2}}$, $\varphi = \arctan\dfrac{x}{y}$ sinnvoll. Der Hamiltonoperator $\hat{H} = -\dfrac{\hbar^2}{2m}\Delta$

bekommt dann mit $\Delta = \dfrac{1}{r^2}\dfrac{\partial}{\partial r}\left(r^2\dfrac{\partial}{\partial r}\right) + \dfrac{\Lambda}{r^2}$ und $\Lambda = \dfrac{1}{\sin\Theta}\dfrac{\partial}{\partial\Theta}\left(\sin\Theta\dfrac{\partial}{\partial\Theta}\right) + \dfrac{1}{\sin\Theta}\dfrac{\partial^2}{\partial\varphi^2}$

die Form

$$\hat{H} = -\frac{\hbar^2}{2mr^2}\frac{\partial}{\partial r}\left(r^2\frac{\partial}{\partial r}\right) - \frac{\hbar^2\Lambda}{2mr^2},$$

wobei $-\hbar^2\Lambda = \hat{l}^2$ der Drehimpulsoperator ist.

Die Lösung der stationären Schrödingergleichung (vgl. (49.1))

$$\hat{H}\ \psi(r,\Theta,\varphi) = E\ \psi(r,\Theta,\varphi) \tag{60.9}$$

läßt sich in eine radiale und eine Winkelfunktion separieren:

$$\psi(r,\Theta,\varphi) = f(r)\ y(\Theta,\varphi). \tag{60.10}$$

Da $\hat{H}$, $\hat{l}^2$ und $\hat{l}_z$ vertauschbare hermite'sche Operatoren sind, sind die Eigenfunktionen des Hamiltonoperators zugleich auch Eigenfunktionen des Drehimpulsoperators $\hat{l}^2$ und der z-Komponente $\hat{l}_z$. Gleichung (60.9) ist somit auch Eigenwertgleichung für die zu $\hat{l}^2$ und $\hat{l}_z$ zugehörigen Eigenwerte, die Quantenzahlen l und m. Die Eigenwertgleichung

$$\hat{l}^2\psi(\Theta,\varphi) = \hbar^2\, l(l+1)\psi(\Theta,\varphi)$$

wird durch die sogenannten Kugelflächenfunktionen $\psi(\Theta,\varphi) = y_{lm}(\Theta,\varphi)$ gelöst, die zu den jeweiligen Quantenzahlen l und m auch Lösungen von (60.10) sind.

Wird der Produktansatz (60.10) in die Schrödingergleichung (60.9) eingesetzt, so ergibt sich:

$$-\frac{\hbar^2}{2mr^2}\frac{\partial}{\partial r}\left(r^2\frac{\partial}{\partial r}\right)f(r)\,y(\Theta,\varphi) + \frac{1}{2mr^2}f(r)\hbar^2 l(l+1)\,y(\Theta,\varphi) = E\,f(r)\,y(\Theta,\varphi) \tag{60.11}$$

Es wird zunächst angenommen, daß der Bahndrehimpuls Null ist, dann verschwindet die Winkelabhängigkeit, und es bleibt die Differentialgleichung:

$$-\frac{\hbar^2}{2mr^2}\frac{\partial}{\partial r}\left(r^2\frac{\partial}{\partial r}\right)f(r) = E\,f(r).$$

Sie läßt sich mit $R(r) = r\,f(r)$ vereinfachen,

$$\frac{\hbar^2}{2m}\frac{\partial^2}{\partial r^2}R(r) + E\,R(r) = 0 \tag{60.12}$$

und mit dem Ansatz $R(r) = Ae^{ikr}$ lösen, so daß folgt

$$f(r) = \frac{A}{r}e^{ikr} \text{ mit } k = \frac{\sqrt{2mE}}{\hbar}. \tag{60.13}$$

Es ergibt sich als Ergebnis, daß die Amplitude der Wellenfunktion, im Gegensatz zu der linearen Beschreibung, im Raum mit $1/r$ abfällt.

Analog der Zeigerdarstellung des Lichtes gilt auch für die Amplituden des Elektroniums eine Verkürzung der Zeigerlänge mit der Entfernung r von der Lichtquelle um $1/r$. Dies kann wieder bei Interferenzexperimenten mit Elektronium im feldfreien Raum vernachlässigt werden, spielt jedoch später, wenn Elektronium in einen Raum eingesperrt wird (im dreidimensionalen Potentialtopf) eine entscheidende Rolle.

Sollen Interferenzexperimente mit Elektronium beschrieben werden, so werden wie in der Optik die möglichen Wege des Elektroniums wieder in Einheiten der Basislänge vermessen. Die Wege werden nun mit dem abstrakten Begriff Raummaße bezeichnet (vgl. Kapitel 5.2.4). Ganz analog der Optik werden die Zeiger der einzelnen Raummaße vektoriell addiert und ergeben eine resultierende Amplitude, welche quadriert die Antreffwahrscheinlichkeit am Beobachtungspunkt bestimmt. (Genauer gesagt kann die Antreffwahrscheinlichkeit nur in einer Umgebung des Beobachtungspunktes angegeben und mit benachbarten Punkten verglichen werden. Es können keine absoluten Größen bestimmt werden)

Interferenz von Elektronium

Eine Elektronenwelle (Elektronium), die aus einer Quelle S am Ort $\vec{s}$ stammt, welche Elektronen mit definierter kinetischer Energie E und somit dem Impuls $p = \hbar k = \sqrt{2mE}$ erzeugt, hat die Amplitude $< X \mid S > = \psi(r)$, in X am Ort $\vec{x}$ gefunden zu werden, mit $r = |\vec{s} - \vec{x}|$ und der stationären Wellenfunktion

$$\psi(r) = \frac{A}{r} e^{ikr}.$$

Über die de Brogliesche Beziehung ist der Elektronenwelle die Wellenlänge (Basislänge) $\lambda = \frac{h}{p} = \frac{h}{\sqrt{2mE}}$ zugeordnet, damit bekommt die Wellenfunktion $\psi(r) = \frac{A}{r} e^{i\frac{2\pi}{\lambda}r}$ die einfache Form eines Zeigers der Länge $a = A/r$ und der Phase $\varphi = \frac{2\pi r}{\lambda}$. Die Wahrscheinlichkeitsdichte für das Antreffen eines Elektrons am Ort $\vec{x}$ ist $\rho = \psi^* \psi = a^2 = \frac{|A|^2}{r^2}$. Die Ausbreitung der Elektronenwelle (Elektronium) kann auf „Wegen" dargestellt werden, die aus beliebig vielen Stücken zusammengesetzt sein können. Der i-te Weg bekommt dann die Wellenfunktion

$$\psi_i(r_i) = a_i e^{i\frac{2\pi}{\lambda}r_i},$$

wobei $r_i = \sum_j |\Delta \vec{r}_j|$ die zusammengesetzte Weglänge und $a_i = \frac{\prod_j A_j}{r_i}$ die Amplitude des i-ten Weges ist. Die Wahrscheinlichkeitsdichte für das Antreffen eines Elektrons ist dann

$$\rho = \sum_i \psi_i^* \sum_i \psi_i = \sum_i \sum_{i'} a_i a_{i'} \cos\left(\frac{2\pi}{\lambda}(r_i - r_{i'})\right).$$

Am Doppelspalt ist beispielsweise die Wahrscheinlichkeitsdichte mit den Weglängen r_1 und r_2 (unter der Voraussetzung $r_1 \approx r_2$ und damit $a_1 = a_2 = a$)

$$\rho = \sum_i \psi_i^* \sum_i \psi_i = 2a^2\left(1 + \cos\left(\frac{2\pi}{\lambda}(r_1 - r_2)\right)\right) = 4a^2 \cos^2\left(\frac{\pi}{\lambda}(r_1 - r_2)\right).$$

Das heißt, die Antreffwahrscheinlichkeit eines Elektrons variiert zwischen Null und dem vierfachen Wert der Antreffwahrscheinlichkeit an den beiden einzelnen Spalten, was der Erfahrung des optischen Doppelspaltexperimentes entspricht.

5.3.1.3 Gemeinsamkeiten und Unterschiede von Licht und Elektronium

Wie in den vorherigen Abschnitten gezeigt wurde, haben Licht und Elektronium trotz der Unterschiedlichkeit ihrer Quanten soviel Ähnlichkeiten, daß sie sich durch ein einheitliches Modell, das Zeigermodell, beschreiben lassen. Die Unterschiede sind in der Tatsache begründet, daß das Photon ein relativistisches Teilchen ist, während das Elektron eine Ruhemasse und eine Ladung hat. Damit reagiert das Elektronium auf elektrische und magnetische Felder und genügt der Schrödingergleichung, während das Licht durch eine elektromagnetische Welle und die Maxwell-Gleichungen beschrieben werden kann. Für beide Medien, Licht und Elektronium, gilt, daß ihre Quanten, abgesehen von dem Meßprozeß in einem Detektor, nicht lokalisierbar sind. Für das Elektronium kann immerhin ein durch die Heisenbergsche Unschärferelation „verschmierter" Bereich angegeben werden, der sich durch den Raum bewegt und in dem das Elektron nachgewiesen werden kann. Dennoch macht es auch hier keinen Sinn, davon auszugehen, daß sich das Elektron als klassisches Teilchen in diesem Bereich befindet. Deshalb wird im Rahmen des Zeigermodells die einheitliche Beschreibung für Licht und Elektronium festgelegt, welche besagt, daß sich die Medien im Raum ausbreiten und ihre Quanten erst bei der Registrierung in Erscheinung treten. Die relative Größe der Wahrscheinlichkeiten, ein Quant in verschiedenen Detektoren an verschiedenen Stellen eines Beobachtungsschirmes anzutreffen, wird wie oben angegeben durch den Zeigerformalismus bestimmt.

Ein Experiment, welches die Analogie von Licht und Elektronium sehr eindrucksvoll demonstriert, ist das von JÖNSSON durchgeführte Doppelspaltexperiment mit Elektronium: Mit dem Jönsson-Experiment wurde 1960 erstmals die Beugung von Elektronium an Doppel- und Mehrfachspalten verwirklicht (vgl. JÖNSSON 1961). Die bis zu fünf materiefreien Spalte mit der Breite von 0,3 μm und einer Gitterkonstanten von 1μm wurden mit 50 kV-Elektronen der Wellenlänge 0,05 Å beleuchtet. Da die Gitterkonstante erheblich größer als die Wellenlänge des Elektroniums war, mußte das sehr kleine Interferenzbild zur Beobachtung stark vergrößert werden. „Es konnte gezeigt werden, daß die von der Lichtoptik her bekannten Beugungserscheinungen an mehreren Spalten in entsprechender Weise auch mit Elektronenwellen beobachtet werden können." (JÖNSSON 1961, S. 474). Aufgrund der enormen technischen Anforderungen muß das Experiment im Labor durchgeführt werden und kann in der Schule deshalb nur theoretisch besprochen werden.

Inzwischen sind sogar Interferenzexperimente mit Atomen durchgeführt worden. Nachdem schon seit einiger Zeit Erfahrungen mit Heliumatomen gesammelt wurden, ist vor kurzem auch von der Interferenz von Alkali-Atomen berichtet worden (vgl. KETTERLE 1997). Ganz aktuell ist die Erzeugung kohärenter Materiewellenstrahlung in sogenannten Atomlasern (ESSLINGER et al. 2000).

Jönsson-Experiment

Als theoretischer Hintergrund wurde von JÖNSSON angenommen, daß sich die Elektronenwellen nach der zeitunabhängigen Schrödingergleichung des freien Elektrons $\psi'' + k^2\,\psi = 0$ (vgl. (59.8)) darstellen lassen. Für den Vergleich von Elektronenwellen mit optischen Interferenzen kann Licht durch eine skalare Feldgröße $S = S(x,y,z,t)$ beschrieben werden, die der Wellengleichung

$S'' - \dfrac{1}{c^2}\ddot{S} = 0$ genügt, wobei sich das zeitliche Mittel von S^2 proportional zur beobachteten Licht-

intensität verhält. Wird für das S einer monochromatischen Lichtquelle die komplexe Amplitude $S = u(x,y,z)\,e^{i\omega t} = A(x,y,z)\,e^{i(\varphi(x,y,z)+\omega t)}$ gewählt, so ergibt sich aus der Wellengleichung ebenfalls eine zeitunabhängige Differentialgleichung der Form $u'' + k^2\,u = 0$, die mit der Gleichung für die Elektronenwellen übereinstimmt. Im Rückschluß lassen sich die Ergebnisse aus der Optik auf die Elektronenwellen übertragen.

JÖNSSON hat mit dieser Ableitung gezeigt, daß die exakte experimentelle Übereinstimmung seiner Versuchsergebnisse mit den Ergebnissen optischer Interferenzversuche auf den bereits oben dargestellten theoretischen Zusammenhängen der Wellengleichung des Lichtes und der Schrödingergleichung beruhen.

5.3.1.4 Das quantenmechanische Fundamentalprinzip

Das Zeigermodell reicht inhaltlich weit in die Quantenphysik hinein und tangiert damit die Fragen der Interpretation dieser abstrakten Theorie. Im Sinne der Aussage „Licht kann man nicht sehen" vermittelt das Zeigermodell keine Vorstellung über die Art oder Gestalt eines Quantensystems während seiner Ausbreitung, solange es ungestört ist. Erst durch die Messung (Registrierung) treten die Quanten des Systems, also Photonen oder Elektronen, in Erscheinung und lassen aufgrund der Wechselwirkung mit dem Meßgerät die Bestimmung der physikalischen Größen von Ort oder Impuls zu. Es macht keinen Sinn, zuvor eine Aussage über das Quant zu treffen, da diese nicht überprüfbar ist, sondern eher Konflikte erzeugt. Diese Feststellung manifestiert sich in dem *quantenmechanischen Fundamentalprinzip* (vgl. FICHTNER 1980), das die Unmöglichkeit der Bestimmung des Weges der Quanten bei einem Interferenzexperiment erklärt. Es sagt aus, daß ein quantenmechanisches Medium (Licht, Elektronium) nur dann interferiert, wenn es eine Versuchsanordnung mit verschiedenen Wegen gibt, wobei die Wahl eines möglichen Weges unbestimmt bleibt. Wird dagegen durch die Anordnung der gewählte Weg markiert, so müssen zur Berechnung der Intensität im Beobachtungspunkt die Amplituden beider Wege erst quadriert und dann addiert werden. Mit anderen Worten: Es addieren sich die Intensitäten bzw. Antreffwahrscheinlichkeiten beider Wege, ohne daß es einen Interferenzterm gibt.

Das Fundamentalprinzip läßt sich anhand von Experimenten demonstrieren, die mit dem Namen *Welcher-Weg-Information* bezeichnet werden (vgl. GEHRMANN & RODE 1999), da das Licht auf den verschiedenen Wegen durch Polarisationsfilter gekennzeichnet wird. Ein spannendes Experiment mit *verzögerter Entscheidung*, welches zeigt, daß sich das Licht nicht

„hinters Licht führen läßt", wird bei PAUL (1995, S. 128ff.) beschrieben: Wird in einem Interferometer einer der beiden Wege gesperrt, so ist klar, daß keine Interferenzen mehr sichtbar sind, sondern die gesamte Intensität des Lichtes über den zweiten Weg zum Beobachtungspunkt gelangt. Wird jedoch die Sperre des ersten Weges nachdem das Licht den Strahlteiler passiert hat geöffnet, so ist die gleiche Interferenz zu sehen, welche auch ohne eine solche schaltbare Sperre auftreten würde, obwohl sich das Licht eigentlich längst für den anderen Weg entschieden haben müßte. Das Experiment zeigt erneut, daß klassische Vorstellungen für die Lichtausbreitung nicht haltbar sind.

PARKER schlägt in seinem bereits erwähnten Aufsatz zum Taylor-Experiment vor, das Licht, welches durch die beiden verschiedenen Spalte eines Doppelspaltes geht, durch gekreuzte Polarisationsfolien, welche hinter den Spalten angebracht werden, zu kennzeichnen (vgl. PARKER 1971). Die Interferenz auf dem Beobachtungsschirm verschwindet.

Ein ähnliches, ebenfalls in der Schule realisierbares Experiment zur Welcher-Weg-Information nutzt das Michelson-Interferometer, welches in den beiden Armen zueinander gekreuzte Polfilter zur Kennzeichnung der Lichtwege enthält (vgl. BRACHNER & FICHTNER 1977, S. 92ff.).

Die Argumentation zum Fundamentalprinzip wird für beide Experimente besonders für den Fall deutlich, bei dem die Lichtintensität auf die Energie eines einzelnen Photons reduziert wird. Das Licht muß je nach Polarisationszustand des Photons den entsprechenden Weg nehmen. Mit einem Analysator hinter der Stelle, an der das Licht der beiden Wege wieder überlagert wird, kann prinzipiell entschieden werden, ob das Licht den einen oder anderen Weg genommen hat, indem dieser entsprechend dem einen oder anderen Polarisationsfilter eingestellt wird. Mit oder ohne Verwendung dieses Analysators ist in Übereinstimmung mit dem Fundamentalprinzip keine Interferenz mehr zu sehen.

Ein Welcher-Weg-Experiment

Mathematisch ausgedrückt hat das Licht eine bestimmte Amplitude, von der Lichtquelle S über die verschiedenen Wege W_i den Beobachtungspunkt X zu erreichen:

$$<X|W_1|S> = x_1 e^{ikr_1} \qquad \text{(erster Weg)}$$

$$<X|W_2|S> = x_2 e^{ikr_2} \qquad \text{(zweiter Weg)}.$$

Die Lichtquelle sendet unpolarisiertes Licht aus, dessen Polarisationszustände aus den zueinander senkrechten Zuständen x und y zusammengesetzt sind. Somit gibt es die Amplituden

$$<P_\delta|S_x> = cos\ \delta\ \ und\ <P_\delta|S_y> = sin\ \delta$$

dafür, daß das Licht durch einen Polarisationsfilter geht, welcher gegenüber der x-Achse um δ verdreht ist. Die hindurchgelassene Intensität ist $I \sim <P_\delta|S_x>^2 + <P_\delta|S_y>^2$.

Ist der Polarisationsfilter in Weg 1 um δ_1 und in Weg 2 um δ_2 gedreht, so erhält man am Beobachtungspunkt X die Lichtintensität

$$I \sim |<X|P_{\delta 1}|W_1|S_x> + <X|P_{\delta 2}|W_2|S_x>|^2 + |<X|P_{\delta 1}|W_1|S_y> + <X|P_{\delta 2}|W_2|S_y>|^2$$

$$= |<P_{\delta 1}|S_x> <X|W_1|S> + <P_{\delta 2}|S_x> <X|W_2|S>|^2$$

$$+ |<P_{\delta 1}|S_y> <X|W_1|S> + <P_{\delta 2}|S_y> <X|W_2|S>|^2$$

$$= |\, x_1 e^{ikr_1} \cos \delta_1 + x_2 e^{ikr_2} \cos \delta_2 \,|^2 + |\, x_1 e^{ikr_1} \sin \delta_1 + x_2 e^{ikr_2} \sin \delta_2 \,|^2$$

$$= x_1{}^2 + x_2{}^2 + 2 x_1 x_2 \cos (k(r_2 - r_1)) \, (\cos \delta_1 \cos \delta_2 + \sin \delta_1 \sin \delta_2) \, .$$

Wie bei Interferenzexperimenten ohne Polarisationsfilter ergibt sich die Intensität proportional zu der Summe der Quadrate der Amplituden beider Wege und einem Interferenzterm, der von der Wegdifferenz $r_2 - r_1$ abhängt. Bei Verwendung der Polarisationsfilter ist dieser Interferenzterm außerdem von der Stellung der Polarisationsfilter abhängig: Ist $\delta_1 = \delta_2$, so wird die letzte Klammer gleich 1. Sind die Polfilter dagegen um 90° zueinander verdreht also $\delta_1 = \delta_2 \pm \pi/2$, so wird die letzte Klammer ($\cos \delta_1 \sin \delta_1 - \sin \delta_1 \cos \delta_1$) = 0. Die mathematische Beschreibung bestätigt die Beobachtung, daß mit gekreuzten Polarisationsfiltern keine Interferenz zu sehen ist. Dies zeigt sich mit oder ohne Verwendung eines dritten Polfilters, der als Analysator vor dem Beobachtungspunkt dient.

Den Winkel δ_3 eines Analysators $A_{\delta 3}$ zur x-Achse kann man gleich Null wählen, d.h. $<A_{\delta 3}| = <A_x|$, dann vereinfachen sich die Ausdrücke der Intensität

$$I \sim |\, <X|A_x|P_{\delta 1}|W_1|S_x> + <X|A_x|P_{\delta 2}|W_2|S_x> \,|^2$$
$$+ |\, <X|A_y|P_{\delta 1}|W_1|S_y> + <X|A_y|P_{\delta 2}|W_2|S_y> \,|^2$$

$$= |\, <A_x|P_{\delta 1}|S_x> <X|W_1|S> + <A_x|P_{\delta 2}|S_x> <X|W_2|S> \,|^2$$
$$+ |\, <A_x|P_{\delta 1}|S_y> <X|W_1|S> + <A_x|P_{\delta 2}|S_y> <X|W_2|S> \,|^2$$

dadurch, daß $<A_x|P_\delta|S_x> = \cos \delta <A_x|S_x> = <A_x|S_x>$ und $<A_x|P_\delta|S_y> = \sin \delta <A_x|S_y> = 0$, zu

$$I \sim |\, x_1 e^{ikr_1} \cos \delta_1 + x_2 e^{ikr_2} \cos \delta_2 \,|^2$$

$$= x_1{}^2 \cos^2 \delta_1 + x_2{}^2 \cos^2 \delta_1 + 2 x_1 x_2 \cos (k(r_2 - r_1)) \cos \delta_1 \cos \delta_2 \, .$$

Wird der Analysator senkrecht zu einem der Polfilter eingestellt, also $\delta_1 = 90°$ oder $\delta_2 = 90°$, so verschwindet der Interferenzterm. Interessanterweise sind die Interferenzen wieder zu sehen, wenn die Polfilter gekreuzt sind und der Winkel des Analysators dazwischen eingestellt ist, also $\delta_1 = 45°$ und $\delta_2 = -45°$: Mit $\cos 45° = \sqrt{2}$ halbieren sich alle Terme der Intensität. Dies geschieht im Einklang mit dem Fundamentalprinzip, da auf den Weg des Lichtes nun nicht mehr geschlossen werden kann.

Das Fundamentalprinzip hat im Zeigermodell eine große Bedeutung, weil es festlegt, welche Fragen zur Deutung des Lichtes bzw. Elektroniums prinzipiell beantwortet werden können: Das Zeigermodell legt, ohne eine anschauliche Beschreibung anzubieten, die Ausbreitung des Mediums auf allen möglichen Wegen in den gesamten zur Verfügung stehenden Raum zugrunde. Die darauf abgestimmte abstrakte, mathematische Beschreibung der Ausbreitung mittels des Zeigerformalismus resultiert in der Angabe von Wahrscheinlichkeiten für das Antreffen der Quanten. Der Wahrscheinlichkeitswert für das einzelne Quant gehorcht einer Statistik, die durch häufige Wiederholungen der gleichen Messung experimentell verifiziert werden kann.

Die Heisenbergsche Unbestimmtheitsrelation ist dem Fundamentalprinzip äquivalent und kann aus ihm abgeleitet werden. Sie wird im Unterricht behandelt, obwohl sie nach der Einführung des Fundamentalprinzips keine neue Erkenntnis bringt, aber in ihrer Formulierung einen der wesentlichen Grundgedanken der modernen Physik zum Ausdruck bringt.

Mit dem Fundamentalprinzip und der Unterscheidung von Medien, deren Ausbreitung durch einen mathematischen Formalismus beschrieben werden, gegenüber den Quanten, welche in Experimenten nachweisbar sind, tangiert das Zeigermodell die Fragen nach den Interpretationsmöglichkeiten der Quantentheorie. Um die Position des Zeigermodells innerhalb der allgemeinen Debatte der Deutungsfragen zu erkennen, soll in dem folgenden Exkurs ein Überblick über wichtige Positionen dieser Diskussion über die Quantentheorie gegeben werden.

Exkurs zur Deutungsdebatte der Quantentheorie

Den Anfang der Quantentheorie kann man in PLANCKS Formulierung der Quantenhypothese im Jahr 1900 sehen. EINSTEIN legte wenig später durch seine Annahme der quantisierten Energie des Strahlungsfeldes und der Folgerung, daß das Licht aus Energiequanten bestehe, den Grundstein für den Welle-Teilchen-Dualismus. Während schon die sich widersprechende Beschreibung des Lichtes mit Wellen- und Teilchenmodell auf Kritik stießen, stellte sich das eigentliche Deutungsproblem der Quantentheorie 1926 mit SCHRÖDINGERS Formulierung der nach ihm benannten Wellengleichung. SCHRÖDINGERS Wellenmechanik bildete einen mathematischen Formalismus, der, um zu einer physikalischen Theorie zu werden, eine Deutung seiner Ergebnisse verlangte. Einen grundlegenden Interpretationsansatz formulierte BORN mit dem Absolutquadrat der Wellenfunktion als Wahrscheinlichkeitsdichte. Die Konsequenz dieser Deutung war die Aufhebung der Idee von der Determiniertheit der atomaren Welt, zu der sich BORN durch fehlende Größen, die zu einer kausalen Bestimmung von quantenhaften Stoßprozessen nötig wären, veranlaßt sah (vgl. BORN 1926, S. 48). Für die Bewegung von Quanten nahm er an, daß die Schrödingergleichung ein Führungsfeld (EINSTEIN hatte es Gespensterfeld genannt) beschreibt und zugleich Impuls und Energie übertragen werden, als würden Korpuskeln herumfliegen. „Man könnte das, etwas paradox, so zusammenfassen: Die Bewegung der Partikeln folgt Wahrscheinlichkeitsgesetzen, die Wahrscheinlichkeit selbst aber breitet sich im Einklang mit dem Kausalgesetz aus" (BORN, zit. n. BAUMANN & SEXL 1987, S. 11).

Mit BORNS Wahrscheinlichkeitsinterpretation waren die Deutungsprobleme aber keinesfalls gelöst. Die Frage, ob mit der Quantentheorie Einzelsysteme (z.B. ein einzelnes Elektron) beschrieben werden können, spaltete die an der Entwicklung der Theorie beteiligten Physiker in zwei Lager. Während die eine Gruppe um BOHR und HEISENBERG die Frage bejahte und im Rahmen der Kopenhagener Deutung erklärte, gab es eine zweite Gruppe um EINSTEIN, BORN und SCHRÖDINGER, die die Quantentheorie zur Beschreibung von Einzelsystemen als unvollständig ansah und daher aufbauend auf BORNS Idee eine Ensembleinterpretation (die statistische Deutung) favorisierte.

Die Kopenhagener Deutung wurde über viele Jahre durch Beiträge von BOHR und HEISENBERG formuliert. Ein wesentliches Element ist der Meßprozeß, bei dem das zu beobachtende System, das sich zuvor in einem wohl definierten Zustand befindet, auf ein Gemenge von Zuständen übergeht, die zu den realisierbaren Meßergebnissen gehören. Die Zustandsreduktion beschreibt HEISENBERG als die Feststellung des Beobachters, welcher Zustand eingetreten ist (vgl. BAUMANN & SEXL 1987, S. 33). Dem System allein können keine physikalischen Eigenschaften zugesprochen werden, erst durch die Wechselwirkung mit dem Meßgerät ist das so entstandene Quantenphänomen der Erfahrung zugänglich. Dadurch ist jedoch das ursprüngliche System gestört worden und das zukünftige Verhalten des Systems ist nicht mehr im Sinne des Kausalprinzips vorhersehbar. Die sich einander ausschließende Beobachtung eines Systems durch eine Messung und die Kausalität des Verhaltens hat BOHR als Komplementarität bezeichnet (vgl. ebd., S. 17). In HEISENBERGS Formulierung der Kopenhagener Deutung hat anstelle der Komplementarität die Unbestimmtheitsrelation eine zentrale Rolle. Sie sagt aus, daß die Eigenschaften eines Quantenobjektes, Ort und Impuls, nicht gleichzeitig beliebig genau bestimmt werden können. HEISENBERG schließt daraus, daß der Begriff „Bahn" in der Quantentheorie keinen vernünftigen Sinn hat. (vgl. HEISENBERG 1927) EINSTEIN und SCHRÖDINGER konnten sich mit der Indeterminiertheit der atomaren Welt nicht anfreunden. Sie versuchten durch Gedankenexperimente (EPR-Paradoxon, Schrödingers Katze) die Unvollständigkeit der Quantentheorie im Rahmen der Kopenhagener Deutung zu beweisen. Indem sie selbst die Theorie nicht auf Einzelsysteme, sondern Ensembles anwandten, konnten sie das Problem der Reduktion der ψ-Funktion im Meßprozeß umgehen. Das Absolutquadrat der ψ-Funktion bekommt dabei die Bedeutung einer relativen Häufigkeit von beobachteten Zuständen bei einer großen Anzahl von identischen Experimenten. Zufrieden war EINSTEIN mit dieser Interpretation allerdings auch nicht: „Schließlich ist die Auffassung wohl unvermeidbar, daß die Physik nach einer Realbeschreibung des Einzel-Systems streben muß. Die Natur als ganzes kann eben nur als individuelles System gedacht werden und nicht als eine ‚System-Gesamtheit'" (EINSTEIN 1953, zit. n. WIESNER 1989, S. 233).

Der Vorwurf der Unvollständigkeit der Quantentheorie für Einzelsysteme nach der Kopenhagener Deutung wurde von BOHR durch die Anwendung des Komplementaritätsprinzips auf EINSTEINS Gedankenexperimente abgelehnt. Außerdem stellte VON NEUMANN einen allgemeinen Beweis auf, daß die Kausalität der klassischen Physik in der Quantentheorie und folglich die Determiniertheit der atomaren Welt aufgegeben werden muß. Er zeigte, daß es keine verborgenen Parameter gebe und somit die Vollständigkeit der Quantentheorie als abgesichert angesehen werden konnte. Die Kopenhagener Deutung wurde daraufhin über eine gewisse Zeit als die richtige Interpretation akzeptiert, bis BOHM 1952 doch einen „Vorschlag einer Deutung der Quantentheorie durch ‚verborgene' Variable" veröffentlichte (BOHM 1952) und BELL 1966 VON NEUMANNS Beweis widerlegte (BELL 1966).

5.3.2 Das Å-Rohr

Auf dem Weg von der Beschreibung des ungebundenen Elektroniums zum Elektronium im Atom stellt die Behandlung des linearen Potentialtopfes wichtige Voraussetzungen für die Erarbeitung des Orbitalmodells bereit. Hier können die Zusammenhänge der Quantisierung der Basislängen und Energien durch die Beschränkung der Ausbreitungsmöglichkeit des Elektroniums auf einen bestimmten Raum erarbeitet werden. Leider ist der Zusammenhang zwischen linearem Potentialtopf und Atom für Schülerinnen und Schüler nicht leicht zu erkennen. Es fehlt das Verständnis des typisch physikalischen Vorgehens, ein Problem eines dreidimensionalen Raums durch Reduzierung auf eine Dimension zu vereinfachen.

Mit der Betrachtung des linearen Potentialtopfes soll durch spielerisches Ausprobieren erkannt werden, daß das eingesperrte Elektronium nur solche Basislängen haben kann, die einem Vielfachen der doppelten „Topflänge" entsprechen: $\lambda = \dfrac{2L}{n}$. Den durch die möglichen Basislängen festgelegten Zuständen des Elektroniums im Potentialtopf entsprechen aufgrund der De-Broglie-Beziehung diskrete Impulse und Energien:

$$p = \frac{h}{\lambda} = \frac{h}{2L}n \quad \Rightarrow \quad E_n = \frac{p^2}{2m} = \frac{h^2}{8mL^2}n^2 \quad \text{(vgl. (68.15))}.$$

Der Lineare Potentialtopf

Unter einem linearen Potentialtopf versteht man einen eindimensionalen potentialfreien Bereich, der in $x = 0$ und $x = L$ durch „Wände", die einen unendlich hohen Potentialsprung bilden, begrenzt wird. Zwischen den Potentialwänden können sich Elektronenwellen befinden, die durch die beiden Zustandsfunktionen

$$\psi(x)_{rechts} = A\,e^{ikx}$$

$$\psi(x)_{links} = B\,e^{-ikx}$$

beschrieben werden können. Sie ergeben sich als stationäre Lösung der Schrödingergleichung für ein freies Teilchen (59.7) mit $k = \dfrac{p}{\hbar} = \dfrac{\sqrt{2mE}}{\hbar}$, wobei p der Impuls und E die Energie der Elektronenwelle angibt und m die Masse eines Elektrons ist. Mit dem Superpositionsprinzip läßt sich die allgemeine Wellenfunktion für den Zustand des linearen Potentialtopfes konstruieren

$$\psi(x) = \alpha A\,e^{ikx} + \beta B\,e^{-ikx}, \tag{68.14}$$

welche aufgrund der Randbedingungen $\psi(0) = \psi(L) = 0$ $(\Rightarrow \alpha A = -\beta B =: C/2i)$ die Form einer Sinuskurve bekommt:

$$\psi(x) = C\sin(kx).$$

Aus $\psi(L) = 0$ folgt $\sin(kL) = 0$, d.h. $kL = n\,\pi$ bzw. $\lambda = \dfrac{2\pi}{k} = \dfrac{2L}{n}$, und über die De-Broglie-Beziehung

$$p = \hbar k = \frac{\pi\hbar}{L}n \quad\Rightarrow\quad E_n = \frac{p^2}{2m} = \frac{\pi^2\hbar^2}{2mL^2}n^2 \; . \tag{68.15}$$

Die Energiewerte sind offensichtlich durch n gequantelt, und zu jedem dieser diskreten Werte E_n gehört ein Zustand n mit der Eigenfunktion

$$\psi_n(x) = C\sin\frac{n\pi x}{L} \tag{68.16}$$

und der Aufenthaltsdichte des Elektrons

$$\rho_n(x) = \psi_n^{*}(x)\,\psi_n(x) = C^2\sin^2\frac{n\pi x}{L} \quad \text{(mit der Normierungskonstante } C = \sqrt{2/L}\,).$$

Die Zustände der Elektronenwellen im Potentialtopf unterscheiden sich also durch ihre diskreten Wellenlängen und die damit verbundenen Energiewerte.

Die Tatsache, daß die Bestimmung des Ortes oder der Bewegungsrichtung eines Elektrons im Potentialtopf erst durch eine Messung möglich ist, welche den vorherigen (wellenartigen) Zustand zerstört, rechtfertigt aus physikalischer Sicht die Verwendung des neuen Begriffes *Elektronium* für das *Medium*, das sich in dem Topf befindet. Es handelt sich offensichtlich weder um ein Teilchen noch um eine Welle im klassischen Sinn.

Für Unterricht erscheint es wichtig, den Prozeß der Reduzierung des dreidimensionalen Problems, daß Elektronium in einem Atom eingesperrt ist, auf eine lineare Beschreibung, in der sich die physikalischen Zusammenhänge leichter erkennen lassen, zu veranschaulichen. Dazu kann der Potentialtopf in ein Gedankenexperiment verpackt werden: Ausgehend von dem Versuch zur Bestimmung der Atomgröße kann man sich ein Rohr, das *Å-Rohr*, vorstellen, welches die Länge des ermittelten Atomdurchmessers, etwa 1 Å, hat. Zunächst soll der

Durchmesser des Rohres zur Annäherung an eine eindimensionale Beschreibung sehr dünn sein, obwohl sich das Verfahren später als problematisch herausstellen wird: Der geringe Durchmesser des Rohres spielt für die Gesamtenergie des Elektroniums eine entscheidende und sogar größere Rolle als die Rohrlänge. Die Erarbeitung dieser Erkenntnis macht die Entwicklung des Modells zu einem aktiven, für Schülerinnen und Schüler nachvollziehbaren Prozeß *(Leitlinie 2)*.

Bei dem Rohr handelt sich aus physikalischer Sicht nicht um einen linearen Potentialtopf, sondern um einen dreidimensionalen, zylindrischen Körper, also einen Potentialzylinder. Die nachträgliche Klärung, daß die eindimensionale Beschreibung des Problems durch ein unendlich dickes Rohr (es bekommt die Form eines unendlich ausgedehnten Plattenkondensators) veranschaulicht werden kann, sichert die entwickelten Ergebnisse und legitimiert das Vorgehen des Gedankenexperimentes: Die Verteilung der Antreffwahrscheinlichkeit im linearen und im zylindrischen Potentialtopf unterscheiden sich nicht bezogen auf die Koordinate ihre Länge (vgl. (68.16) und (70.20), wobei die Koordinate des Durchmessers r einen beliebigen konstanten Wert haben kann). Die Werte der Energien sind identisch, unter der Voraussetzung, daß der Radius des Potentialzylinders unendlich groß angenommen wird (vgl. (68.15) und (70.22), die Energiekomponente des Durchmessers verschwindet mit R→∞). Auf diese Weise läßt sich das Problem des zylindrischen, dreidimensionalen Potentialtopfes durch den linearen Fall ohne die Aufgabe der physikalischen Exaktheit vereinfachen.

Der Potentialzylinder

Ganz analog dem linearen Potentialtopf muß zur Beschreibung eines dreidimensionalen Potentialtopfes die Wellengleichung des freien Elektrons (49.1) gelöst werden. Um die Ausbreitung von Elektronenwellen in einem zylindrischen Raum zu betrachten, ist die Verwendung von Zylinderkoordinaten $r = \sqrt{x^2 + y^2}$, $\varphi = \arctan\dfrac{x}{y}$, z sinnvoll. Der Hamiltonoperator $\hat{H} = -\dfrac{\hbar^2}{2m}\Delta$ bekommt

dann mit $\Delta = \dfrac{1}{r}\dfrac{\partial}{\partial r}\left(r\dfrac{\partial}{\partial r}\right) - \dfrac{1}{r^2}\dfrac{\partial^2}{\partial\varphi^2} - \dfrac{\partial^2}{\partial z^2}$ die Form

$$\hat{H} = -\frac{\hbar^2}{2mr}\frac{\partial}{\partial r}\left(r\frac{\partial}{\partial r}\right) - \frac{\hbar^2}{2mr^2}\frac{\partial^2}{\partial\varphi^2} - \frac{\hbar^2}{2m}\frac{\partial^2}{\partial z^2}.$$

Von der Lösung der stationären Schrödingergleichung (vgl. (49.1))

$$\hat{H}\,\psi(r,\varphi,z) = E\,\psi(r,\varphi,z) \tag{69.17}$$

läßt sich eine Winkelfunktion separieren:

$$\psi(r,\varphi,z) = f(r,z)\,y(\varphi). \tag{69.18}$$

Wird der Produktansatz (69.18) in die Schrödingergleichung (69.17) eingesetzt, so ergibt sich:

$$-\frac{\hbar^2}{2mr}\frac{\partial}{\partial r}\left(r\frac{\partial}{\partial r}\right)f(r,z)y(\varphi) - \frac{\hbar^2}{2mr^2}\frac{\partial^2}{\partial\varphi^2}f(r,z)y(\varphi) - \frac{\hbar^2}{2m}\frac{\partial^2}{\partial z^2}f(r,z)y(\varphi) = E\,f(r,z)y(\varphi)$$

$$\tag{69.19}$$

Unter der Annahme, daß der Drehimpuls in Richtung der z-Achse Null ist, ist $y(\varphi)$ konstant und die Ableitung verschwindet, so daß sich die Differentialgleichung mit $E = \dfrac{\hbar^2 k^2}{2m}$ vereinfachen läßt:

$$\frac{1}{r}\frac{\partial}{\partial r}f(r,z)+\frac{\partial^2}{\partial r^2}f(r,z)+\frac{\partial^2}{\partial z^2}f(r,z)+k^2 f(r,z)=0.$$

Mit dem weiteren Produktansatz $f(r,z) = g(z){\cdot}h(r)$ und $k^2 = k_r^2 + k_z^2$ läßt sich die Differentialgleichung erneut separieren:

$$\frac{h'}{rh}+\frac{h''}{h}+k_r^2 = -\frac{g''}{g}-k_z^2 = \text{const}.$$

Die rechte Seite läßt sich analog (59.8) mit dem Ansatz $A \cdot e^{\lambda z}$ lösen, mit $\lambda = \pm\,\mathrm{i}\,c_1$ folgt

$$g(z) = A_1 \cdot e^{ic_1 z} + A_2 \cdot e^{-ic_1 z}.$$

Die linke Seite ist eine Besselsche Differentialgleichung

$$h''+\frac{1}{r}h'+c_2^2 h = 0,$$

mit der Lösung

$$h(r) = B_1\, J_0(\pm c_2 r)+ B_2\, N_0(\pm c_2 r),$$

wobei $J_\lambda(x)$ die Besselfunktion (1. Art) und $N_\lambda(x)$ die Neumannfunktion (Besselfunktion 2. Art) ist. B_2 muß Null sein, da die Neumannfunktionen in Null eine Singularität haben. Für große $c_2{\cdot}r$ gilt

$$h(r) = B_1\, J_0(c_2 r) = \frac{1}{\pi}\int_0^\pi \cos\,(c_2 r \cos t)\, dt \approx B'\sqrt{\frac{1}{r}}\cos\!\left(c_2 r - \frac{\pi}{4}\right).$$

Die Randbedingungen $g(0) = g(L) = 0$ bzw. $h(R) = 0$ legen $A_1 = -A_2$ und $c_1 = n_z{\cdot}\pi/L$ bzw. $c_2 = (n_r\text{-}1/4){\cdot}\pi/R$ für große R fest. Dann gilt schließlich

$$f(r,z) \approx C \sin\left(c_1 z\right){\cdot}\sqrt{\frac{1}{r}}\cos\!\left(c_2 r - \frac{\pi}{4}\right),\quad c_2 r \gg 1, \tag{70.20}$$

was mit komplexen Zeigern der Form

$$f(r,z) \approx C^*\left(e^{ic_1 z}-e^{-ic_1 z}\right){\cdot}\frac{1}{\sqrt{r}}\left(e^{ic_2 r}+e^{-ic_2 r}\right),\quad c_2 r \gg 1, \tag{70.21}$$

entspricht. Die Energiewerte ergeben sich mit der Näherung $c_2 r \gg 1$ zu

$$E = \frac{\hbar^2 k^2}{2m} = \frac{\hbar^2 (c_1^2 + c_2^2)}{2m} = \frac{\hbar^2 \pi^2}{2m}\left(\frac{n_z^2}{L^2}+\frac{(n_r - 1/4)^2}{R^2}\right). \tag{70.22}$$

Die Energiewerte des Potentialzylinders hängen von der Länge und dem Durchmesser des Zylinders ab, wobei die Komponente der Länge den Energiewerten des linearen Potentialtopfes entspricht.

Der Potentialtopf wird unter Anwendung des Zeigerformalismus beschrieben. Gegenüber der Ausbreitung von Licht und Elektronium im Raum gibt es hier in dem gebundenen System keine Quelle, an der die „Wege" des Elektroniums beginnen. Die frühere Einführung des Begriffs der Raummaße zahlt sich hier aus, da mit ihnen der Raum (das Å-Rohr) unabhängig von einer Vorstellung über die Ausbreitung des Mediums charakterisiert werden kann. Im idealisierten Fall der eindimensionalen Beschreibung läßt sich das Å-Rohr allein durch die beiden Raummaße charakterisieren, welche ausgehend von einem Rohrende entlang seiner Achse direkt bzw. über die Reflexion am anderen Ende zu einem Beobachtungspunkt führen. Die Raummaße für den Durchmesser R können vernachlässigt werden, wenn dieser unendlich groß ist.

Die „Randbedingung" des Å-Rohres (das Elektronium wird an den Rohrenden reflektiert, wobei die Zeiger eine zusätzliche Drehung um 180° erfahren) darf im Rahmen des Gedankenexperimentes gesetzt werden, ohne daß eine physikalische Erklärung dafür angeboten werden muß. Erfahrungsgemäß lassen sich die Schülerinnen und Schüler auf eine solche Art der Erkenntnisgewinnung ein (vgl. Evaluationsergebnisse in Kapitel 7.3.3.6).

Das Vermessen der Raummaße ist aufgrund der fehlenden Quelle ungewohnt und wird deshalb zunächst an dem direkt zugänglichen Experiment der *stehenden Mikrowelle* durchgeführt, das sich mit einem Mikrowellensender, dem ein Reflektor gegenüber steht, realisieren läßt. An jeder Stelle zwischen Quelle und Reflektor überlagern sich das direkte und das reflektierte Licht (Mikrowellen), d.h. es gibt Interferenzen, die mit einem Detektor gemessen werden können (vgl. Abbildung 9). Zur Beschreibung im Zeigermodell werden gemäß Abbildung 8 a) die Raummaße (der direkte und der reflektierte Lichtweg) durch Zeiger vermessen (vgl. Abbildung 8 b)), wobei zu beachten ist, daß bei der Reflexion eine zusätzliche Zeigerdrehung von 180° zu berücksichtigen ist. Die Additionen der Zeiger beider Raummaße an beliebigen Stellen des Rohres ergeben Resultierende, deren Quadrate die Lichtintensität[1] bestimmen (vgl. Abbildung 8 c)). Wird die Lichtquelle durch einen

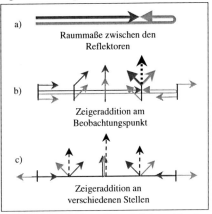

Abbildung 8: Zeigerformalismus bei einer stehenden Welle

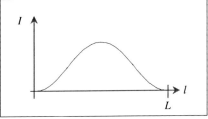

Abbildung 9: Intensitätsverteilung für $L = \lambda/2$

zweiten Reflektor ersetzt, so geschieht von neuem eine Überlagerung des Lichtes. Stehen die Reflektoren in einem geeigneten Abstand, so stimmen die Zeiger der ursprünglich von der Lichtquelle ausgehenden Raummaße mit denen der zweimal reflektierten Raummaße überein, so daß die Quelle entfernt werden kann. Das Licht scheint ohne Quelle zwischen den Reflektoren zu stehen. (In der Praxis kann aufgrund der Dämpfung nicht vollständig auf die Lichtquelle verzichtet werden.) Geeignete Abstände L der Reflektoren sind Vielfache der halben Basislänge λ. D.h. der zweite Reflektor muß wie der erste an einer Stelle stehen, an denen sich die Zeiger zu Null addieren (Knoten). Dies kann auch aus Symmetriegründen gefordert werden.

Eine alternative Beschreibung des Experiments mit dem Zeigerformalismus, bei der man zu gleichen Ergebnissen gelangt, orientiert sich stärker an der mathematischen Beschreibung

---

[1] Es werden die Intensitäten des elektrischen Feldes der elektromagnetischen Welle bestimmt.

zweier entgegengerichteter Wellenfunktionen (vgl. (68.14)): Die Raummaße beginnen jeweils an einem Reflektor und führen direkt zum Detektor. Da in diesem Fall die Reflexion an den Endpunkten keine Knoten erzwingt, muß diese Randbedingung explizit berücksichtigt werden. Dies kann durch die Forderung im Gedankenexperiment erfolgen, daß die Antreff-wahrscheinlichkeit an den Rohrenden immer Null sein muß. Bei dieser alternativen Vorge-hensweise kann das Vermessen der Raummaße nicht mit den Zeigerphasen 0° („3 Uhr") begonnen werden, sondern die Zeiger müssen, um alle möglichen Lösungen zu finden, zu Beginn gleich oder entgegengesetzt stehen. Damit kann an das bisherige Vorgehen des Zeigerformalismus nicht direkt angeknüpft werden. Obwohl der alternative Vorschlag aufgrund der fehlenden Reflexion und zusätzlicher Zeigerdrehung einfacher ist, erscheint er nach der obigen Argumentation für die Schule ungeeignet.

Zusammenhang der Zeigeraddition bei einer stehenden Welle und dem linearen Potentialtopf

Die resultierende Wahrscheinlichkeitsamplitude Z an der Stelle x_0 einer stehenden Welle, welche sich zwischen der Lichtquelle in $x = 0$ und dem Reflektor in $x = L = n \cdot \lambda/2$ befindet, wird mit dem Zeigerformalismus berechnet: Es werden die Zeiger der beiden Raummaße (Lichtwege), die direkt bzw. über den Reflektor an die Stelle x_0 führen, addiert.

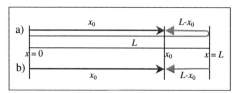

Abbildung 10: Länge der Raummaße

Das direkte Raummaß hat die Länge x_0, das über den Reflektor $L + (L - x_0)$ (vgl. Abbildung 10 a)). Für die Reflexion muß eine zusätzliche Zeigerdrehung um den Winkel π beachtet werden, so daß

$$Z(x_0) = Ae^{i\frac{2\pi}{\lambda}x_0} + Ae^{i\left(\frac{2\pi}{\lambda}(L+L-x_0)+\pi\right)} = Ae^{i\frac{2\pi}{\lambda}x_0} + Ae^{i\left(2\pi n - \frac{2\pi}{\lambda}x_0+\pi\right)}.$$

Mit $e^{i\pi} = -1$ erhält man

$$Z(x_0) = Ae^{i\frac{2\pi}{\lambda}x_0} - Ae^{-i\frac{2\pi}{\lambda}x_0}. \tag{72.23}$$

Bei der oben beschriebenen alternativen Berechnung ist das zweite Raummaß $L - x_0$ (vgl. Abbildung 10 b)) und die zusätzliche Zeigerdrehung entfällt, jedoch unterscheiden sich die Zeiger in ihren Anfangsstellungen um einen Winkel φ:

$$Z(x_0) = Ae^{i\frac{2\pi}{\lambda}x_0} + Ae^{i\left(\frac{2\pi}{\lambda}(L-x_0)+\varphi\right)} = Ae^{i\frac{2\pi}{\lambda}x_0} + Ae^{i\left(\pi n - \frac{2\pi}{\lambda}x_0+\varphi\right)}.$$

Ist $\varphi = \pi$ für gerade n bzw. $\varphi = 0$ für ungerade n, dann ergibt sich wieder (72.23), d.h. die Zeiger stehen sich zu Beginn entweder gegenüber oder liegen in gleicher Richtung.

Nach (68.14) lautet die Wellenfunktion des Elektroniums im linearen Potentialtopf unter Berück-sichtigung der Randbedingungen $\psi(0) = \psi(L) = 0$:

$$\psi(x) = \gamma\, e^{ikx} - \gamma\, e^{-ikx} \quad \text{mit} \quad k = 2\pi/\lambda \quad \text{und} \quad L = n \cdot \lambda/2.$$

Diese stimmt mit (72.23) überein.

Das mit Elektronium gefüllte Å-Rohr kann völlig analog der stehenden Mikrowelle beschrieben werden, was zu den möglichen Verteilungen der Antreffwahrscheinlichkeit eines Elektrons und dem physikalisch bedeutsamen Zusammenhang zwischen der Länge L eines linearen Potentialtopfes und den diskreten Basislängen λ_n bzw. Energien E_n des Elektroniums führt.

5.3.3 Ein Orbitalmodell mit Zeigern

Die Potentialkugel ist wie der lineare Potentialtopf ein Modell, welches das Verhalten von Elektronium unter stark vereinfachenden Bedingungen beschreibt.

Es wird angenommen, daß Elektronium mit der Ladung eines Elektrons in einem abgeschlossenen kugelsymmetrischen Raum eingesperrt ist und am Kugelrand reflektiert wird. Obwohl in der Kugel kein Coulombsches Potential existiert, ergeben sich für das Elektronium Verteilungen der Antreffwahrscheinlichkeiten, die den Orbitalen des Wasserstoffatoms sehr ähnlich sind. Daher ist die Potentialkugel geeignet, die Merkmale des Orbitalmodells plausibel zu machen, womit ohne die mathematische Behandlung der Schrödingergleichung ein Verständnis des Wasserstoffatoms erreicht werden kann: Unter den Orbitalen eines Atoms soll die Verteilungsfunktion der Antreffwahrscheinlichkeit von Elektronen verstanden werden.

Das Wasserstoffatom selbst läßt sich nicht mit dem Zeigerformalismus beschreiben, da dem Elektronium aufgrund des Coulombpotentials keine konstante Basislänge zugeordnet werden kann.

Potentialkugel

Die Wellenfunktion eines sich in den dreidimensionalen Raum ausbreitenden freien Elektrons wurde bereits mit (60.13) bestimmt. Sie wird auch für das Problem des Elektrons in der rotationssymmetrischen Potentialkugel zugrunde gelegt und unterscheidet sich gegenüber der eindimensionalen Lösung durch die Größe $1/r$ (dabei werden zunächst wieder keine Drehimpulskomponenten berücksichtigt). Die Wellenfunktion ergibt sich nach (60.13) als Überlagerung der beiden Zustandsfunktionen

$$\psi(r)_{au\beta en} = \frac{A}{r}\,\mathrm{e}^{ikr}$$

$$\psi(r)_{innen} = \frac{B}{r}\,\mathrm{e}^{-ikr}\ ,$$

einer radial nach außen und einer nach innen gerichteten „Bewegung":

$$\psi(r) = \frac{\alpha A}{r}\,\mathrm{e}^{ikr} + \frac{\beta B}{r}\,\mathrm{e}^{-ikr}\,.$$

Damit $\psi(r)$ in $r = 0$ regulär ist, muß $\alpha A = -\beta B =: C/2i$ sein. Mit der Randbedingung $\psi(R) = 0$ folgt wie im eindimensionalen Fall $kR = n\,\pi$, und mit $k = \dfrac{\sqrt{2mE}}{\hbar}$ lauten schließlich die Zustandsfunktionen zu den Eigenwerten $E_n = \dfrac{\pi^2\hbar^2}{2mR^2}n^2$:

$$\psi_n(r) = \frac{C}{r} \sin \frac{n\pi r}{R} \qquad\qquad (74.24)$$

Die Konstante C normiert mit dem Wert $C = \sqrt{R}$ die Antreffwahrscheinlichkeit eines Elektrons in der Kugel vom Radius R auf 1.

Bei gegebenem Zustand n stimmen die Werte der Energien E_n und der möglichen Wellenlängen

$$\lambda_n = \frac{2\pi}{k} = \frac{2R}{n}$$ in der Potentialkugel mit denen eines linearen Potentialtopfes der Länge R überein.

Die Beschreibung der Potentialkugel im Zeigermodell baut auf den Überlegungen zur eindimensionalen Darstellung des Elektroniums im Å-Rohr auf: Wird anstelle des Rohres eine Kugel gewählt, so reicht allein ihre radiale Dimension des Radius R aus, um sie zu beschreiben. Das läßt sich dadurch begründen, daß die rotationssymmetrische Kugel keine bestimmte Orientierung im Raum haben kann. Die quantenmechanische Lösung der Potentialkugel ist daher dem linearen Potentialtopf ähnlich.

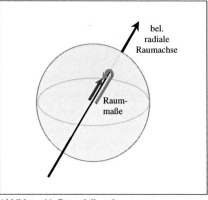

Abbildung 11: Potentialkugel

Wird eine rotationssymmetrische Verteilung der Antreffwahrscheinlichkeit in der Kugel angenommen, so setzt das voraus, daß kein Bahndrehimpuls vorhanden ist. Die Lösung ist nur von der Koordinate r des Kugelradius abhängig (vgl. (74.24)) und unterscheidet sich lediglich durch den Faktor $1/r$ von der Lösung des linearen Potentialtopfes (vgl. (68.16)). Überträgt man die Lösung des linearen Potential-

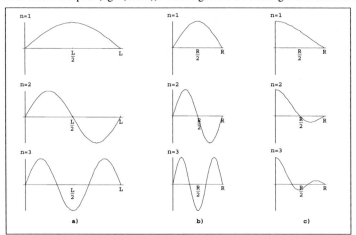

Abbildung 12: Verteilungsfunktionen der Wahrscheinlichkeitsamplituden Z für die drei niedrigsten Quantenzustände. a) linearer Potentialtopf, b) radiale und c) lokale Verteilungsfunktion der Potentialkugel.

topfes auf die Kugel, so gibt diese die Wahrscheinlichkeitsamplitude Z an, ein Elektron im Abstand r vom Mittelpunkt vorzufinden. Dabei ist kein Winkel festgelegt, so daß sich die Wahrscheinlichkeitsamplitude Z_r auf die gesamte Kugeloberfläche vom Radius r bezieht. Das Quadrat von Z_r bestimmt damit die *radiale Antreffwahrscheinlichkeit* eines Elektrons auf dieser Oberfläche[1], deren Größe mit r^2 zunimmt. Man kommt zur *lokalen Antreffwahrscheinlichkeit Z_x* an einem **Punkt** x im Abstand r vom Mittelpunkt, indem man Z_r^2 durch die Kugeloberfläche $O\sim r^2$ dividiert. In Abbildung 12 sind in der linken Spalte die Wahrscheinlichkeitsamplituden Z für den linearen Potentialtopf der Länge L und in der Mitte die radialen Wahrscheinlichkeitsamplituden Z_r der Potentialkugel des Radius R berechnet worden. Rechts sind die lokalen Wahrscheinlichkeitsamplituden Z_x der Potentialkugel ermittelt worden, indem durch r dividiert wurde. Es ist erkennbar, daß die lokale Wahrscheinlichkeitsamplitude aufgrund der Division im Zentrum der Kugel am größten ist, obwohl die radiale Wahrschein-

lichkeitsamplitude wie an jedem Rand des Potentialtopfes auch im Kugelmittelpunkt Null ist. Dies kommt aufgrund der Division von $\sin r / r$, welche im Grenzwert für $r{\rightarrow}0$ zu 1 führt, zustande.[2]

Im Zeigermodell wird das Vorgehen des Å-Rohres übernommen. Das Rohr wird entlang einer beliebigen radialen Raumachse zwischen den Mittelpunkt und den Rand der Kugel gelegt, d.h. die Raummaße der Kugel laufen entweder vom Mittelpunkt direkt zu einem Beobachtungspunkt oder zunächst zum Rand und nach der dortigen Reflexion wieder zurück. Am Beobachtungspunkt interferiert Elektronium, wobei sich die Antreffwahrscheinlichkeit eines Elektrons gemäß der obigen Argumentation nach der Zeigeraddition und der Division der quadrierten Resultierenden durch r^2 ergibt.

Das Ergebnis stimmt bis auf eine Konstante mit der quantenmechanischen Lösung für die rotationssymmetrische Potentialkugel überein.

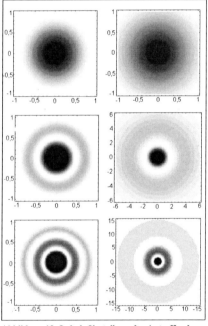

Abbildung 13: Lokale Verteilung der Antreffwahrscheinlichkeit der 1s-, 2s- und 3s-Orbitale der Potentialkugel (links), des Wasserstoffatoms (rechts)

---

[1] Hier müßten wieder die Antreffwahrscheinlichkeiten von Volumenelementen angegeben werden, da ebensolche für Punkte und Flächen immer Null sind. Dies darf vernachlässigt werden, wenn Wahrscheinlichkeitsdichten zum Vergleich verschiedener Orte bestimmt werden sollen.

[2] Erst für Drehimpulse $l \neq 0$ wird auch die lokale Antreffwahrscheinlichkeit im Zentrum wieder Null.

Die radiale Verteilung der Antreffwahrscheinlichkeiten in der Kugel soll im Unterricht erarbeitet werden, da sie der Verteilung im linearen Potentialtopf entspricht und auch in der Literatur zu finden ist.[1] Der Verteilungsfunktion der lokalen Antreffwahrscheinlichkeit wird der Name *Orbital* gegeben. Sie sollte anhand einer bildlichen Darstellung, z.b. einer Folie, gezeigt und mit den Orbitalen des Wasserstoffatoms verglichen werden (siehe Abbildung 13). Es fallen die folgenden Unterschiede ins Auge: Die Orbitale der Potentialkugel haben alle die gleiche Größe, was der Vorgabe der Kugel vom Radius R entspricht, dagegen nimmt der Radius der Orbitale des Wasserstoffatoms stark zu (in Abbildung 13 entspricht ein Skalenteil dem Radius der Potentialkugel bzw. dem Bohrschen Radius des Wasserstoffatoms). Insbesondere bei den 3s-Orbitalen ist zu erkennen, daß die Abstände der ringförmigen Bereiche mit erhöhter Antreffwahrscheinlichkeit im Wasserstoffatom nach außen zunehmen, während sie bei der Potentialkugel regelmäßig sind.

Die Ähnlichkeiten der ringförmigen Struktur und vor allem die Ausbildung einer Anzahl von Ringen, die der Hauptquantenzahl n entspricht, läßt die Potentialkugel jedoch geeignet erscheinen, wesentliche Eigenschaften des Orbitalmodells vom Wasserstoffatom plausibel zu machen. Dies sind die Definition der Orbitale als Verteilungsfunktion der Antreffwahrscheinlichkeit von Elektronen, die Tatsache, daß das Elektron in verschiedenen nicht miteinander verbundenen Bereichen und am häufigsten im Atomkern angetroffen werden kann sowie die Veränderung der Form der Orbitale, die bei den Übergängen zwischen verschiedenen Energiezuständen geschieht.

Die Gründe dafür, daß das Aussehen der Wasserstofforbitale von den Orbitalen der Potentialkugel abweicht, sind der feste Rand der Potentialkugel, den es im Atom nicht gibt und die fehlende positive Kernladung. Eine Auseinandersetzung mit einer mathematisch exakten Beschreibung des Wasserstoffatoms, etwa der Schrödingertheorie, zur Vermeidung der Abweichungen bei der Analogiebildung über die Potentialkugel wird in diesem Konzept aus den genannten Gründen abgelehnt *(Leitlinie 7)*.

Es läßt sich an dieser Stelle feststellen, daß das Ziel der Plausibilisierung des Orbitalmodells vom Wasserstoffatom durch die erfolgreiche Anwendung des Zeigerformalismus auf den linearen Potentialtopf und die Potentialkugel erreichbar ist.

5.3.3.1 Die Grenze des Zeiger-Orbitalmodells

Es soll im folgenden überprüft werden, ob der Formalismus über die Plausibilisierung der rotationssymmetrischen Lösungen des Wasserstoffatoms hinaus auch weitere, nicht winkelabhängige Lösungen der Wellengleichung zu begründen vermag.

---

[1] Die radiale Wahrscheinlichkeitsdichte wird in Schulbüchern gern für das Wasserstoffatom angegeben, um zu demonstrieren, daß sie an der Stelle des Bohrschen Radius ein Maximum hat. Eine räumliche Darstellung dieser Dichte, wie sie in manchen Schulbuchabbildungen zu finden ist, macht jedoch keinen Sinn (vgl. GREHN 1992, S. 408f., in der neueren Auflage GREHN & KRAUSE 1998 wurde die Abbildung entfernt).

Winkelabhängige Lösungen der Potentialkugel

Soll berücksichtigt werden, daß der Bahndrehimpuls von Null verschiedene Werte annehmen kann, so gibt es außer der rotationssymmetrischen Lösung auch eine Winkelabhängigkeit der Zustandsfunktionen. Die oben gefundene Schrödingergleichung (60.11), bei der zunächst die Winkelfunktion $y(\Theta,\varphi)$ außer acht gelassen wurde, muß vollständig gelöst werden. Mit $E = \dfrac{\hbar^2 k^2}{2m}$ und

$$\frac{1}{r^2}\frac{\partial}{\partial r}\left(r^2\frac{\partial}{\partial r}\right) = \frac{\partial^2}{\partial r^2} + \frac{2}{r}\frac{\partial}{\partial r}$$ vereinfacht sich die Differentialgleichung zu

$$\left(\frac{\partial^2}{\partial r^2} + \frac{2}{r}\frac{\partial}{\partial r} + k^2 - \frac{l(l+1)}{r^2}\right)f(r) = 0 \ .$$

Sie wird durch die sphärischen Besselfunktionen $f(z) = j_l(z)$ und Neumannfunktionen $f(z) = n_l(z)$ mit $z = k\,r$ gelöst. Beispiele und eine rekursive Bestimmungsgleichung sind:

$$j_1(z) = \frac{1}{z}\sin z \qquad\qquad n_1(z) = -\frac{1}{z}\cos z$$

$$j_2(z) = \frac{1}{z^2}\sin z - \frac{1}{z}\cos z \qquad\qquad n_2(z) = -\frac{1}{z^2}\cos z - \frac{1}{z}\sin z$$

$$j_3(z) = \left(\frac{3}{z^3} - \frac{1}{z}\right)\sin z - \frac{3}{z^2}\cos z \qquad n_3(z) = -\left(\frac{3}{z^3} - \frac{1}{z}\right)\cos z - \frac{3}{z^2}\sin z$$

$$j_{l+1}(z) = \frac{2l+1}{z}j_l - j_{l-1} \qquad\qquad n_{l+1}(z) = \frac{2l+1}{z}n_l - n_{l-1}$$

(77.25)

Eine allgemeine Lösung für die Wellenfunktion der Potentialkugel erhält man durch die Superposition der beiden sphärischen Funktionen und Multiplikation der Winkelfunktionen. Lösungen der Winkelfunktionen sind durch die Kugelflächenfunktionen $y_{lm}(\Theta,\varphi)$ gegeben.

$$\psi_{lm}(r,\Theta,\varphi) = \left(A_l j_l(kr) + B_l n_l(kr)\right)\cdot y_{lm}(\Theta,\varphi)$$

Da die sphärischen Neumannfunktionen in $r = 0$ nicht regulär sind, muß $B_l = 0$ sein. A_l wird durch die Normierung der Wahrscheinlichkeitsdichte auf 1 innerhalb der Kugel festgelegt. Beispiellösungen für verschiedene Quantenzahlen l und m sind:

s: $\qquad \psi_{00}(r,\Theta,\varphi) = A_{00}\dfrac{1}{kr}\sin kr$ (77.26)

p_z: $\qquad \psi_{10}(r,\Theta,\varphi) = A_{10}\cos\Theta\left(\dfrac{1}{k^2 r^2}\sin kr - \dfrac{1}{kr}\cos kr\right)$

p_x, p_y: $\qquad \psi_{1\pm1}(r,\Theta,\varphi) = A_{11}\sin\Theta\, e^{\pm i\varphi}\left(\dfrac{1}{k^2 r^2}\sin kr - \dfrac{1}{kr}\cos kr\right)$

d_{z^2}: $\qquad \psi_{20}(r,\Theta,\varphi) = A_{20}\left(\dfrac{1}{3} + \cos 2\Theta\right)\left(\dfrac{3}{k^3 r^3}\sin kr - \dfrac{3}{k^2 r^2}\cos kr - \dfrac{1}{kr}\sin kr\right)$

d_{zx}, d_{zy}: $\quad \psi_{2\pm1}(r,\Theta,\varphi) = A_{21}\sin 2\Theta\, e^{\pm i\varphi}\left(\dfrac{3}{k^3 r^3}\sin kr - \dfrac{3}{k^2 r^2}\cos kr - \dfrac{1}{kr}\sin kr\right)$

$d_{x^2 y^2}, d_{xy}$: $\quad \psi_{2\pm2}(r,\Theta,\varphi) = A_{22}\left(\dfrac{1}{3} - \cos 2\Theta\right)e^{\pm 2i\varphi}\left(\dfrac{3}{k^3 r^3}\sin kr - \dfrac{3}{k^2 r^2}\cos kr - \dfrac{1}{kr}\sin kr\right)$

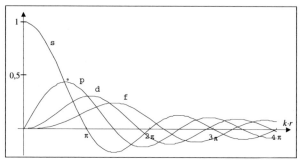

Abbildung 14: Sphärische Besselfunktionen

Die weitere Randbedingung $\psi(R) = 0$ legt die Energieeigenwerte $E_{n_l} = \dfrac{\hbar^2 k_{n_l}^{\,2}}{2m}$ fest, d.h. die

Radialfunktion zu dem Energiezustand n_l entspricht einer sphärischen Besselfunktion im Intervall von Null bis zur n_l-ten Nullstelle. Die Nullstellen der sphärischen Besselfunktionen sind in Tabelle 1 angegeben.

Es ist aus Tabelle 1 abzulesen, daß die Energiewerte für die Bahndrehimpulszustände l nicht entartet sind, was im Wasserstoffatom der Fall ist. Die sphärischen Besselfunktionen (mit $l > 0$) gehen

erst für große $k \cdot r$ asymptotisch gegen $\dfrac{1}{kr}\sin\left(kr - \dfrac{l\,\pi}{2}\right)$. Daher liegen die Nullstellen $\psi(R) = 0$ erst

für große Argumente bei $k_n R \approx n_l\,\pi/2$ (für $n_l \geq 2$) oder $\lambda = \dfrac{2\pi}{k_n} \approx \dfrac{4R}{n_l}$, was auch aus Abbildung 14

zu erkennen ist. Über die De-Broglie-Beziehung $p = \hbar k$ folgt mit dieser Näherung:

$$E_{n_l} = \frac{p^2}{2m} = \frac{\pi^2 \hbar^2}{8mR^2}\,n_l^{\,2} \quad (n_l \geq 2). \tag{78.27}$$

l	$n = 1$		$n = 2$	$n = 3$	$n = 4$	$n = 5$
0 (s)	π		$2\,\pi$	3π	4π	5π
1 (p)		4,49	7,73	10,90	14,05	
2 (d)			5,76	9,10	12,33	15,69
3 (f)			6,99	10,42	13,70	

Tabelle 1: Nullstellen der sphärischen Besselfunktionen

Durch die ungeraden Bahndrehimpulse l gibt es gegenüber den mit n numerierten Zuständen zusätzliche Lösungen mit Energiewerten, welche zwischen denen der rotationssymmetrischen Lösungen liegen.

Den durch $\rho_{nlm}(r,\Theta,\varphi) = \psi_{nlm}{}^*(r,\Theta,\varphi)\,\psi_{nlm}(r,\Theta,\varphi)$ gegebenen Wahrscheinlichkeitsdichteverteilungen können analog dem Wasserstoffatom Orbitalnamen zugeordnet werden. In der üblichen Bezeichnung steht die erste Zahl für die Energiequantenzahl n, der Buchstabe (s, p, d, f, ...) für die Bahndrehimpulsquantenzahl l und die Indizes (x, y, z) für dessen Orientierung im Raum, welche durch die Überlagerung verschiedener Quantenzustände der z-Komponente des Bahndrehimpulses m zustande kommen. Beispiele: $1s = |\,\psi_{100}(r,\Theta,\varphi)\,|^2$; $1p_x = |\,\psi_{111}(r,\Theta,\varphi) + \psi_{11\text{-}1}(r,\Theta,\varphi)\,|^2$; $1p_y = |\,\psi_{111}(r,\Theta,\varphi) - \psi_{11\text{-}1}(r,\Theta,\varphi)\,|^2$; $1p_z = |\,\psi_{110}(r,\Theta,\varphi)\,|^2$. Durch die Addition werden die komplexen Faktoren $e^{im\varphi}$ zu reellen Kosinus- oder Sinustermen.

Um eine Winkelabhängigkeit der Orbitale im Raum mit dem Zeigerformalismus beschreiben zu können, müssen weitere Raummaße eingeführt werden und zwar für alle drei Raumdimensionen jeweils zwei mit ihren zugehörigen Zeigern. Die neuen Raummaße sind keine Strecken, sondern Bogenmaße, die zugehörigen Zeiger drehen sich, wenn ein „Basisbogen" überschritten wird. Das eine Raummaß beschreibt die „Breitengrade" θ, das andere die „Längengrade" φ auf der Kugel. Mit dem Ausmessen der Raummaße kann an einem beliebigen Punkt begonnen werden, wodurch sich lediglich ein Phasenfaktor der Amplitude verändert.

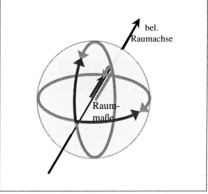

Abbildung 15: Raummaße zur Beschreibung einer winkelabhängigen Verteilung in der Potentialkugel

Das Prinzip des Ausmessens von Raummaßen in Einheiten einer Basisgröße bleibt das gleiche wie zuvor in Bezug auf die Basislänge.

Unter Berücksichtigung der Bedingung, daß die Zeiger nach dem Vermessen eines 360°-Winkels wieder in ihrer Ausgangsposition stehen müssen, erhält man auch die Quantelung der *Basisbogen* λ_θ und λ_φ durch die beiden neuen Quantenzahlen l und m ganz analog der Quantelung der Basislänge λ durch die Hauptquantenzahl n. Es gilt:

$$n \cdot \lambda = 2R$$

$$l \cdot \lambda_\theta = 2\pi \qquad\qquad (79.28)$$

$$m \cdot \lambda_\varphi = 2\pi$$

Dabei kann l mit der Bahndrehimpulsquantenzahl und m mit der Magnetquantenzahl in Verbindung gebracht werden.

Die Addition der beiden Zeiger der jeweiligen Raummaße ergibt zwei winkelabhängige Faktoren, welche zu der Radialfunktion multipliziert werden und schließlich die Berechnung der Antreffwahrscheinlichkeit an beliebigen Stellen des Atoms ermöglichen.

Die Multiplikation dreier Zeigerpaare (komplexe Amplituden) führt zu einem Term mit drei Kosinus- bzw. Sinusfunktionen (der letzte Faktor entspricht der bisherigen Zeigeraddition, wobei das Minuszeichen durch die Reflexion am Rand der Kugel begründet ist, vgl. (72.23) bzw. (74.24)):

$$\psi_{nlm}(r,\Theta,\varphi) = C_{nlm}\left(e^{il\Theta} + e^{-il\Theta}\right)\left(e^{im\varphi} + e^{-im\varphi}\right)\frac{1}{r}\left(e^{i\frac{n\pi r}{R}} - e^{-i\frac{n\pi r}{R}}\right) \qquad (79.29)$$

$$\Leftrightarrow \psi_{nlm}(r,\Theta,\varphi) = \frac{c_{nlm}}{r}\cos(l\Theta)\cos(m\varphi)\sin\frac{n\pi r}{R}. \qquad (79.30)$$

Am Beispiel des Orbitals zur Hauptquantenzahl $n = 3$ soll die Rechnung veranschaulicht werden: Das 3s-Orbital hat keinen Bahndrehimpuls und ist demzufolge rotationssymmetrisch. Mit $l = m = 0$ vereinfacht sich (79.30) zu der behandelten Verteilungsfunktion der Potentialkugel (74.24).

Mit $l = 1$ und $m = 0$ erhält man das $3p_z$-Orbital. Jetzt werden die Raummaße der „Breitengrade" der Kugel vermessen. Die Zeiger zu den Basisbogen λ_θ der „Breitengrade" werden, beginnend mit der Zeigerstellung „3 Uhr", beim Vermessen gedreht, und zwar derart, daß sie sich beim Abschreiten von 360° des Bogens selber genau einmal ganz gedreht haben (damit ist nach (79.28) der Wert des Basisbogens $\lambda_\theta = 2\pi$ und $l = 1$).

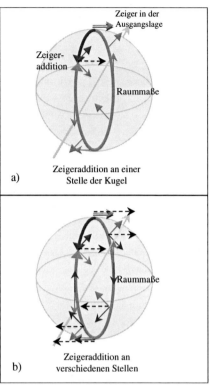

a) Zeigeraddition an einer Stelle der Kugel

b) Zeigeraddition an verschiedenen Stellen

Abbildung 16: Zeigeraddition der Raummaße der „Breitengrade"

Die Zeiger werden beim Abschreiten der beiden Raummaße, die in entgegengesetzter Richtung weisen, gedreht und am Beobachtungspunkt (-winkel) in ihren Endstellungen wie Vektoren addiert (vgl. Abbildung 16 a)). Wird mit dem Vermessen an einem „Pol" begonnen, so ergeben sich an beiden „Polen" Bereiche mit hoher Antreffwahrscheinlichkeit und am „Äquator" Bereiche mit der Antreffwahrscheinlichkeit Null (vgl. Abbildung 16 b)).

Beim $3d_{z^2}$-Orbital ist $l = 2$ und $m = 0$, also ergibt sich $\lambda_\theta = \pi$, so daß es vier Winkelbereiche mit hoher bzw. niedriger Antreffwahrscheinlichkeit gibt.

Hat auch m einen Wert verschieden von Null, so ist auch die Antreffwahrscheinlichkeit bezogen auf die „Längengrade" nicht mehr konstant: Das $3d_{x^2y^2}$-Orbital hat z.B. die Quantenzahlen $l = 2$ und $m = 2$, so daß sich mit (79.28) $\lambda_\theta = \pi$ und $\lambda_\varphi = \pi$ und für die Winkelabhängigkeit der „Längengrade" eine Verteilung ergibt, die den „Breitengraden" des $3d_{z^2}$-Orbitals entspricht.

Die Randbedingungen, die hier zur Anwendung des Zeigerformalismus gefordert werden, sind noch ungenügend bestimmt, so daß sich weit mehr Lösungen ergeben, als üblicherweise für das Wasserstoffatom angegeben werden. Die Antreffwahrscheinlichkeiten der erläuterten s-, p_z-, d_{z^2}- und $d_{x^2y^2}$-Orbitale sind in Abbildung 17 im Vergleich zu den Lösungen nach der Schrödingergleichung dargestellt. Sie wurden mit Hilfe des Programms MATHEMATICA berechnet, wobei die gezeichneten Flächen einer konstanten Antreffwahrscheinlichkeit

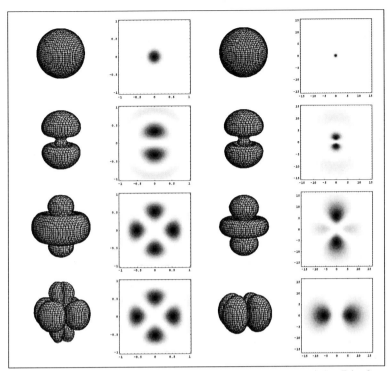

Abbildung 17: 3s-, $3p_z$-, $3d_{z^2}$ und $3d_{x^2y^2}$-Orbitale. Die linken Spalten wurden mit dem Zeigerformalismus berechnet, die rechten mit der Schrödingertheorie (Berechnung mit MATHEMATICA).

entsprechen. Die erste und die dritte Spalte von Abbildung 17 zeigen die räumlichen Unterschiede der Berechnung der Winkelfunktion durch den Zeigerformalismus (links) bzw. die Schrödingergleichung (rechts), wobei zur besseren Vergleichbarkeit in beiden Fällen die Radialfunktionen der Schrödingerlösung zur Hauptquantenzahl $n = 3$ benutzt wurden. Die zweidimensionalen Querschnitte (x-z-Ebene) in der zweiten Spalte sind dagegen mit den entsprechenden sphärischen Besselfunktionen (77.25) berechnet worden und zeigen daher zusätzlich die Verschiedenheiten zu den Radialfunktionen der Schrödingertheorie in der vierten Spalte.

Die Lösungen der Wasserstoffwellengleichung (83.31) haben im Vergleich zu den hier mit dem Zeigerformalismus berechneten Lösungen der Potentialkugel (79.29) sehr ähnliche Strukturen. Sie unterscheiden sich zuweilen durch Konstanten, welche die Graphen verschieben ($3d_{z^2}$ und $3d_{x^2y^2}$-Orbital). Das $3p_z$- und das $3p_x$-Orbital unterscheiden sich nur durch ihre Orientierung im Raum, die durch den Ausgangspunkt der Raummaße bedingt ist. In der Formelschreibweise wird aus einem Sinus ein Kosinus, welcher sich mit dem Zeigerformalismus durch die Subtraktion zweier Zeiger anstelle einer Addition ergibt.

Ein grundsätzliches Problem besteht bei den nicht rotationssymmetrischen Lösungen in der Berechnung der Radialfunktionen mit Hilfe des Zeigerformalismus. Für die von Null verschiedenen Drehimpulse kann nicht mehr die einfachste sphärische Besselfunktion genutzt werden (vgl. (77.25)). Die höheren Lösungen lassen sich jedoch unter Anwendung der Zeiger nicht begründen.

Obwohl dieser Versuch der Nutzung des Zeigermodells zur Erklärung der mannigfaltigen Struktur der Orbitale des Wasserstoffatoms interessante Zusammenhänge aufzeigt, muß abgewogen werden, ob der Aufwand dieser komplizierten Betrachtungen zum Erreichen der kaum befriedigenden Ergebnisse lohnt. Die erwünschte Konstruktion der winkelabhängigen Orbitale ist ohne eine Festlegung weiterer Freiheitsgrade auf diesem Weg nicht möglich. Auf der Basis der momentanen Überlegungen wird daher die Anwendung des Zeigermodells über die Analogisierung der rotationssymmetrischen Orbitale für den Schulunterricht nicht empfohlen.

Zur Vervollständigung des Zeiger-Orbitalmodells sollten die winkelabhängigen, keulenförmigen Orbitale des Wasserstoffatoms nach der Lösung der Schrödingergleichung anhand einer Folie gezeigt und daran auch die Bahndrehimpulsquantenzahl l und die Magnetquantenzahl m eingeführt werden.

5.3.4 Das Wasserstoffatom

Das Wasserstoffatom soll über die dargestellte Betrachtung hinaus auch quantitativ behandelt werden, um schließlich die Energieübergänge bei der Wechselwirkung von Licht und Materie experimentell bestätigen zu können.

Das Wasserstoffatom

Bei der Beschreibung des Wasserstoffatoms muß beachtet werden, daß der Hamiltonoperator des Potentialtopfes zusätzlich zu dem Term $\dfrac{\hbar^2 l(l+1)}{2mr^2}$, welcher eine Analogie zur Zentrifugalkraft in einer klassischen Beschreibung hat, das Coulombpotential $V(r) = -\dfrac{1}{4\pi\varepsilon_0}\dfrac{e^2}{r}$ enthält:

$$\hat{H} = -\frac{\hbar^2}{2mr^2}\frac{\partial}{\partial r}\left(r^2\frac{\partial}{\partial r}\right) + \frac{1}{4\pi\varepsilon_0}\frac{e^2}{r} - \frac{\hbar^2 l(l+1)}{2mr^2}\,.$$

Die radiale Schrödingergleichung (60.12) nimmt dann die Form

$$\frac{\hbar^2}{2m}\frac{\partial^2}{\partial r^2}R(r) + \left(E + \frac{1}{4\pi\varepsilon_0}\frac{e^2}{r} - \frac{\hbar^2 l(l+1)}{2mr^2}\right)R(r) = 0$$

an. Mit den atomaren Einheiten $a = \dfrac{4\pi\varepsilon_0\hbar^2}{me^2}$ (Bohrscher Radius) und $E_a = \dfrac{e^2}{a} = 27{,}21\,eV$ (atomare Energie) lassen sich die dimensionslosen Größen $\rho = \dfrac{r}{a}$ und $\varepsilon = \dfrac{E}{E_a}$ verwenden, so daß sich folgende Differentialgleichung ergibt:

$$\frac{\partial^2}{\partial\rho^2}R + \left(2\varepsilon + \frac{2}{\rho} - \frac{l(l+1)}{\rho^2}\right)R = 0\,.$$

Unter der Bedingung, daß $\varepsilon = -\dfrac{1}{(4\pi\varepsilon_0)^2}\dfrac{1}{2n^2}$, lassen sich die radialen Eigenfunktionen $R(\rho)$ mit

Hilfe der Laguerreschen Polynome $L_{n+l}^{2l+1}\left(\dfrac{\rho}{2\pi\varepsilon_0 n}\right)L_{n+l}^{2l+1}\left(\dfrac{2\rho}{n}\right)$ darstellen. Als Lösung erhält man,

nachdem man wie bei der Potentialkugel die Kugelflächenfunktionen für die Winkelabhängigkeit multipliziert, schließlich die Wasserstoffwellenfunktion

$$\psi_{nlm}(r,\Theta,\varphi) = A_{nl}\,\rho^l\,e^{-\frac{\rho}{n}}\,L_{n+l}^{2l+1}\left(\frac{\rho}{2\pi\varepsilon_0 n}\right)y_{lm}(\Theta,\varphi)\ ,$$

mit den zugehörigen Energien $E_n = \varepsilon_n E_a = -\dfrac{m\,e^4}{8\,h^2\varepsilon_0\,n^2}$.

Der Grad der Laguerreschen Polynome bestimmt mit der Bahndrehimpulsquantenzahl l die Zahl der Eigenfunktionen zu jeder Hauptquantenzahl n ($0 \le l \le n-1$). Die Kugelflächenfunktionen haben zu jedem l $2\,l+1$ Lösungen, die sich durch die Magnetquantenzahl m unterscheiden ($-l \le m \le l$). Damit gibt es zu jedem Energieniveau, welches allein durch n festgelegt ist, n^2 Eigenfunktionen, man sagt auch Entartungen.

Beispiele für die ersten Wasserstoffwellenfunktionen ψ_{nlm} mit den verschiedenen Quantenzahlen n, l und m sind:

1s: $\qquad \psi_{100}(r,\Theta,\varphi) = \dfrac{2}{\sqrt{4\pi}}\,e^{-\frac{r}{a}}$

2s: $\qquad \psi_{200}(r,\Theta,\varphi) = \dfrac{1}{\sqrt{8\pi}}\left(1-\dfrac{r}{2a}\right)e^{-\frac{r}{2a}}$

2p$_z$: $\qquad \psi_{210}(r,\Theta,\varphi) = \dfrac{1}{2\sqrt{8\pi}}\dfrac{r}{a}e^{-\frac{r}{2a}}\cos\Theta$

2p$_x$, 2p$_y$: $\quad \psi_{21\pm1}(r,\Theta,\varphi) = -\dfrac{1}{8\sqrt{\pi}}\dfrac{r}{a}e^{-\frac{r}{2a}}\sin\Theta\,e^{\pm i\varphi}$

3s: $\qquad \psi_{300}(r,\Theta,\varphi) = \dfrac{1}{3\sqrt{3\pi}}\left(1-\dfrac{2r}{3a}+\dfrac{2r^2}{27a^2}\right)e^{-\frac{r}{3a}}$

3p$_z$: $\qquad \psi_{310}(r,\Theta,\varphi) = \dfrac{\sqrt{8}}{27\sqrt{\pi}}\dfrac{r}{a}\left(1-\dfrac{r}{6a}\right)e^{-\frac{r}{3a}}\cos\Theta$

3p$_x$, 3p$_y$: $\quad \psi_{31\pm1}(r,\Theta,\varphi) = -\dfrac{2}{27\sqrt{\pi}}\dfrac{r}{a}\left(1-\dfrac{r}{6a}\right)e^{-\frac{r}{3a}}\sin\Theta\,e^{\pm i\varphi}$

3d$_{z^2}$: $\qquad \psi_{320}(r,\Theta,\varphi) = \dfrac{1}{54\sqrt{6\pi}}\dfrac{r^2}{a^2}e^{-\frac{r}{3a}}\left(\dfrac{1}{3}-\cos 2\Theta\right)$

3d$_{zx}$, 3d$_{zy}$: $\ \psi_{32\pm1}(r,\Theta,\varphi) = -\dfrac{1}{162\sqrt{\pi}}\dfrac{r^2}{a^2}e^{-\frac{r}{3a}}\sin 2\Theta\,e^{\pm i\varphi}$

3d$_{x^2y^2}$, 3d$_{xy}$: $\ \psi_{32\pm2}(r,\Theta,\varphi) = \dfrac{1}{54\sqrt{6\pi}}\dfrac{r^2}{a^2}e^{-\frac{r}{3a}}\left(\dfrac{1}{3}+\cos 2\Theta\right)e^{\pm 2i\varphi}\ .$ $\qquad$ (83.31)

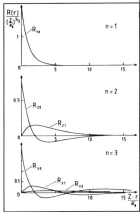

Abbildung 18: Radialfunktionen des Wasserstoffatoms

Zur Abschätzung der Energiezustände des Wasserstoffatoms lassen sich verschiedene Verfahren anwenden, die zu unterschiedlichen Ergebnissen führen. Die einfachste Möglichkeit, die Energie des ersten Zustandes abzuschätzen, ist das Einsetzen der experimentell bestimmten Größenordnung für die Atomgröße durch den Öltröpfchenversuch $R \approx 1\text{Å}$ in die ermittelte Formel für die Energiewerte. Damit erhält man die mittlere kinetische Energie, zu der noch die mittlere potentielle Energie addiert werden muß. Es ergibt sich für den Grundzu-

stand $(n = 1)$ $\overline{E_{ges}(R)} = \overline{E_{kin}(R)} + \overline{E_{pot}(R)} = \dfrac{h^2 n^2}{8m} \cdot \dfrac{1}{R^2} - \dfrac{e^2}{4\pi\varepsilon_0} \cdot \dfrac{1}{R} = -10{,}6\ \text{eV}$. Dieser Wert

stimmt mit dem richtigen Wert der Rydbergenergie $E_R = -13{,}6\ \text{eV}$ für $n = 1$ relativ gut überein. Mit der Formel kann jedoch nicht die Gesamtenergie höherer Zustände berechnet werden, da R ebenfalls von n abhängt. Wird ohne Beweis berücksichtigt, daß der Radius mit n^2 zunimmt, also $R = R_0 n^2$, so folgt die Quantelung der Gesamtenergie:

$$\overline{E_{ges}(R)} = \dfrac{h^2}{8m} \cdot \dfrac{1}{R_0^2 n^2} - \dfrac{e^2}{4\pi\varepsilon_0} \cdot \dfrac{1}{R_0 n^2} = -10{,}6\,\text{eV} \cdot \dfrac{1}{n^2}\ .$$

Ein Vorschlag nach FEYNMAN (1996, S.41) führt durch eine glückliche Wahl der Ausgangswerte (Ortsunschärfe des Elektroniums im Atom) zum richtigen Ergebnis:

Es wird die Ortsunschärfe bei der Messung des Abstandes eines Elektrons vom Atomkern zur Bestimmung des Impulses genutzt, womit man einen Wert für die kinetische Energie gewinnt. Der mittlere Abstand R der Elektronen vom Kern streut um den tatsächlichen Werte mit einem Fehler, den man mit $R/2$ abschätzen kann. Dieser Fehler (Ortsunschärfe) führt über die Heisenbergsche Unbestimmtheitsrelation $\Delta x \cdot \Delta p \geq h/4\pi$ zu der Impulsunschärfe $\Delta p \approx h/(2\pi R)$ oder aufgrund der Quantelung der Impulse zu $p = n\,h\,/(2\pi R)$. Mit $E = p^2/2m$ ergibt sich die mittlere kinetische Energie, zu der die mittlere potentielle Energie addiert wird. Die Summe hängt von dem noch unbekannten Radius ab, der durch Minimierung der Gesamtenergie gefunden wird:

$$\overline{E_{ges}(R)}' = \left(\overline{E_{kin}(R)} + \overline{E_{pot}(R)}\right)' = \left(\dfrac{h^2 n^2}{8\pi^2 m} \cdot \dfrac{1}{R^2} - \dfrac{e^2}{4\pi\varepsilon_0} \cdot \dfrac{1}{R}\right)' = -2\dfrac{h^2 n^2}{8\pi^2 m} \cdot \dfrac{1}{R^3} + \dfrac{e^2}{4\pi\varepsilon_0} \cdot \dfrac{1}{R^2}$$

$$\text{Min:}\ -2\dfrac{h^2 n^2}{8\pi^2 m} \cdot \dfrac{1}{R^3} + \dfrac{e^2}{4\pi\varepsilon_0} \cdot \dfrac{1}{R^2} = 0 \Leftrightarrow \dfrac{h^2 n^2}{\pi m} \cdot \dfrac{1}{R} = \dfrac{e^2}{\varepsilon_0} \Rightarrow R_{Min} = \dfrac{n^2 h^2 \varepsilon_0}{\pi m e^2} = 0{,}53\,\text{Å} \cdot n^2$$

$$\overline{E_{ges}(R_{Min})} = \dfrac{h^2 n^2}{8\pi^2 m} \cdot \dfrac{\pi^2 m^2 e^4}{h^4 n^4 \varepsilon_0^2} - \dfrac{e^2}{4\pi\varepsilon_0} \cdot \dfrac{\pi m e^2}{h^2 n^2 \varepsilon_0} = -\dfrac{m e^4}{8 h^2 \varepsilon_0^2} \cdot \dfrac{1}{n^2} = -\dfrac{1}{n^2} \cdot 13{,}6\,\text{eV}\ . \qquad (84.32)$$

Die verwendete Methode zur Bestimmung der minimalen Gesamtenergie ist nicht unumstritten, da sie mit der Variation der Energiewerte die Frage nach der Diskretheit der Energieniveaus aufwirft. Dies erscheint unberechtigt, wenn man berücksichtigt, daß erstens der Wert der Gesamtenergie ein über viele Atome oder Messungen gemittelter Wert ist und zweitens erst bei der Minimierung der Atomradius festgestellt wird, der schließlich die diskreten Energiewerte zur Folge hat.

Durch die verschiedenen Wege der Bestimmung der Energieniveaus bieten sich Möglichkeiten zur Differenzierung von Leistungs- und Grundkursen bzw. von mathematisch stärkeren und schwächeren Lerngruppen.

Mit (84.32) können die Energiewerte aller Zustände des Wasserstoffatoms berechnet werde (vgl. Abbildung 19). Die Energiedifferenzen zwischen zwei Zuständen entsprechen den Energien von Photonen $E_{Ph} = h \cdot c / \lambda$, welche beim Übergang zu einem höheren Wert vom Atom absorbiert und zu einem niedrigeren Wert emittiert werden. Damit sind die grundlegenden Wechselwirkungsprozesse von Licht und Materie, Emission und Absorption, zu erklären. Experimentell lassen sich einige der Energieübergänge des Wasserstoffatoms beobachten und vermessen: Die sogenannte Balmerserie des gesamten Emissionsspektrums umfaßt die Übergänge der Zustände $n \geq 3$ auf $n = 2$, wobei Photonen im sichtbaren Bereich emittiert werden.

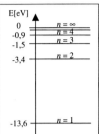

Abbildung 19: Termschema der Energien des Wasserstoffatoms

5.4 Die Gliederung des Curriculums als Ergebnis der didaktischen Elementarisierung

Auf der Grundlage der vorgenommenen Sachanalyse ergibt sich die Gliederung für die Stundeninhalte des Curriculums. Dabei soll der rote Faden, der sich durch die Mittelstufeneinheiten des Lichtwegkonzeptes zieht und sich an den optischen Phänomenen orientiert, aufgegriffen werden: Auch die Inhalte des Curriculums „Vom Licht zum Atom" sollen, soweit dies mit den teilweise abstrakten Themen vereinbar ist, an der experimentellen Untersuchung überwiegend optischer Phänomene erarbeitet werden.

Ausgehend von Inhalten der Optik soll ein Bogen über die Quanteneigenschaften von Licht und Elektronium zur Atomphysik gespannt werden, wo die Untersuchung von Wechselwirkungen zwischen Licht und Materie den Kreis zurück zur Optik schließen (vgl. Abbildung 20). Alle drei Bereiche sollen auf der Grundlage des Zeigermodells, d.h. unter Anwendung des Zeigerformalismus, beschrieben werden: Interferenzphänomene des Lichtes und des Elektroniums können mit einer einheitlichen Vorgehensweise verstanden werden, wobei sich die Beschreibung von Quanteneigenschaften durch die Wahrscheinlichkeitsinterpretation des Zeigermodells integrieren läßt. Schließlich kann auch Materie am Beispiel des Wasserstoffatoms durch die Entwicklung eines Orbitalmodells auf der Basis des Zeigerformalismus untersucht werden, so daß die Möglichkeit besteht, Wechselwirkungsprozesse von Licht und Materie zu interpretieren.

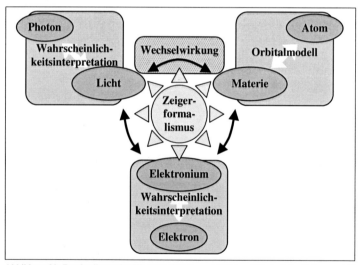

Abbildung 20: Beschreibung der Wechselwirkung von Licht und Materie im Zeigermodell

Die in der Sachanalyse diskutierten Inhalte werden in zwei getrennte Unterrichtseinheiten gegliedert: In der ersten Einheit soll der Zeigerformalismus zur Beschreibung von Phänomenen der Interferenzoptik erarbeitet werden. In der zweiten Einheit werden die Quanteneigenschaften des Lichtes und das Medium Elektronium erarbeitet und ein Orbitalmodell entwikkelt.

Interferenzoptik mit Zeigern	1. Partielle Reflexion 2. Einführung des Zeigerformalismus 3. Der Poissonsche Fleck 4. Das Michelson-Interferometer 5. Lichtintensitäten bei der partiellen Reflexion 6. Die Bragg-Reflexion 7. Beugung am Doppelspalt 8. Beugung am Einzelspalt 9. Intensitätsverteilung des Beugungsbildes am Einzelspalt 10. Konstruktion eines Reflexionsgitters	Weiterführende Optik
Quantenphysik mit Zeigern	1. Das Taylor-Experiment 2. Das Photon 3. Der Photoeffekt 4. Impuls des Photons 5. Fundamentalprinzip der Interferenz und Deutungsdebatte	Quantenoptik
	6. Elektronium 7. Einführung in Atommodelle 8. Stehende Welle 9. Das Å-Rohr 10. Das Kugelmodell vom Atom 11. Die Energieniveaus der Atome 12. WW von Licht und Materie 13. Das Wasserstoffspektrum	Atomphysik

☐ Unterrichtsinhalte des bestehenden Lichtwegcurriculums ▩ neue Unterrichtsinhalte
▨ überarbeitete Unterrichtsinhalte des Lichtwegcurriculums

Abbildung 21: Überblick über die Inhalte des Curriculums (ohne die Einheit: „Einführung in die Optik mit Lichtwegen")

Abbildung 21 gibt eine Übersicht über die Gliederung der Inhalte. Darin wird kenntlich, daß die Unterrichtseinheit „Interferenzoptik mit Zeigern" im wesentlichen nach dem Vorschlag „Weiterführende Optik" des bestehenden Lichtwegkonzeptes von ERB übernommen wurde (vgl. ERB 1994), während die zweite Einheit „Quantenphysik mit Zeigern" im Rahmen der vorliegenden Arbeit konstruiert wurde.

Gegenüber der von ERB entwickelten Unterrichtseinheit „Weiterführende Optik" wurde bei der Gliederung des neuen Curriculums eine Abänderung des zeitlichen Ablaufs der Inhalte sinnvoll: Der Zeigerformalismus wird zunächst zur Beschreibung von Intensitätsverteilungen des Lichtes bei Interferenzexperimenten eingeführt. D.h. es werden unter ausschließlicher Anwendung des Zeigermodells nur solche Phänomene untersucht, welche auf den Welleneigenschaften des Lichtes beruhen. Auf die Quanteneigenschaften des Lichtes, die in ERBS Konzeption am Anfang stehen, wird erst zu Beginn der zweiten Unterrichtseinheit eingegangen. Damit ergibt sich dann ein müheloser Übergang zur Beschreibung von Elektronium.

5.4.1 Interferenzoptik mit Zeigern

Mit dem einfachen Experiment der *partiellen Reflexion* wird zum Einstieg gezeigt, daß die geometrische Optik mit ihren Gesetzen nicht in der Lage ist, alle optischen Phänomene zu beschreiben. Um eine Erklärung für das Verhalten des Lichtes zu bekommen, welches zum Teil eine Glasplatte durchdringt, zum Teil aber reflektiert wird, ist ein der geometrischen Optik übergeordnetes Modell des Lichtes erforderlich. Die Anforderungen an das gesuchte Modell werden durch die Beobachtungsergebnisse des Experimentes der *partiellen Reflexion an der Seifenhaut* bestimmt: Das Modell muß geeignet sein, die farbigen Interferenzstreifen des an der Seifenhaut reflektierten Lichtes zu erklären. Das *Zeigermodell des Lichtes* wird als ein geeignetes Modell eingeführt. Es vermittelt nicht, was man sich unter Licht vorstellen darf und warum sich das Licht auf die eine oder andere Weise verhält. Es läßt jedoch mittels eines einfachen Formalismus eine präzise Berechnung des Verhaltens des Lichtes zu.

Mit der Durchführung zahlreicher *Interferenzexperimente* wird der Umgang mit dem Zeigerformalismus trainiert. Die durchgeführten Experimente sind der *Poissonsche Fleck*, der beweist, daß das Licht nicht nur geradlinige Wege geht, das *Michelson-Interferometer* zur *Bestimmung der Basislänge des Lichtes* und noch einmal die *partielle Reflexion* zur Erarbeitung der zusätzlichen Regeln: *Zeigersprung um 180° und Zeigerverkürzung*.

Die *Bragg-Reflexion* wird durchgenommen, um das *Debye-Scherrer-Verfahren* bei der später zu erarbeitenden Elektronenbeugung vorzubereiten. Für die Beschreibung des *Einzel- und Doppelspaltexperimentes* wird der Computer genutzt, ebenso bei der *Konstruktion eines Gitters*, das zur Ablenkung des Lichtes an einen bestimmten Punkt selbst hergestellt werden kann.

5.4.2 Quantenphysik mit Zeigern

5.4.2.1 Quantenoptik

Zum Einstieg in die zweite Unterrichtseinheit soll das *Taylor-Experiment* durchgeführt werden. Es wird eingesetzt, um die *quantenhafte Struktur des Lichtes* nahezulegen und die Notwendigkeit eines dem Teilchen- und Wellenmodell übergeordneten Modells des Lichtes zu motivieren. Das Zeigermodell ist dazu geeignet, da es auch die Berechnung der Antreffwahrscheinlichkeit einzelner Quanten durch die *Wahrscheinlichkeitsinterpretation* des Zeigerformalismus gestattet. Für die Quanten des Lichtes wird der Name *Photon* eingeführt. Die Energie, die einem Photon entspricht, wird auf üblichem Wege mit dem *Photoeffekt* bestimmt, wobei die Abhängigkeit von der Basislänge des Lichtes erarbeitet wird. Als weitere Eigenschaft der Photonen wird der *Impuls* behandelt, welcher in der *De-Broglie-Beziehung* zum Ausdruck kommt. Der Zusammenhang wird aus der als bekannt vorausgesetzten Einsteinschen Beziehung $E = m\,c^2$ abgeleitet bzw. im Leistungskurs durch Behandlung des *Compton-Effektes* auf schulüblichem Niveau gewonnen.

Die Tatsache, daß Interferenzen nur beobachtet werden, wenn dem Licht ununterscheidbare Wege zum Beobachtungspunkt zur Verfügung stehen, wird als *Fundamentalprinzip* formuliert und am Beispiel eines *Interferenzexperimentes mit Polarisationsfiltern* demonstriert. Das Fundamentalprinzip verbietet eine gleichzeitige scharfe Orts- und Impulsmessung an Quantensystemen, was in Form der *Heisenbergschen Unbestimmtheitsrelation* formuliert wird. Das Versagen des *Dualismus von Wellen- und Teilchenmodell* kann hier diskutiert werden. Dazu ist es sinnvoll, den Schülerinnen und Schülern einen kurzen Überblick über diese klassischen Modelle zu geben. In dem Rahmen bietet es sich an, die Debatte um die *Deutungsproblematik der Quantentheorie* anhand von historischen Texten zu reflektieren. In die immer noch nicht abgeschlossene Frage nach der richtigen Interpretation der Quantentheorie läßt sich der Standpunkt des Zeigermodells einordnen.

5.4.2.2 Atomphysik

Vor dem Einstieg in die Atomphysik wird das Medium *Elektronium* eingeführt. Seine Eigenschaften werden mit der *Elektronenstrahl-* und der *Beugungsröhre* demonstriert. Die auffälligen Gemeinsamkeiten von Licht und Elektronium, wie die geradlinige Ausbreitung und das Interferenzverhalten, motivieren die Beschreibung des Elektroniums im Zeigermodell. Anstelle der Lichtwege werden zur Beschreibung des Elektroniums die *Raummaße* eingeführt. Die Elektronenbeugung beruht auf dem *Debye-Scherrer-Verfahren* und führt unter Nutzung der Kenntnis der Bragg-Reflexion zur Erarbeitung der *De-Broglie-Beziehung* für Elektronium.

Der Übergang zur Atomphysik wird anhand der Wiederholung einfacher historischer Atommodelle vollzogen, welche aus dem Physik- und Chemieunterricht der Mittelstufe bekannt sind: Es werden das *Daltonsche, Thomsonsche* und *Rutherfordsche Atommodell* besprochen und der *Ölfleckversuch* zur Abschätzung der Atomgröße durchgeführt.

Das Verhalten von Elektronium, das in gebundenen Zuständen im Atom existiert, wird in einem Gedankenexperiment erarbeitet. Es wird zunächst das analoge Experiment der *stehenden Welle* am Beispiel der Mikrowellen durchgeführt und im Zeigermodell beschrieben. Das Elektronium verhält sich in dem Gedankenexperiment des *Å-Rohres* wie das Licht: Es ergibt sich eine stationäre Verteilung der Antreffwahrscheinlichkeit, aus der die Diskretheit der möglichen Basislängen des Elektroniums und die Quantelung von Impuls und Energie abgeleitet werden. Es wird problematisiert, daß das Å-Rohr kein eindimensionaler Körper ist:

Um ein physikalisches eindimensionales Modell des eingesperrten Elektroniums, den linearen Potentialtopf, zu entwickeln, muß der Einfluß des Rohrdurchmessers entfernt werden, was durch die Konstruktion eines unendlich dicken Å-Rohres geschieht.

Die Betrachtung einer rotationssymmetrischen *Potentialkugel*, welche allein durch die Angabe ihrer radialen Größe vollständig beschrieben werden kann, führt schließlich zum Atom. Elektronium, welches sich in der Kugel befindet, wird analog dem Å-Rohr eindimensional beschrieben. Die sich dabei ergebende radiale Antreffwahrscheinlichkeit für alle Orte mit gleichem Radius (Kugeloberfläche) wird durch die Division durch r^2 in lokale Antreffwahrscheinlichkeiten umgerechnet. Die dabei erhaltene mathematische Verteilungsfunktion erhält den Namen *Orbital* und beschreibt die Wahrscheinlichkeit, an einer beliebigen Stelle einer Kugel, in welche Elektronium gesperrt ist, ein Elektron zu finden. Wie im Å-Rohr wird die Abhängigkeit der Basislänge von dem Kugeldurchmesser und die Quantelung der möglichen Impuls- und Energiewerte erklärt.

Die an der mit Elektronium gefüllten Kugel erarbeiteten Kenntnisse über das Orbitalmodell werden auf das *Wasserstoffatom* übertragen, wobei das durch die Kernladungen resultierende coulombsche Feld zu berücksichtigen ist. Die Energiezustände des Wasserstoffatoms werden ermittelt, indem zu den Energiewerten der Potentialkugel (mittlere kinetische Energie) die potentielle Energie entsprechend des Coulombfeldes addiert wird. Der dazu notwendige Atomradius kann in leistungsstärkeren Lerngruppen durch Minimieren der Gesamtenergie bestimmt werden oder sonst mit den Ergebnissen des Ölfleckversuches durch 1 Å abgeschätzt werden.

Das Aussehen der Orbitale und damit die Antreffwahrscheinlichkeiten der Elektronen im Wasserstoffatom unterscheiden sich nach der exakten Lösung der Schrödingertheorie von denen der Potentialkugel geringfügig. Sie werden anhand einer Folie präsentiert, an der auch nichtrotationssymmetrische Lösungen zu den *Nebenquantenzahlen l* und *m* gezeigt werden.

Daß sich Atome tatsächlich in verschiedenen Energiezuständen befinden können, wird durch das *charakteristische Spektrum* von zum Leuchten angeregten Salzen nachgewiesen. Das Licht einer *Wasserstoffspektrallampe* wird im Experiment untersucht, wobei sich bestätigen läßt, daß die Basislängen des Lichtes den berechneten Energiedifferenzen entsprechen.

Zur Messung des Spektrums wird wieder ein Interferometer benutzt, an dieser Stelle zur Klärung der Wechselwirkung von Licht und Materie. Auf diese Weise wird der Bogen zurück zur Optik geschlagen.

6 Erprobung

Die im Rahmen dieser wissenschaftlichen Arbeit durchgeführte Untersuchung bezieht sich auf die bestehende Oberstufeneinheit des Lichtwegcurriculums „Weiterführende Optik", in welcher das Zeigermodell eingeführt wird, und die neu entwickelte Einheit „Quantenphysik mit Zeigern", welche in zeitlich voneinander getrennten Abschnitten erprobt wurden (vgl. Abbildung 22). Beide Teile wurden in einem Umfang von jeweils 8 Wochen (16 Stunden) vom Autor selbst unterrichtet.

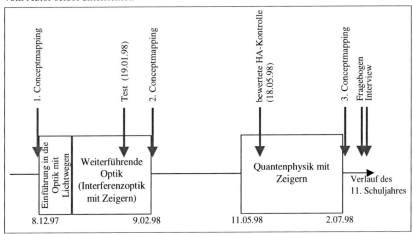

Abbildung 22: Untersuchungsdesign

6.1 Ziele der Untersuchung

Die Erprobung der Unterrichtseinheiten hatte den Charakter einer explorativen Studie. Sie erfolgte in einem recht frühen Stadium der Curriculumsentwicklung und kann daher nicht die vergleichenden Ergebnisse einer abschließenden Evaluation liefern. Auf die Berechnung von Signifikanzen wird daher von vornherein verzichtet.

Die empirische Untersuchung hatte die Funktion, bereits während der didaktischen Strukturierung der Unterrichtsinhalte Lernvoraussetzungen zu erheben und Rückmeldungen über die Praktikabilität der entwickelten Einheiten in der Schulumgebung zu erhalten.

Die Untersuchung hatte vier Schwerpunkte:

- die Feststellung des Lernerfolgs bzw. des Erreichens der zuvor festgelegten Lernziele,
- die Beobachtung der Schülervorstellungen und ihrer Veränderung durch den Unterricht,
- das Aufdecken von Verständnis- oder Lernschwierigkeiten, welche durch die Konzeption der Unterrichtseinheiten bedingt sind,
- die Akzeptanz der Unterrichtseinheiten seitens der Schülerinnen und Schüler.

91

6.1.1 Erlernbarkeit der Unterrichtsinhalte

Die Untersuchung soll zeigen, daß die Inhalte der vorgeschlagenen Unterrichtseinheiten zur weiterführenden Optik und zur Quantenphysik durch die gewählte Konzeption erlernbar sind. Dies wird anhand des Lernerfolgs bezogen auf zuvor festgelegte Lernziele beurteilt.

Neben den explizit für jede einzelne Stunde formulierten Lernzielen[1], deren Erreichen in den jeweiligen Unterrichtsstunden festzustellen war, wurden für die Unterrichtseinheiten Groblernziele aufgestellt, die den Stundenzielen übergeordnet sind. Diese beziehen sich auf die zu erlernenden Fertigkeiten, den Modellbildungsprozeß und das Verständnis grundlegender Quanteneigenschaften:

Die Schülerinnen und Schüler sollen ...

Lernziel 1: eine Fertigkeit in der Anwendung des Zeigerformalismus erlangen,

Lernziel 2: den verständigen Umgang mit dem Modellbegriff erlernen,

Lernziel 3: ein Verständnis der Quanteneigenschaften von Photonen und Elektronen gewinnen, das von klassischen Vorstellungen differenziert ist,

Lernziel 4: das Orbitalmodell des Atoms interpretieren können.

Es soll gezeigt werden, daß diese Lernziele von den Schülerinnen und Schülern erreicht werden können.

6.1.2 Erhebung von Schülervorstellungen und ihrer Veränderung

Die Beobachtung der Schülervorstellungen während des Unterrichts soll es ermöglichen, Lernschwierigkeiten der Schülerinnen und Schüler zu verstehen. Aufgrund der Ermittlung von Vorstellungen vor Beginn der Erprobung lassen sich einerseits die Schülerinnen und Schüler in vergleichbare Studien einordnen, andererseits können individuelle Unterschiede festgestellt werden, welche sich beispielsweise auf unterschiedliche schulische Vorerfahrungen zurückführen lassen.

In Kapitel 2.3.2 wurden verschiedene Untersuchungen zitiert, welche insbesondere die Stabilität klassischer Vorstellungen zum Ergebnis hatten. Daß sich daraus Schwierigkeiten beim Erlernen quantenmechanischer Inhalte ergeben, erscheint naheliegend. Es wurde jedoch in keiner dem Autor bekannten Untersuchung explizit nachgewiesen, daß die Förderung klassischer Vorstellungen durch den Schulunterricht ein späteres Erlernen der Quantenmechanik behindert. Die Untersuchungsgruppe dieser Erprobung ist zu klein, um statistisch relevante Ergebnisse erwarten zu können. Dennoch soll anhand der Beobachtung der Vorstellungen der einzelnen Schülerinnen und Schüler die folgende These gestützt werden:

These 1: Die Förderung klassisch-mechanistischer Vorstellungen insbesondere durch den Mittelstufenunterricht erschweren ein späteres Erlernen quantenmechanischer Inhalte.

---

[1] Diese sind im Teil II der Arbeit (in Kapitel 7.3 Unterrichtspläne) für jede Unterrichtsstunde formuliert.

Trotz der Stabilität der klassischen Vorstellungen haben viele Untersuchungen die Entwicklung alternativer, im quantenmechanischen Sinn korrekter Denkmuster aufzeigen können, was auch für die Schülerinnen und Schüler dieser Studie gezeigt werden soll:

These 2: Der Unterricht bewirkt die Entstehung quantenmechanischer Vorstellungen, welche sich in der Argumentation und Begriffswahl der Schülerinnen und Schüler widerspiegeln.

6.1.3 Aufdecken von Verständnis- oder Lernschwierigkeiten

Die Erprobung der beiden Unterrichtseinheiten erfolgte in einem frühen Stadium der Curriculumsentwicklung, so daß die Ergebnisse aus den Beobachtungen der einzelnen Unterrichtsstunden teilweise unmittelbar umgesetzt werden konnten. Die Auswertung der Untersuchungsergebnisse erforderte zusammen mit einer tiefergehenden fachlichen Klärung der physikalischen Inhalte eine abschließende Überarbeitung der Unterrichtseinheiten. Hinweise zu den Ergebnissen der Beobachtung der einzelnen Unterrichtsstunden werden im zweiten Teil der Arbeit im Anschluß an die Unterrichtspläne in Kapitel 3 gegeben. Der iterative Prozeß der Bearbeitung der Inhalte unter empirischen, fachlichen und praxisbezogenen Perspektiven ist Merkmal der Methode der didaktischen Rekonstruktion.

Nach Abschluß dieser Entwicklungsarbeit steht eine größer angelegte Evaluation des gesamten Curriculums noch aus. Ein entsprechendes Projekt befindet sich zur Zeit in Arbeit.

6.1.4 Akzeptanz der Unterrichtseinheiten seitens der Schülerinnen und Schüler

Nicht zuletzt sind Lehrkräfte daran interessiert, eine Rückmeldung von den Schülerinnen und Schülern zu bekommen, ob der Unterricht gefallen hat. Zu einer Einschätzung tragen besonders die Interessantheit der Inhalte, die Auswahl der Unterrichtsmethoden und die Möglichkeiten der persönlichen Beteiligung bei. Diese Beurteilung des Unterrichtes soll im Anschluß an den Unterricht von den Schülerinnen und Schülern erfragt werden.

6.2 Probandengruppe

Die Erprobung der Unterrichtseinheiten wurde in einem Profilkurs[1] Physik (Jahrgangsstufe 11) in der Gottfried-Keller-Oberschule in Berlin durchgeführt. Das Arbeitsklima in der Lerngruppe war äußerst positiv, da die Schülerzahl gering und das Interesse der angehenden Leistungskursschülerinnen und -schüler als überdurchschnittlich bezeichnet werden kann.

---

[1] In der Sekundarstufe II der Berliner Schulen gibt es neben den normalen Kursen (Fundamentalkursen) in der Klasse 11 zwei oder drei sogenannte Profilkurse, die mit einem Umfang von jeweils zwei zusätzlichen Wochenstunden die Schülerinnen und Schüler auf die beiden Leistungskurse der Klassen 12 und 13 vorbereiten sollen. Die Wahl der Profilkurse ist nicht verbindlich; sie können am Ende des ersten Halbjahres der Klasse 11 gewechselt werden, und es dürfen anschließend auch andere Leistungskurse gewählt werden. Die Rahmenpläne des Profilkurses Physik verbieten daher ein Vorgreifen auf die Unterrichtsinhalte der Klassen 12 und 13 und legen die Schwerpunkte auf physikalische Meßverfahren, Problemlösetechniken und mathematische Methoden. Neben drei vorgeschriebenen Inhalten dürfen Wahlthemen unterrichtet werden, die per Fachkonferenz genehmigt werden.

Durch die Möglichkeit, die Profilkurse nach einem halben Jahr zu wechseln, waren nicht alle Schülerinnen und Schüler bei beiden Teilen der Unterrichtserprobung beteiligt. Den ersten Teil besuchten zwei Schülerinnen und 15 Schüler, den zweiten eine Schülerin und zehn Schüler. Neun besuchten beide Teile von Anfang bis Ende und waren bei allen Testverfahren anwesend.

Das Leistungsniveau der Lerngruppe war durchschnittlich, das Vorwissen aus dem Mittelstufenunterricht ließ einige Lücken erkennen, die jedoch nicht außerhalb des üblichen Rahmens lagen. Beispielsweise konnten die Schülerinnen und Schüler mit dem Impulsbegriff überhaupt nicht umgehen, und es gab Defizite im Bereich der Elektrizitätslehre (Verhalten von Ladungen in elektrischen und magnetischen Feldern).

Zum Themengebiet der Optik verfügten die Schülerinnen und Schüler über unterschiedliches Vorwissen, da der Kurs aus verschiedenen Lerngruppen zusammengesetzt wurde. Während alle Schülerinnen und Schüler das Thema der geometrischen Optik in der Mittelstufe durchgenommen hatten, waren einige außerdem bereits mit dem Wellenmodell des Lichtes konfrontiert worden. Ähnliche Diskrepanzen gab es bei dem Thema des Aufbaus der Materie. Größtenteils hatten die Schülerinnen und Schüler die klassischen Modelle von DALTON, THOMSON und RUTHERFORD kennengelernt, einige Schülerinnen und Schüler hatten sich bereits mit dem Bohrschen Atommodell im Chemieunterricht beschäftigt.

6.3 Untersuchungsmethoden

Angepaßt an die drei unterschiedlichen Untersuchungsschwerpunkte wurden verschiedene Methoden eingesetzt (vgl. Abbildung 22). Der Lernerfolg wurde auf konventionelle Art geprüft, indem für jede Stunde Lernziele bestimmt wurden und das Erreichen dieser durch Leistungskontrollen (Test, Hausaufgabenkontrollen, Aufgaben in einem Fragebogen) überprüft wurde. Die Schülervorstellungen konnten durch das Concept Mapping ermittelt werden. Die Ergebnisse ließen sich durch ein im Anschluß an den Unterricht durchgeführtes Interview und einen Fragebogen validieren. Aus den Concept Maps und Interviews ließen sich stellenweise auch Aussagen über das Erreichen der Lernziele ablesen. Konzeptionelle Mängel der Unterrichtsinhalte, die sich negativ auf das Schülerverständnis auswirkten, konnten durch die Unterrichtsbeobachtung seitens qualifizierter Hospitanten unmittelbar festgestellt werden.

6.3.1 Konventionelle Lernkontrollen

Unter konventionellen Lernkontrollen sind die schulüblichen Testverfahren zu verstehen, die zur Bewertung der Schülerinnen und Schüler herangezogen werden. Während der Erprobung wurden am Ende des ersten Teils ein einstündiger Test und im zweiten Teil eine benotete Hausaufgabenkontrolle durchgeführt. Die Aufgaben des Tests vom 19.01.98 sind dem Anhang B.1 zu entnehmen, die Hausaufgabe vom 18.05.98 Anhang B.2. Die Hausaufgabe wurde am Anfang der zweiten Unterrichtseinheit gestellt, bezog sich inhaltlich jedoch auf die

Thematik der ersten Unterrichtseinheit, so daß eine Langzeitwirkung über einen Zeitraum von etwa vier Monaten getestet wurde.

Darüber hinaus enthielt ein Fragebogen vier Aufgaben zur Lernkontrolle (siehe Anhang B.3, Fragen 19, 20, 22, 23).

Der Überprüfung der Groblernziele aus 6.1 sind die Aufgaben wie folgt zugeordnet:

Lernziel 1 (Fertigkeit in der Anwendung des Zeigerformalismus)

- Aufgabe 2 des Testes am 19.01. (Reproduktionsaufgabe)
- Aufgaben 3 + 4 des Testes am 19.01. (Transferaufgabe)
- Hausaufgaben vom 18.05. (Transferaufgabe nach einer Vergessenszeit von fünf Monaten)

Lernziel 2 (verständiger Umgang mit dem Modellbegriff)

- Aufgaben 19 + 20 des Fragebogens

Lernziel 3 (Verständnis der Quanteneigenschaften von Photonen und Elektronen)

- Aufgabe 22 des Fragebogens

Lernziel 4 (Interpretation des Orbitalmodells)

- Aufgabe 23 des Fragebogens.

6.3.2 Fragebogen

Eine Woche nach Abschluß des Unterrichtes war von den Schülerinnen und Schülern ein Fragebogen zu bearbeiten. Er erhielt neben den oben beschriebenen Aufgaben einen standardisierten Fragenteil, mit dem anhand von 18 Items die Akzeptanz der beiden Unterrichtsteile festgestellt werden sollte (siehe Anhang B.3, Item 1 – 18). Dieser Fragenteil, bei dem in einer fünfstufigen Skala zwischen den Aussagen und Gegenaussagen der Items gewählt werden konnte, ist der Arbeit einer Zweiten Staatsprüfung (GRANT 1995, S. 40) zum Zeigerformalismus in der Optik entnommen. Ein letzter Aussagenkomplex (Anhang B.3, Item 24) dient der Überprüfung der Schülervorstellungen nach dem Unterricht (siehe auch 6.3.3).

6.3.3 Concept Mapping

Bei dem in dieser Untersuchung angewendeten Testverfahren des Concept Mappings wurden von den Schülerinnen und Schülern im Sinne der Unterrichtseinheit zentrale Begriffe (Concepts) ausgewählt und auf einem leeren Papierbogen in einen selbständig zu wählenden, sinnvollen Zusammenhang angeordnet (Mapping). Dazu wurden 23 Begriffe auf Kärtchen vorgegeben (siehe Abbildung 23), sie durften von den Schülerinnen und Schülern ergänzt werden. Die Zusammenhänge zwischen den einzelnen Begriffen (Relationen) sollten von den Schülerinnen und Schülern eingezeichnet und beschriftet werden.

Die fertigen Concept Maps werden als ein Ausdruck kognitiver Strukturen der Lernenden angesehen. Sie sind daher nicht nur geeignet, den Wissensstand der Schülerinnen und Schüler zu beurteilen, sondern auch zugrundeliegende Vorstellungsmuster zu den angesprochenen Themenbereichen zu beleuchten. Indem vor und nach einer Unterrichtssequenz das Concept Mapping durchgeführt wird, lassen sich Veränderungen der Wissensstrukturen beispielsweise

Licht	Materie	Energie	Ort
Modell	Wirklichkeit	Experiment	Wahrschein-lichkeit
Wellenlänge	Lichtweg	Lichtweg	Welle
Quant	Photon	Elektron	Teilchen
Atom	Schale	Orbital	Bahn
Geschwin-digkeit	Masse	Frequenz	

Abbildung 23: Begriffskärtchen für das Concept Mapping

durch Bedeutungszu- oder -abnahmen einzelner Vorstellungsmuster beobachten. Somit ist das Verfahren bei der Bestimmung von Schülervorstellungen und ihren Veränderungen während der Erprobungsphase hilfreich (vgl. PEUCKERT 1999).

In der Untersuchung wurden von den Schülerinnen und Schülern vor und nach der ersten sowie nach der zweiten Unterrichtseinheit Concept Maps angefertigt. Alle drei Maps wurden den Schülerinnen und Schülern nach Abschluß des Unterrichts in Einzelinterviews vorgelegt, um Widersprüche innerhalb eines jeden Maps beseitigen und Auffälligkeiten im Gespräch absichern zu können.

In einer qualitativen Auswertung des Fragebogens wurden die Antworten zu den Fragen 19 - 24 ebenfalls in die Form eines Concept Maps gebracht und mit den Inhalten der dritten Maps zu einem vierten Map zusammengefaßt. Durch diese Synthese von Map und Fragebogen hat das vierte Map eine höhere Validität, kann jedoch nur noch eingeschränkt (nur qualitativ) mit den ersten Maps verglichen werden.

Nr.	Kürzel	Kategorie	Beispiel (Pfeilrichtung)	Beispiel (Gegenrichtung)
1	OU	Oberbegriff -> Unterbegriff	ist zum Beispiel	ist ein, ist Beispiel für
2	CM	charakteristisches Merkmal	hat, enthält, besteht aus	ist Teil von
3	FZ	Funktionaler Zusammenhang	wird beschrieben durch, hängt ab von	beschreibt
4	AM	Aktivitätsmerkmal	bestimmt, bewegt	bewegt auf, wirkt auf, tut,…
5	TI	Teilidentität	ist gleich, ist so etwas wie…	-
6	WI	Widerspruch zu den o.g. Relationen	hat nicht, ist nicht, tut nicht,…	-
7	ZO	einfache Zuordnung ohne Qualitätsangabe		-
8	UR	Unbestimmtheitsrelation	hat unbestimmten, wird beschrieben durch Wahrscheinlichkeit	

Tabelle 2: Kategorisierung der Relationen des Concept Mappings

Um eine bessere Vergleichbarkeit der Maps zu erreichen, wurden die Relationen kategorisiert (siehe Tabelle 2) und in einer Matrix eingetragen[1]. Die Ergebnisse finden sich in Anhang C. Ein quantitatives Verfahren zur Auswertung der Concept Maps bestimmt die *Zentralität* der verwendeten Begriffe. Die Zentralität eines Begriffes ist hoch, wenn er mit vielen anderen Begriffen direkt oder indirekt vernetzt ist, folglich in dem Concept Map eine hohe Bedeutung hat. Ein mathematisches Verfahren zur Bestimmung der Zentralitäten findet man bei BONATO (1990) mit dem *Hoede-Index.*

Werden die Hoede-Indizes der einzelnen Begriffe über alle Schülermaps gemittelt, so lassen sich die Bedeutungsänderungen direkt ablesen, was Aufschluß über die zugrundeliegenden Schülervorstellungen geben kann. Ein weiterer Nutzen der Hoede-Indizes besteht in der Vergleichsmöglichkeit der Schülermaps mit einem *Intentionsmap,* welches alle durch den Unterricht intendierten Relationen enthält: Die Korrelation der über alle Schülermaps gemittelten Zentralitäten mit den Zentralitäten des Intentionsmaps geben Aufschluß darüber, wie sehr sich die Schülervorstellungen den wissenschaftlichen Vorstellungen annähern. Zur Unterstützung von These 2 (Entstehung quantenmechanischer Vorstellungen) ist besonders die Tendenz dieser Korrelationen über den gesamten Untersuchungszeitraum (alle drei Maps) interessant.

Zur Überprüfung der Erreichbarkeit der Lernziele 2 und 3 wurden die Maps qualitativ ausgewertet. Für das Lernziel 2 (verständiger Umgang mit dem Modellbegriff) wurden in allen Schülermaps die Relationen gezählt, in denen der Modellbegriff richtig bzw. falsch verwendet wurde. Für Lernziel 3 (Verständnis der Quanteneigenschaften von Photonen und Elektronen) wurden die Relationen gezählt, denen eine klassische bzw. eine quantenmechanische Teilchenvorstellung zugrunde liegt.

Schließlich wurden aus den Concept Maps dreier Schüler Einzelfallstudien angefertigt, welche Schwierigkeiten der Entwicklung quantenmechanischer Vorstellungen vor dem Hintergrund ihrer früheren Unterrichtserfahrungen aufzeigen. Diese kurzen Portraits sollen die These 1 (Schwierigkeiten beim Erlernen quantenmechanischer Inhalte nach „klassischem" Unterricht) stützen.

6.4 Ergebnisse

Wie aus dem vorhergehenden Kapitel ersichtlich ist, sind in der Erprobung sehr verschiedene Methoden eingesetzt worden, die teilweise zum Nachweis der gleichen Untersuchungsziele beigetragen haben. Die Ergebnisse sind im folgenden thematisch sortiert.[2]

---

[1] Die Kategorisierung erfolgte in Anlehnung an die Vorgehensweise von LICHTFELDT & PEUCKERT (vgl. PEUCKERT 1999).

[2] Die Untersuchungsergebnisse wurden zum Teil bereits in WERNER & SCHÖN (1999) veröffentlicht.

6.4.1 Erreichen der Lernziele

Die Auswertung der Untersuchung hat gezeigt, daß die Lernziele von einer befriedigenden Anzahl der Schülerinnen und Schüler erreicht wurden. Natürlich kann die Zahl der Schülerinnen und Schüler, welche mindestens in der Untersuchung positiv abschneiden müssen, damit ein Lernziel insgesamt als erreicht eingestuft werden kann, leicht nach oben oder unten verschoben werden. In dieser Untersuchung wurde die Schranke so gewählt, daß mindestens zwei Drittel der Schülerinnen und Schüler bei bewerteten Tests mit „ausreichend" oder „besser" abschneiden mußten.

Lernziel 1: Die Schülerinnen und Schüler sollen eine Fertigkeit in der Anwendung des Zeigerformalismus erlangen.

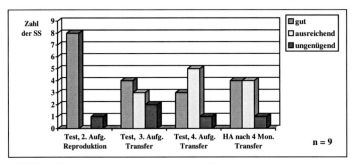

Abbildung 24: Fertigkeit in der Anwendung des Zeigerformalismus

Das Lernziel wurde von den Schülerinnen und Schülern weitgehend erreicht. Abbildung 24 zeigt die Bewertungen der Reproduktions- bzw. Transferaufgaben des Testes und der Hausaufgabe: Die reine Reproduktionsaufgabe beantworteten acht von neun Schülerinnen und Schülern richtig, bei den Transferaufgaben des Testes erzielten sieben bzw. acht Schülerinnen und Schüler mindestens ausreichende Ergebnisse. Auch nach einer Vergessenszeit von etwa vier Monaten schnitten acht Schülerinnen und Schüler mit „ausreichend" oder „besser" ab. BOEDECKER und GRANDT, die im Rahmen ihrer Arbeiten zum zweiten Staatsexamen den Zeigerformalismus unterrichtet haben, kamen in ihren Untersuchungen zu ähnlichen, positiven Ergebnissen (vgl. BOEDECKER 1996, GRANDT 1995).

Lernziel 2: Die Schülerinnen und Schüler sollen den verständigen Umgang mit dem Modellbegriff erlernen.

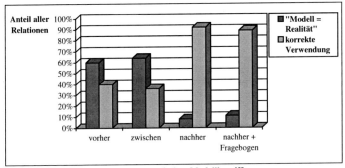

Abbildung 25: Verständiger Umgang mit dem Modellbegriff

Die qualitative Untersuchung der Relationen der Concept Maps bezüglich der Verwendung des Modellbegriffs wird in Abbildung 25 wiedergegeben. Es wird dargestellt, in wieviel Prozent der von den Schülerinnen und Schülern gezeichneten Relationen, welche sich mit Modellen beschäftigen, eine Gleichsetzung von Modell und Realität wie z.B. "Licht ist eine Welle" vorgenommen wird, bzw. eine korrekte Verwendung zu erkennen ist. Während vor dem Unterricht noch eine 60prozentige Gleichsetzung beobachtet wurde, wurden nach dem Unterricht die Modellbegriffe zu über 90 % richtig verwendet. Dies ließ sich durch die Aussagen in den Fragebögen, die in das dritte Map integriert wurden (nachher + Fragebogen), bestätigen.

In Frage 19 des Fragebogens waren explizit die verschiedenen Modelle zur Beschreibung des Lichtes aufzuzählen. Fünf von neun Schülerinnen und Schülern nannten mindestens drei Modelle (siehe Abbildung 26). Frage 20 wurde erstaunlicherweise nur von vier Schülern ausreichend beantwortet. Es war ein geeignetes Modell des Lichtes zu beschreiben, woraufhin meist das Zeigermodell in unbefriedigender Weise beschrieben wurde. Das schlechte Ergebnis steht damit im Widerspruch zu den sonst positiven Ergebnissen des Lernziels 1 [1].

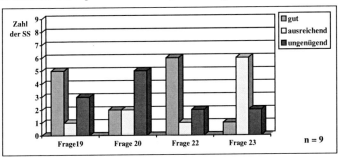

Abbildung 26: Antworten des Fragebogens zum Modellbegriff (19, 20), Elektronium (22) und Orbital (23)

---

[1] Die insgesamt schlechteren Ergebnisse der Fragebögen sind unter Umständen darauf zurückzuführen, daß die Schülerinnen und Schüler die Fragen nach der Zeugnisausgabe in der ersten Ferienwoche beantworten mußten.

Lernziel 3: Die Schülerinnen und Schüler sollen ein Verständnis der Quanteneigenschaften von Photonen und Elektronen gewinnen, das von klassischen Vorstellungen differenziert ist.

In der Aufgabe 22 des Fragebogens war das Elektronium zu beschreiben. Dies wurde von zwei Dritteln der Schülerinnen und Schüler sehr gut oder gut gelöst (siehe Abbildung 26).

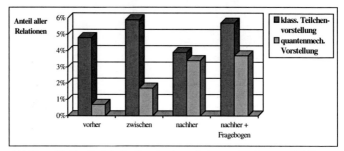

Abbildung 27: Verständnis der Quanteneigenschaften von Photonen und Elektronen

Außerdem wurden auch zur Überprüfung dieses Lernziels die Relationen der Concept Maps ausgezählt. Abbildung 27 zeigt, in wieviel Prozent aller gezeichneten Relationen die Eigenschaften von Photonen oder Elektronen im Sinne einer klassischen Teilchen- bzw. einer quantenmechanischen Vorstellung genannt wurden. Es ist abzulesen, daß unter allen Relationen der Concept Maps diejenigen mit quantenmechanischen Vorstellungen von 0,7 % auf 3,7 % zugenommen haben, was für das Erreichen des Lernzieles spricht. Andererseits ist jedoch erkennbar, daß die Aussagen mit klassischen Vorstellungen von den Schülerinnen und Schülern weiterhin verwendet wurden. Dies spricht für vorhandene Lernschwierigkeiten insbesondere beim Verständnis der Quanteneigenschaften, welche im folgenden Kapitel näher untersucht werden.

Lernziel 4: Die Schülerinnen und Schüler sollen das Orbitalmodell vom Atom interpretieren können.

Der Fragebogen enthielt mit der Aufgabe 23 die Aufforderung, das Orbitalmodell zu beschreiben. Aus Abbildung 26 ist zu sehen, daß sieben Schülerinnen und Schüler diese Aufgabe bewältigten. Obwohl das Lernziel damit formal erreicht ist, ist dieses Ergebnis nicht übermäßig positiv, da nur ein Schüler eine vollständig richtige Beschreibung angegeben hat.[1]

6.4.2 Schülervorstellungen

Im Vergleich der Concept Maps der Schülerinnen und Schüler mit einem Intentionsmap ist die deutliche Tendenz zu erkennen, daß sich die Schüleraussagen denen des Intentionsmaps im Laufe des Unterrichtes anpaßten: Die über die Schülermaps gemittelten Zentralitäten aller

---

[1] Siehe Fußnote 1 auf Seite 99.

Begriffe korrelieren vor dem Unterricht nur schwach (r = 0.46) mit den Zentralitäten der Begriffe des Intentionsmaps; nach dem Unterricht korrelieren sie jedoch stark (r = 0.77) (vgl. Abbildung 28). Die Schülermaps enthalten auch nach dem Unterricht noch längst nicht alle Relationen des Intentionsmaps, die höheren Korrelationen geben jedoch an, daß wichtige (stark vernetzte) Begriffe der Intentionsmaps auch eine hohe Bedeutung in den Schülermaps erlangten, wohingegen unwichtigere Begriffe auch von den Schülerinnen und Schülern ausgeklammert wurden.

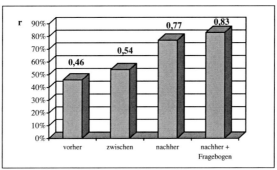

Abbildung 28: Korrelation der Hoede-Indizes der Schülermaps mit dem Intentionsmap

Die Anpassung der Maps während des Untersuchungszeitraumes geschah zum Teil dadurch, daß neue Begriffe in den Schülermaps eine größere Zentralität erlangten, weil die Schülerinnen und Schüler erst durch den Unterricht mit diesen in Berührung kamen. Dies trifft für den Begriff des Lichtwegs in der ersten Unterrichtseinheit und die Begriffe Photon, Quant und Antreffwahrscheinlichkeit in der zweiten Unterrichtseinheit zu (siehe Abbildung 29). Auffällig ist aber auch die Bedeutungszunahme des Modellbegriffs, was für eine positive Auseinandersetzung der Schülerinnen und Schüler mit dem Modellbildungsprozeß spricht.

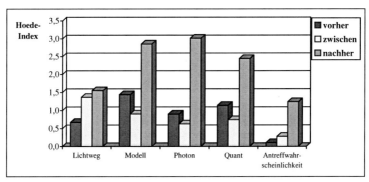

Abbildung 29: Bedeutungszunahme von Begriffen in den Schülermaps (Hoede-Indizes zu einigen Begriffen der Schülermaps vor, zwischen und nach den beiden Unterrichtsphasen)

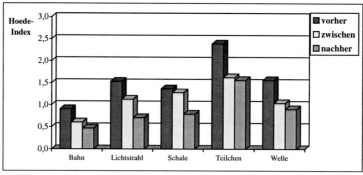

Abbildung 30: Bedeutungsabnahme von Begriffen in den Schülermaps (Hoede-Indizes zu einigen Begriffen der Schülermaps vor, zwischen und nach den beiden Unterrichtsphasen)

Deutlicher als die Zunahmen sprechen die Bedeutungsverluste einiger zuvor zentraler Begriffe für eine Ausprägung neuer Vorstellungsmuster aufgrund der Überwindung der alten Ausdrucksgewohnheiten (siehe Abbildung 30). Insbesondere die Begriffe der klassischen Modelle (Lichtstrahl, Welle, Bahn, Schale, Teilchen) wurden von den Schülerinnen und Schülern in den späteren Maps weniger stark vernetzt. Die These 2 (Entstehung quantenmechanischer Vorstellungen) wird durch diese Untersuchungsergebnisse gestützt.

Die qualitative Analyse des Maps zeigte im einzelnen bei den meisten Schülerinnen und Schülern vor dem Unterricht Aussagen zum Licht wie etwa: „Licht besteht aus Strahlen", „Licht ist eine Welle" oder „Licht besteht aus Teilchen". Vorstellungen zum Atom zeigten sich vor dem Unterricht bei nahezu allen Schülerinnen und Schülern durch Aussagen wie: „Atome besitzen Schalen, auf denen sich Elektronen befinden" und „Elektronen sind Teilchen". Mehr als die Hälfte der Schülerinnen und Schüler gaben an, daß „Elektronen auf Bahnen kreisen". Diese Aussagen bestätigen die in Kapitel 2.2 zitierten Untersuchungen über Schülervorstellungen zu Beginn der Oberstufe: Die Schülerinnen und Schüler haben noch eine Kontinuumsvorstellung von der Materie. Häufig werden Atome analog dem Schalenmodell oder dem Bohrschen Modell (Planetenmodell) beschrieben. Zum Licht existieren konkrete Vorstellungen gemäß dem Strahlen- und Wellenmodell, teilweise auch gleichzeitig Teilchenvorstellungen. Den Schülerinnen und Schülern ist nicht klar, daß es sich bei den verwendeten Modellen in der Optik und der Atomphysik um Gedankenkonstrukte und nicht um die Wirklichkeit handelt.

Nach den Unterrichtseinheiten gaben die Schülerinnen und Schüler an, daß „Lichtstrahl und Welle Modelle vom Licht" seien und daß „das Photon das Quant des Lichtes" sei. Allerdings haben auch viele Schülerinnen und Schüler die Vorstellung entwickelt, daß „sich Photonen auf Lichtwegen bewegen", was nicht intendiert war. Die Vorstellungen zum Atom zeigten sich verändert: Es wurde geäußert, daß „die Schale, die Bahn und das Orbital Modelle vom Atom" sind und daß „das Orbital die Antreffwahrscheinlichkeit von Elektronen" angibt. Die Aussage „Elektronen sind Teilchen" wurde von vielen Schülerinnen und Schülern beibehalten, aber teilweise durch die widersprüchlich erscheinende Aussage „Elektronen sind Quanten" ergänzt. In den Interviews konnte geklärt werden, daß diese Schülerinnen und Schüler durchaus im Sinne der Quantenmechanik richtige Vorstellungen zum Elektron entwickelt, aber dennoch den klassischen Begriff beibehalten hatten.

Trotz der auffälligen Stabilität einiger klassischer Vorstellungen sprechen die einzelnen Schüleräußerungen für die Bildung neuer Vorstellungen im Sinne der Quantentheorie, womit nochmals die These 2 (Entstehung quantenmechanischer Vorstellungen) bestätigt ist.

Eine Erklärung für die Stabilität der klassischen Vorstellungen liegt vermutlich darin, daß den Schülerinnen und Schülern, denen zunächst ein anschauliches, falsches Bild eines Objektes vermittelt wurde, anschließend eine neue Theorie, welche keine anschauliche ikonische Vorstellung zuläßt, gelehrt wird. Wenn schließlich wieder nach einer Vorstellung vom Objekt gefragt wird, ist die Antwort klar: Die Schülerinnen und Schüler werden, auch wenn sie die neue Theorie nachvollzogen haben, nichts anderes tun als die alte Vorstellung wiederzugeben. Diese Annahme, die mit der Aussage von These 1 (Schwierigkeiten beim Erlernen quantenmechanischer Inhalte nach „klassischem" Unterricht) übereinstimmt, soll im folgenden durch die Analyse dreier Einzelprofile bestärkt werden.

Zur Auswahl geeigneter Fälle wurden alle Schülerinnen und Schüler nach den Inhalten ihres Mittelstufenunterrichtes in den Fächern Physik und Chemie befragt. Bei zwei Schülern zeigten sich besonders auffällige Schwierigkeiten beim Ablegen ihrer klassischen Vorstellungen im Zusammenhang mit früherem Unterricht zu klassischen Modellen vom Licht bzw. Atom. So ließen sich bei einem guten Schüler mit detaillierten Kenntnissen zum Bohrschen Atommodell aus dem Chemieunterricht Schwierigkeiten beim Erlernen des Orbitalmodells erkennen, die er im Bereich der Optik nicht hatte.

Im folgenden werden einige seiner Aussagen aus dem ersten Concept Map wiedergegeben:

Licht besteht aus Photonen (=Quanten) (=Teilchen).
Licht breitet sich in Strahlen aus.
Welle ist Modell des Lichtes.
Elektron umkreist Atom auf Bahn.
Beim Sprung eines Elektrons von hoher auf niedrige Schale entsteht ein Photon.

Die Beschreibungen zum Licht sind für die Altersstufe typisch, besonders die „Lichtstrahlen" und die Existenz der „Lichtteilchen", die Photonen oder Quanten genannt werden. Immerhin hat der Schüler schon vor dem Unterricht gewußt, daß die Welle ein Modell ist. Daß er auch die Elektronenbahnen für ein Modell hält, kann dagegen nicht erkannt werden, es ist eher anzunehmen, daß er die springenden Elektronen als Realität ansieht. Die Beschreibung des Emissionsprozesses im Sinne des Bohrschen Atommodells zeigt, daß er mehr als die üblichen Kenntnisse aus der Mittelstufe mitgebracht hat.

Nach dem Unterricht waren seinem Map und dem Interview die folgenden Aussagen zu entnehmen:

Lichtstrahl, Welle, Zeigerformalismus sind Modelle des Lichtes.
Quant ist Teilchen (Erklärung im Interview: kleinster Teil der Energie).

Licht geht alle möglichen Lichtwege.
Bahn, Schale, Orbital sind Modelle des Atoms.
Orbital ist Aufenthaltsbereich von Elektronen im Atom.
Elektronen springen bei einer Photonenabsorption von niedrigem Orbital zu höherem Orbital.

Der Schüler hat offenbar keine Schwierigkeiten mit dem Zeigermodell in der Optik; er beschreibt, daß das Licht die möglichen Lichtwege geht, nicht die Photonen. Damit besteht Grund zu der Hoffnung, daß er die Teilchenvorstellung abgelegt und somit einen wichtigen Abstraktionsschritt nachvollzogen hat. Im Interview erklärt er, was er unter Teilchen jetzt versteht: „die kleinste Energieeinheit des Lichtes". Ihm ist darüber hinaus klargeworden, daß auch der Lichtstrahl und der Zeigerformalismus wie die Welle Modelle des Lichtes sind. Gleiches gilt für die Elektronenbahn, das Schalen- und das Orbitalmodell des Atoms. Interessanterweise beschreibt er die Photonenabsorption fast genauso wie zuvor, indem er die Elektronen springen läßt. Seine Vorstellung hat er lediglich durch den neuen Begriff des Orbitals angepaßt. Indem er den Namen Aufenthaltsbereich verwendet, hat er offensichtlich nicht verstanden, daß das Orbital kein Raum, sondern eine mathematische Funktion für die Antreffwahrscheinlichkeit ist.

Ein zweiter Schüler hatte umgekehrt besondere Vorkenntnisse zum Licht, da er sich durch Eigenstudium Kenntnisse zum Wellenmodell angeeignet hatte. Er gab als einziger an, daß er den Zeigerformalismus als schwierig empfunden hat.

Zwei typische Aussagen des Schülers vor dem Unterricht:

Licht besteht aus Wellen und Quanten (=Teilchen).
Elektronen sind Teilchen, kreisen auf Schalen um den Atomkern.

Die Aussagen des gleichen Schülers nach Abschluß des Unterrichtes:

Licht besteht aus Wellen, Photonen bewegen sich auf Wellenbahnen.
Photonen sind Quanten mit unbestimmtem Ort.
Elektronen auf Bahn / Schale ist Bohrsches Atommodell.
Orbital ist Antreffwahrscheinlichkeit von Elektronen im Atom.

Er äußerte noch im Interview nach dem Unterricht die Vorstellung, daß sich Photonen auf Wellenbahnen bewegen, was er durch eine entsprechende Handbewegung illustrierte. Der Schüler hat durch seine Wellenvorstellung deutliche Schwierigkeiten beim Erlernen des Zeigermodells in der Optik, er hat offensichtlich noch nicht begriffen, daß es sich bei der Welle und den anderen Beschreibungen des Lichtes um Modelle handelt. Im Bereich der Atomphysik sind solche Schwierigkeiten dagegen nicht zu erkennen. Die konkrete Vorstellung der Elektronenbewegung hat er als Bohrsches Atommodell erkannt, das Orbital wird korrekt beschrieben.

Bei beiden Schülern ist auffällig, daß sich ihre Schwierigkeiten beim Erlernen quantenphysikalischer Theorien besonders in den Bereichen zeigen, in die sie gefestigtes Vorwissen auf der Basis klassischer Modelle mitgebracht haben.

Wie bereits anfangs festgestellt wurde, können, bedingt durch die Größe dieser Untersuchung, keine abgesicherten Ergebnisse erwartet werden. Selbst die Aussagen aus den Einzelfallstudien können aufgrund der geringen Datenbasis noch kritisch hinterfragt werden. Dennoch bestätigen die Beobachtungen die eingangs aufgestellte These 1: Die intensive Auseinandersetzung mit klassisch-mechanistischen Vorstellungen im Mittelstufenunterricht erschweren das spätere Erlernen quantenmechanischer Inhalte!

6.4.3 Anpassung der Unterrichtseinheiten

Die Überarbeitung der Unterrichtseinheiten, deren Ergebnis die Lehrerhandreichung im Teil II dieser Arbeit ist, erfolgte unter zwei Gesichtspunkten: Zum einen wurden unmittelbar auftretende Probleme des Unterrichtsablaufes behoben, zum anderen konnten notwendige inhaltliche Schwerpunktsverschiebungen bzw. Vertiefungen erkannt werden.

Die Beobachtung der Stabilität von klassischen Teilchenvorstellungen erfordert eine intensivere Auseinandersetzung mit den quantenmechanischen Eigenschaften von Licht und Elektronium. Dies soll so früh wie möglich, also schon bei der Einführung der Quanteneigenschaften des Lichtes, erfolgen. Dem Taylor-Experiment wird mehr Zeit gewidmet, so daß die Absurdität einer Beschreibung durch das Wellen- oder das Teilchenmodell offensichtlich wird. In dem Zusammenhang ist besonders auf die sprachliche Ausdrucksweise zu achten, so daß konsequent von der Ausbreitung von Licht und Elektronium gesprochen wird und die Namen der Quanten (Photonen und Elektronen) nur für den Emissions- bzw. Absorptionsprozeß gebraucht werden.

Obwohl die Untersuchungsergebnisse eine deutliche Verbesserung im Umgang mit dem Modellbegriff gezeigt haben, erscheint insbesondere für die Schülerinnen und Schüler, die zuvor keinen Kontakt mit den klassischen Wellen- und Teilchenmodellen hatten, zumindest die Erwähnung ihrer Existenz sinnvoll. Dabei sollen die klassisch-mechanistischen Vorstellungen dieser Modelle in Abgrenzung zu den quantenmechanischen Modellen kurz beschrieben werden, ohne auf die Einzelheiten ihrer Anwendung einzugehen. Dabei können die Grenzen von Modellen im allgemeinen problematisiert werden. Dies ist während der Erprobung zu kurz geraten, zumal keine Grenzen des Zeigermodells erreicht wurden. Die Beantwortung der entsprechenden Frage des Fragebogens (siehe Anhang B.3, Frage 21) fiel demzufolge negativ aus.

Um die Unterrichtseinheiten sowohl in Grund- als auch in Leistungskursen einsetzen zu können, wurden an verschiedenen Stellen Differenzierungen vorgenommen.

Zur Festigung der erarbeiteten Inhalte wurde die Zahl der Schülerübungen vergrößert. Um den zeitlichen Rahmen der Unterrichtseinheiten insgesamt halten zu können, wurden viele Schülerübungen als Hausaufgabe vorgeschlagen.

6.4.4 Akzeptanz der Unterrichtseinheiten

Die Fragen 1 – 18 des Fragebogens sollten eine knappe Einschätzung des Unterrichtes aus der Sicht der Schülerinnen und Schüler ergeben. In Tabelle 3 sind die durchschnittlichen Ergebnisse der fünfstufigen Antwortskala angegeben. Bei absoluter Zustimmung sollte eine 1, bei absoluter Ablehnung eine 5 angekreuzt werden.

	Zustimmung (1)	⊘	(5) Ablehnung
1.	Der Unterricht hat mir gefallen.	1,9	Der Unterricht hat mir nicht gefallen.
2.	Gemessen an anderen Schulerfahrungen war der Unterricht besser als gewohnt.	1,7	Gemessen an anderen Schulerfahrungen war der Unterricht schlechter.
3.	Der Stoff war interessant.	1,4	Der Stoff war eigentlich nicht interessant.
4.	Im Unterricht ging es um die Quantentheorie	2,7	Im Unterricht ging es um Optik.
5.	Ich habe das Gefühl gehabt, die Theorie einfach vorgesetzt zu bekommen, ohne selbst etwas dazu beitragen zu können.	3,4	Ich habe das Gefühl gehabt, die Theorie Schritt für Schritt selbst zu entdecken.
6.	Ich konnte dem Unterricht immer folgen.	2,5	Ich konnte dem Unterricht nie richtig folgen.
7.	Mich haben die Erklärungen der optischen Phänomene mehr interessiert als die „philosophischen" Fragestellungen (wie beispielsweise die Frage: Was ist Licht?).	2,7	Mich haben die „philosophischen" Fragestellungen mehr interessiert als die Erklärungen der optischen Phänomene.
8.	Ich habe beim Unterricht oft das Gefühl gehabt, plötzlich etwas Wichtiges verstanden zu haben.	2,1	Ich habe beim Unterricht nie das Gefühl gehabt, etwas Wichtiges verstanden zu haben.
9.	Ich kann mir die behandelten optischen Phänomene (z.B. schillernde Seifenblasen, Gitter, Spalt) jetzt erklären.	1,6	Ich kann mir die behandelten optischen Phänomene jetzt genauso gut oder schlecht erklären wie vorher.
10.	Die mathematischen Teile des Unterrichts haben viel für das Verständnis gebracht.	2,6	Die mathematischen Teile des Unterrichts haben nichts für das Verständnis gebracht.
11.	Es gab genügend Möglichkeiten, sich am Unterricht aktiv zu beteiligen.	1,4	Es gab zu wenig Möglichkeiten, sich am Unterricht aktiv zu beteiligen.
12.	Die Nutzung des Computers im Unterricht war hilfreich.	3,3	Die Nutzung des Computers war überflüssig (hat nichts gebracht).
13.	Es gab zu wenig Übungen zur Festigung des neu Erlernten.	2,8	Es gab genügend Übungen.
14.	Die Experimente haben viel für das Verständnis gebracht.	1,7	Unterrichtsgespräche anstelle der Experimente hätten mehr gebracht.
15.	Mein Vorwissen in der Wellenoptik hat mich beim Verständnis des Zeigerformalismus behindert.	2,4	Mein Vorwissen in der Wellenoptik hat mir für das Verständnis des Zeigerformalismus genutzt.
16.	Ich finde den Zeigerformalismus anschaulicher als die Wellenoptik.	2,3	Ich finde die Wellenoptik anschaulicher als den Zeigerformalismus.
17.	Der Zeigerformalismus ist ziemlich kompliziert.	3,4	Der Zeigerformalismus ist eigentlich einfach.
18.	Ich habe ein Gefühl dafür bekommen, wie die Natur funktioniert.	2,6	Ich habe dieses Gefühl nicht bekommen (oder weiß nicht, was das sein soll).

Tabelle 3: Ergebnisse des Fragebogens zur Akzeptanz der Unterrichtseinheiten

Erfreulich ist, daß den meisten Schülerinnen und Schülern der Unterricht gefallen hat und sie ihn sogar besser als den gewohnten Unterricht einschätzten. Dies mag mit dem hohen Interesse an dem Stoff zusammenhängen, aber sicher auch damit, daß die Schülerinnen und Schüler ihre Chance gesehen und genutzt haben, sich aktiv am Unterricht zu beteiligen. Positiv ist auch, daß mehr Schülerinnen und Schüler den Zeigerformalismus anschaulicher als das Wellenmodell bezeichnen und ihn zudem mehrheitlich als einfach einschätzen.

Schülerinnen und Schüler, die Vorkenntnisse zum Wellenmodell gehabt haben, haben beim Erlernen der neuen Theorien offenbar auch ihre Schwierigkeiten selbst bemerkt.

Insgesamt sind die Ergebnisse durchaus befriedigend und geben eine positive Bestätigung der Konzeption der Unterrichtseinheiten von Schülerseite.

6.5 Zusammenfassung der Untersuchungsergebnisse

Aufgrund der Erprobung des Curriculums „Vom Licht zum Atom" in einem Profilkurs eines Berliner Gymnasiums konnten die folgenden Erkenntnisse gewonnen werden:

1. Die Unterrichtsinhalte sind erlernbar.

In der Untersuchung konnte gezeigt werden, daß die zuvor festgelegten Lernziele durch die vorgeschlagenen Unterrichtseinheiten erreichbar sind. Der Umgang mit dem Zeigerformalismus wird von den Schülerinnen und Schülern leicht erlernt. Sie entwickeln ein Verständnis quantenmechanischer Eigenschaften von Licht und Elektronium auf der Basis des Zeigermodells bis hin zu einem Orbitalmodell vom Atom. Währenddessen erweitert sich ihr Modellverständnis.

2. Die Schülervorstellungen verändern sich vor dem Hintergrund früheren Unterrichtes.

Obwohl eine gewisse Stabilität von klassischen Vorstellungen erkennbar ist, zeigt sich bei einer überwiegenden Zahl der Schülerinnen und Schüler die Ausprägung neuer Vorstellungsmuster im Sinne der Quantentheorie. Das Ablegen der alten klassischen Vorstellungen sowie das Erlernen neuer quantenmechanischer Inhalte scheint besonders durch früheren, klassischmechanistisch geprägten Unterricht zur Atomphysik erschwert zu werden.

3. Verständnis- und Lernschwierigkeiten konnten lokalisiert werden.

Neben Verständnisschwierigkeiten, die unmittelbar im Unterrichtsgeschehen auffielen und behoben werden konnten, sind bei der Überarbeitung der Unterrichtspläne für die Lehrerhandreichung inhaltliche Ergänzungen eingefügt und die Zeitvorgaben korrigiert worden. So wird dem Taylor-Experiment zur Einführung der Quanteneigenschaften des Lichtes mit der Absicht der Ablösung klassischer Vorstellungsmuster ein höherer Stellenwert beigemessen. Außerdem sollen das klassische Wellen- und Teilchenmodell wenigstens überblicksweise vorgestellt werden, um die Existenz dieser stark verbreiteten Modelle den Schülerinnen und Schülern nicht vorzuenthalten und zusätzlich zum Modellbildungsprozeß beizutragen. Es wurden Differenzierungsmöglichkeiten für Leistungskurse aufgezeigt und Aufgabenvorschläge für Schülerübungen ergänzt.

4. Die Unterrichtseinheiten wurden seitens der Schülerinnen und Schüler positiv bewertet.

Die Schülerinnen und Schüler haben nach der Erprobung zum Ausdruck gebracht, daß ihnen der Unterricht gefallen hat. Durch die Interessantheit des Stoffes und die Möglichkeiten, sich aktiv am Unterrichtsgeschehen zu beteiligen, wurde der Unterricht insgesamt besser als der gewohnte eingeschätzt.

TEIL II

7 Lehrerhandreichung

7.1 Vorbemerkung

Die vorliegenden Pläne zur Durchführung des Unterrichtes enthalten die beiden Oberstufeneinheiten des Lichtwegcurriculums „Weiterführende Optik" und „Quantenphysik mit Zeigern". Diesen beiden Einheiten ist eine vierstündige Einführung in das Lichtwegcurriculum vorangestellt.

Einführung in die Optik mit Lichtwegen	1.1 Die Spiegelwelt Das Reflexionsgesetz 1.2 Brechung und Fermat-Prinzip Grenzen der geometrischen Optik	} Geometrische Optik
Interferenzoptik mit Zeigern	2.1 Partielle Reflexion Einführung des Zeigerformalismus 2.2 Der Poissonsche Fleck Das Michelson-Interferometer 2.3 Lichtintensitäten bei der partiellen Reflexion 2.4 Die Bragg-Reflexion 2.5 Beugung am Doppelspalt Beugung am Einzelspalt 2.6 Intensitätsverteilung des Beugungsbildes am Einzelspalt Konstruktion eines Reflexionsgitters	} Weiterführende Optik
Quantenphysik mit Zeigern	3.1 Das Taylor-Experiment Das Photon 3.2 Der Photoeffekt 3.3 Impuls des Photons Das Fundamentalprinzip der Interferenz und die Deutungsdebatte	} Quantenoptik
	3.4 Elektronium 3.5 Einführung in Atommodelle 3.6 Stehende Welle Das Å-Rohr 3.7 Das Kugelmodell vom Atom Die Energieniveaus der Atome 3.8 WW von Licht und Materie Das Wasserstoffspektrum	} Atomphysik

☐ Unterrichtsinhalte des bestehenden Lichtwegcurriculums ■ neue Unterrichtsinhalte
▨ überarbeitete Unterrichtsinhalte des Lichtwegcurriculums

Abbildung 31: Überblick über die Inhalte des Curriculums

Einen Überblick über die inhaltliche Gliederung der Unterrichtseinheiten ist Abbildung 31 zu entnehmen. Es sind die physikalischen Themengebiete und die Inhalte der einzelnen Stunden aufgelistet. Die farbliche Hinterlegung kennzeichnet, welche Unterrichtspläne dem Lichtweg-curriculum entnommen und welche überarbeitet bzw. neu entwickelt wurden.

Da ein Schwerpunkt der Konzeption in der vertikalen Vernetzung der Inhalte liegt, ist die Umsetzung des gesamten Lichtwegcurriculums von der Mittelstufe bis in die Oberstufe mit allen vier Unterrichtseinheiten wünschenswert. Leider ist die Realisierung des Gesamtkon-zeptes in einer Lerngruppe aus organisatorischen Gründen, wie getrennten Mittel- und Oberstufen oder Neuzusammensetzungen der Lerngruppen in der Jahrgangsstufe 11, proble-matisch.

Auch in der Erprobungsklasse konnte nicht auf einem Mittelstufenunterricht entsprechend des Lichtwegkonzeptes aufgebaut werden. Daher wurde eine vierstündige Einführung in das Lichtwegcurriculum konzipiert, welche wesentliche Bestandteile der Unterrichtseinheit zur geometrischen Optik zusammenfaßt, die von ERB und SCHÖN entwickelt wurden (vgl. ERB 1992, SCHÖN 1994). Dies sind insbesondere die Deutung der Phänomene am Spiegel durch eine Spiegelwelt, die Beschreibung der Lichtausbreitung durch Lichtwege, welche anhand von Schattengrenzen beobachtet werden, und das Fermat-Prinzip.

Die von ERB (1994) entwickelte Unterrichtseinheit „Weiterführende Optik" wird in einer etwas modifizierten Version mit einem Umfang von zwölf Unterrichtsstunden wiedergegeben. Sie führt in die Interferenzoptik und in das Zeigermodell ein und ist damit die Voraussetzung für die folgende Einheit „Quantenphysik mit Zeigern". In dieser 16stündigen Einheit werden die Quanteneigenschaften des Lichtes und der Materie im Zeigermodell beschrieben und eine Atomvorstellung entwickelt.

Der Autor möchte mit der vorliegenden Lehrerhandreichung keinesfalls einen Beitrag zu einem uniformen Unterricht nach strikten Handlungsanweisungen leisten. Die ausführlichen Beschreibungen der Unterrichtsstunden sollen vielmehr als ein möglicher und bewährter Vorschlag zur Anregung einer eigenen Unterrichtsplanung mit dem Ziel der Umsetzung des Zeigermodells in der Optik und der Quantenmechanik dienen. Die entworfenen Aufgaben und Materialien können dazu als Hilfe dienen.

In den Unterrichtsplänen (in Kapitel 7.3) werden die Inhalte der einzelnen Stunden in einer ausführlichen, schülernahen Art beschrieben, so daß eine Umsetzung im Unterricht leicht möglich ist. Der Ablauf der Stunden kann den beiliegenden Verlaufsplänen entnommen werden, in dem beispielhafte Merksätze für den Tafelanschrieb fett-kursiv hervorgehoben sind und der Einsatz von Unterrichtsmaterialien kursiv-unterstrichen angegeben wird. Arbeitsblätter, die im Text bereits abgebildet werden, befinden sich als Kopiervorlagen noch einmal im Anhang A.

7.2 Methodik

Bei der Erarbeitung der Unterrichtseinheiten stand die Auseinandersetzung mit Unterrichtsformen an sekundärer Stelle. Der vorliegende Vorschlag zur Durchführung des Unterrichtes enthält zwar auch Hinweise auf Sozialformen, diese sind jedoch selbstverständlich nicht verbindlich, sondern können und sollen variiert werden. Sie geben lediglich wieder, in welcher Form der Unterricht während der Erprobung durchgeführt wurde.

Große Teile der neuen Inhalte wurden im Lehrer-Schüler-Gespräch entwickelt. Dieser lehrerzentrierte Unterricht wurde durch Übungsphasen (des öfteren in Partner- oder Gruppenarbeit) und Experimentierphasen abgewechselt. Die Durchführung zahlreicher Experimente hat in dem Lichtwegkonzept eine hohe Bedeutung, da von ihnen ausgehend die Theorien entwickelt und umgekehrt die Tauglichkeit der Theorien am Experiment überprüft werden. Viele der Experimente lassen sich unter Mithilfe der Schülerinnen und Schüler durchführen, einige auch als reine Schülerexperimente.

Besonders im Bereich der Atomphysik sind die experimentellen Möglichkeiten des Physikunterrichtes begrenzt. In der Unterrichtseinheit werden die wenigen durchführbaren Experimente, besonders die, die im Zusammenhang mit der Optik stehen, eingesetzt.

Die Nutzung des Computers wird immer selbstverständlicher. Da inzwischen auch die meisten Schulen mit Computern ausgestattet sind, wird der Computer auch im Lichtwegcurriculum als Hilfsmittel eingesetzt. Wünschenswert ist die Nutzung eines Computerraumes, in dem alle Schülerinnen und Schüler Zugriff auf einen Rechner haben.

Die Unterrichtspläne sind für Doppelstunden geschrieben. Sie lassen sich problemlos teilen, da das Ende der Einzelstunden markiert ist und Sicherungsphasen spätestens am Ende jeder Einzelstunde eingefügt sind. Während Doppelstunden den Lerngruppen den Vorteil bieten, zu Beginn der zweiten Stunde ohne Wiederholung weitermachen zu können, bieten die Einzelstunden die Möglichkeit, den Schülerinnen und Schülern zwischen den Stunden zusätzliche Übungen als Hausaufgabe zu stellen. Die Zeiteinteilungen wurden aufgrund der Vorgaben während der Erprobung sehr knapp bemessen. Eine zeitliche Ausdehnung des Curriculums zur Ergänzung von Wiederholungs- und Übungsphasen ist wünschenswert.

Die Unterrichtseinheiten sind sowohl für Grund- als auch Leistungskurse konzipiert. Um dem Leistungsniveau der jeweiligen Lerngruppen gerecht zu werden, sind an einigen Stellen Differenzierungen für stärkere Gruppen, insbesondere Leistungskurse, vorgeschlagen und mit LK gekennzeichnet.

7.3 Unterrichtspläne

7.3.1 Unterrichtseinheit: Einführung in die Optik mit Lichtwegen

7.3.1.1 Die Spiegelwelt
Das Reflexionsgesetz

Lernziele:

Die Schülerinnen und Schüler sollen...

- einsehen, daß die Phänomene am Spiegel mit Hilfe einer „Spiegelwelt" beschrieben werden können, in der die gespiegelten Objekte senkrecht gegenüber den wirklichen Objekten und im gleichen Abstand zur Spiegelfläche hinter wie die wirklichen vor dem Spiegel stehen.

- erkennen, daß die Lichtausbreitung durch das Beobachten von Schattengrenzen, welche durch senkrecht auf der Beobachtungsebene stehende Körper geworfen werden, zu verfolgen ist.

- erkennen, daß das Licht bei der Ausbreitung durch Luft und bei der Reflexion am ebenen Spiegel die kürzesten Lichtwege nimmt.

Inhalt

In der ersten Doppelstunde wird ein Einstieg in das Lichtwegcurriculum gegeben. Die Schülerinnen und Schüler sollen bereits bei diesem Einstieg erfahren, daß die Herangehensweise an die Optik sich von dem unterscheidet, was sie aus der Mittelstufe gewohnt sind. Es wird nicht versucht, auf Kenntnisse des Mittelstufenunterrichtes, beispielsweise der Strahlenoptik, aufzubauen, sondern ein Neueinstieg über die Erfahrung grundlegender optischer Phänomene wie Licht und Schatten gewählt.

Die erste Stunde beginnt damit, daß im abgedunkelten Raum ein senkrecht stehender Spiegel, vor dem eine Kerze und ein zylindrischer Schattengeber stehen, betrachtet wird. Den Schülerinnen und Schülern soll viel Zeit zur Verfügung stehen, um zu beobachten, welche Schatten in diesem Ensemble auftreten und wie sie sich verändern, wenn die Kerze oder der Zylinder verschoben werden. **Der Schatten wird definiert als der Raum, von welchem aus die Lichtquelle nicht zu sehen ist.** Die Helligkeit des Schattens kann variieren, wenn eine oder mehrere Lichtquellen nur teilweise durch Schattenkörper verdeckt werden. Den sichtbaren Schatten können die Schattenkörper und die durch die Körper verdeckten Lichtquellen zugeordnet werden, wobei die sprachliche Beschreibung durch das Benutzen der Begriffe „Spiegelkerze" und „Spiegelzylinder" erleichtert wird. So läßt sich beispielsweise feststellen, daß der Spiegelzylinder Z' durch Verdecken der realen Kerze K einen Schatten verursacht oder auch daß die Spiegelkerze K' durch Verdecken der realen Kerze K einen weiteren Schatten erzeugt (vgl. Abbildung 32).

Insgesamt lassen sich an den gespiegelten Gegenständen die gleichen optischen Eigenschaften feststellen, welche auch die realen Gegenstände besitzen. **Daraus läßt sich begründen, daß beim Blick in den Spiegel das Bild einer Spiegelwelt zu sehen ist, welche unserem Auge wie die reale Welt erscheint, in die wir jedoch nicht hineingreifen können, da sie sich hinter dem Spiegel befindet.**

Als nächstes soll der Ort der Spiegelkerze bestimmt werden. Dazu lassen sich Schattengrenzen, also Orte, an denen die Spiegelkerze durch einen Gegenstand gerade eben verdeckt wird, als Linien identifizieren, welche zur Spiegelkerze zurückführen. Diese Linien sind gerade, wenn der Schattenkörper senkrecht auf der Beobachtungsfläche steht. Durch das Verfolgen verschiedener Schattengrenzen wird deutlich, daß die Spiegelkerze hinter dem Spiegel stehen muß, nämlich am Schnittpunkt der Geraden. Um aber den Ort der Spiegelkerze angeben zu können, muß geprüft werden, ob und wie man in der Spiegelwelt messen darf. Eine Meßlatte, die vor dem Spiegel liegt, erscheint auch in der Spiegelwelt und gibt damit den Abstand zwischen zwei Punkten an. Es läßt sich auch der Abstand zwischen einem Punkt innerhalb der Spiegelwelt und einem zweiten vor dem Spiegel bestimmen. Die Schülerinnen und Schüler haben ein Gefühl dafür, wie dies richtig gemacht wird, nämlich, wenn sich die reale und die gespiegelte Meßlatte senkrecht gegenüber stehen oder allgemeiner, wenn die reale Meßlatte mit einer gespiegelten Meßlatte auf einer Geraden liegt.

Als Ergebnis läßt sich feststellen, daß die Spiegelwelt wie die reale Welt vermessen werden darf, und man gewinnt als Gesetzmäßigkeit: **Bezogen auf die Spiegelfläche stehen gespiegelte Körper den realen senkrecht gegenüber und befinden sich im gleichen Abstand hinter dem Spiegel wie die realen vor ihm.** Dieses Spiegelgesetz läßt sich auch mit zwei gleichen Stäben bestätigen, von denen einer vor und der andere hinter dem Spiegel steht. Sie werden solange verschoben, bis sich das Bild des gespiegelten Stabes mit dem hinteren über den Spiegel hinausragenden Stab in gleicher Richtung befindet. Stehen die Stäbe so, daß diese Übereinstimmung von allen Schülerplätzen aus zu sehen ist, so befindet sich der hintere Stab am Ort des gespiegelten Stabes.

Es wurde bereits die Eigenschaft der Schattengrenzen, den Weg des Lichtes anzuzeigen, benutzt, um den Ort der Lichtquelle zu finden. Es muß herausgearbeitet werden, daß die Geradlinigkeit der Schattengrenzen eine Folge der Form des Schattenkörpers und der Unterlage einerseits und der geradlinigen Lichtausbreitung andererseits ist. Letzteres ist eine wichtige Erkenntnis der geometrischen Optik und bedeutet zugleich, daß das Licht bei seiner Ausbreitung den kürzest möglichen Weg nimmt. Dies gilt, wie anhand der Schattengrenzen zu beobachten ist, auch am Spiegel: **Das Licht nimmt den geradlinigen also kürzesten Weg von der Spiegelkerze K' zum Beobachtungspunkt B. Daraus folgt, daß der tatsächliche Verlauf des Lichtes von der realen Kerze K durch Reflexion über den Spiegel S zum Beobachtungspunkt der kürzest mögliche Weg über den Spiegel ist** (s. Abbildung 32).

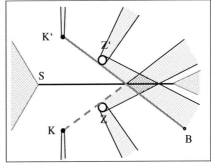

Abbildung 32: Schatten und Lichtwege

LK Mit den Schülerinnen und Schülern des Leistungskurses läßt sich an dieser Stelle unter Voraussetzung des obigen Spiegelgesetzes und der Lichtausbreitung auf kürzesten Wegen das Reflexionsgesetz herleiten: Unter der Voraussetzung, daß

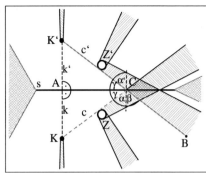

1) $\overline{KK'}$ senkrecht auf s steht und k = k',
2) der Lichtweg (K'B) gerade ist,

gilt:

1) Die Dreiecke ACK' und KCA sind kongruent, d.h. $\gamma = \gamma'$ und $\alpha = \alpha'$,
2) K', C und B liegen auf einer Geraden, d.h. $\alpha' = \beta$ (Scheitelwinkel zum Lot),

Abbildung 33: Reflexionsgesetz

woraus $\alpha = \beta$ folgt (s. Abbildung 33).

Damit wird der Zusammenhang dieser anderen Beschreibung der Reflexion am Spiegel zu der für die Schülerinnen und Schüler gewohnten hergestellt.

Es besteht hier die Möglichkeit, die Beweisführung als ein Inhalt der mathematischen Physik zu trainieren.

Verlaufsplan:

Phase	Lehreraktivität	Schüleraktivität	Inhalt / Ergebnis
Einstieg 10'	EXP: *Spiegel, Kerze, Zylinder als Schattenkörper* (Raum verdunkeln)	Schatten beobachten, Schatten unterscheiden, Lichtquellen und Schattengeber zuordnen Überlegen, was man am Ort des Schattens sehen kann	Das, was im Spiegel zu sehen ist, ist das Bild einer Spiegelwelt, welche sich hinter dem Spiegel befindet. Die wirkliche und die gespiegelte Kerze werfen Schatten durch wirkliche und gespiegelte Gegenstände. In Halbschatten- / Kernschattengebieten ist die Kerze bzw. Spiegelkerze / sind beide Kerzen nicht zu sehen
Problematisierung 20'	Frage: Wo befindet sich die Spiegelkerze	Ort der Spiegelkerze finden	Schattengrenzen verlängern
	EXP: Spiegelwelt vermessen, 1. Mit Maßstab vor dem Spiegel 2. Stab vor und hinter dem Spiegel „in Deckung bringen"	Überlegen, ob und wie dies möglich ist	Gespiegelte Gegenstände befinden sich senkrecht und im gleichen Abstand hinter dem Spiegel wie der wirkliche Gegenstand vor dem Spiegel steht.
Ergebnissicherung 15'	Tafelskizze beginnen	Tafelskizze mit allen Schatten vervollständigen, Ergebnisse wdhl.	s. Abbildung 32
	Merksätze anschreiben	Skizze und Merksätze ins Heft übertragen	*Spiegelgesetze:* *Der Spiegel ist ein Fenster in die Spiegelwelt, in die wir nicht greifen, sondern in der wir nur messen können.* *Gegenstände in der Spiegelwelt befinden sich senkrecht und im gleichen Abstand hinter dem Spiegel, wie die wirklichen vor dem Spiegel stehen.*

Problema-tisierung 15'	Frage: Warum sind die Schattenlinien am Boden gerade?	Problem diskutieren	Schatten ist ein Raum, Schatten mit Schatten-grenzen sind auf Schnittflächen sichtbar, einzelne Punkte des Schattens lassen sich durch Bewegen der Schnittfläche verfolgen und liegen auf einer Geraden (Lichtwege).
	Was heißt gerade? (*Faden* spannen)		Körper, die senkrecht auf der Beobachtungsflä-che stehen, werfen gerade Schatten, die sich zur Lichtquelle zurückverfolgen lassen. Schattengrenzen sind Projektionen der LW auf die Beobachtungsebene gerade Schattengrenzen ⇔ Lichtausbreitung auf geraden Wegen (Lichtwege) ⇔ kürzeste Verbindung
Vertiefung 10'	Unterschied deutlich machen: Argumentation Spiegelwelt - tats. Lichtausbreitung		Die Spiegelwelt ist eine Hilfe zur Beschreibung der beobachtbaren Phänomene.
	Frage: Was passiert mit dem Licht bei der Reflexion?	Schattengrenze beobach-ten, an Tafel farbig einzeichnen, Faden von Kerze zu Beobachtungs-punkt spannen, Ellipse zeichnen	LW von Spiegelkerze zu Beobachtungspunkt ist gerade, hat die gleiche Länge wie der tatsächliche LW ⇔ kürzeste Verbindung
Ergebnis-sicherung 10'	Merksätze anschreiben	Merksätze formulieren, ins Heft übertragen	*Geometrische Optik:* **Wir nennen Verbindungen von einer Lichtquelle zu einem Beobachtungspunkt Lichtwege.** **Das Licht nimmt bei der Ausbreitung durch Luft und bei der Reflexion am ebenen Spiegel den kürzesten aller möglichen Wege.**
Übung 10'	Frage: Wie lautet das Reflexionsge-setz?	Reflexionsgesetz mit Bezug auf die Lichtwege nennen und notieren	Reflexionsgesetz: Der Winkel zwischen dem zum Spiegel führenden Teil des Lichtweges und dem Lot (α) ist gleich dem Winkel des reflektierten Teils des Lichtweges und dem Lot (β). (Einfallswinkel = Reflexionswinkel)
HA		LK Reflexionsgesetz unter Verwendung der Merksätze und Spiegelsetze be-weisen	zu zeigen: $\alpha = \beta$ (s. Abbildung 33) Vorauss.: 1) $\overline{KK'}$ • $s \wedge k = k'$ 2) Lichtweg (K'B) = $\overline{K'B}$ Beweis: 1) ⇒ ACK ≅ KCA ⇒ $\gamma = \gamma'$ ⇒ $\alpha = \alpha'$ 2) ⇒ $\{K', C, B\} \in$ Geraden ⇒ $\alpha' = \beta$ (Scheitelwinkel zum Lot)

Bemerkungen zur Unterrichtsdurchführung

Es hat sich als lohnend erwiesen, den Einstieg in die Unterrichtseinheit mit sehr viel Ruhe und Zeit zu beginnen. Das Betrachten des Spiegels mit Kerze und Zylinder und das Aufsuchen der verschiedenen Schatten hat die Schülerinnen und Schüler nicht, wie man vielleicht erwarten könnte, gelangweilt, sondern im Gegenteil besonders angesprochen. Insbesondere auch schwächere Schülerinnen und Schüler haben ihre Chance wahrgenommen, ohne große Vorkenntnisse am Unterrichtsgespräch teilzunehmen, und dabei die Lernziele erreicht. Sie haben sich auf die Beschreibung der Phänomene am Spiegel mittels der Spiegelwelt eingelassen, konnten aber auch in ihre gewohnte Beschreibung wechseln, wenn diese einen Zusammenhang vereinfacht darstellen ließ. So war z.B. der Schatten, welcher im Spiegel zu sehen ist, wenn die Kerze seitlich etwas hinter und der Zylinder mittig vor dem Spiegel steht, nur schwer mit Hilfe der Spiegelwelt zu erklären, da nun die Spiegelkerze nicht mehr zu sehen ist. Hier ist es einfacher zu sagen, der gespiegelte Schatten ist das Bild des wirklichen Schattens, welcher vor dem Spiegel zu sehen ist.

Ergebnisse der Unterrichtsbeobachtung

Als problematisch hat sich das Bestimmen der Entfernung der Spiegelkerze vom Spiegel erwiesen. Trotz Verfolgung der Schattenlinien beharrten die Schülerinnen und Schüler auf ihrer Vorstellung, die Spiegelwelt sei eben, habe also keine Tiefe. Ein Schüler sagte, man bekäme zwar den Eindruck einer Tiefe, dies sei aber eine Täuschung, denn das Spiegelbild sei in Wirklichkeit eben und falle mit der Spiegelfläche zusammen. Auch die Frage, auf welche Entfernung ein Fotoapparat eingestellt werden müsse, um einen Spiegelgegenstand scharf abzubilden, wurde mit der Entfernung zwischen Kamera und Spiegel beantwortet. Schließlich stellte ein Schüler fest, daß man dabei höchstens einen Kratzer auf der Spiegelfläche scharf abbilden könne, denn der Lichtweg bis zum Gegenstand sei noch einmal um die Entfernung zwischen Gegenstand und Spiegel länger. Das hat schließlich die anderen Schülerinnen und Schüler überzeugt.

Die Klärung der Frage, warum die Schattenlinien gerade sind und die Wege des Lichtes repräsentieren, verlief schwerfällig, da sie für die Schülerinnen und Schüler offensichtlich ist. Sie ist jedoch sehr wichtig, da bei der Einführung des zentralen Begriffs des Lichtwegs die Geradlinigkeit eine elementare Eigenschaft ist und die kürzeste Verbindung zwischen Lichtquelle und Beobachtungspunkt erklärt.

Die Schülerinnen und Schüler haben eingesehen, daß die Phänomene am Spiegel entweder durch die Spiegelwelt mit der Eigenschaft des Lichtes, den kürzesten Weg zu nehmen, oder aber dem ihnen vertrauten Reflexionsgesetz beschrieben werden können. Sie sahen es jedoch als unnötig an, formal zu beweisen, daß beide Beschreibungen äquivalent sind. Darüber hinaus hatten sie generelle Schwierigkeiten bei der Beweisführung in der Hausaufgabe. Es stellt sich die Frage, ob es überhaupt nötig ist, den Beweis des Reflexionsgesetzes an dieser Stelle formal durchzuführen. Zum Verständnis der Unterrichtseinheit ist dieser sicherlich entbehrlich, das Einüben von Beweisführungen als allgemeines Ziel des Physikunterrichtes bietet sich an diesem Beispiel aber geradezu an und wird deshalb zumindest für Leistungskurse empfohlen.

7.3.1.2 Brechung und Fermat-Prinzip
Grenzen der geometrischen Optik am Beispiel der partiellen Reflexion

Lernziele:

Die Schülerinnen und Schüler sollen...

- erfahren, daß Licht in verschiedenen Medien unterschiedliche Ausbreitungsgeschwindigkeiten hat.

- erkennen, daß das Licht bei der Brechung den schnellsten Lichtweg nimmt.

- das Fermat-Prinzip formulieren können.

- einsehen, daß die partielle Reflexion mit den Gesetzen der geometrischen Optik nicht zu erklären ist.

- erfahren, daß die Frage, warum Licht partiell reflektiert wird, nicht zu beantworten ist.

Inhalt

In der zweiten Doppelstunde wird die Brechung des Lichtes behandelt, und abschließend werden die Gesetze der geometrischen Optik in einer übergeordneten Beschreibung, dem Fermat-Prinzip, zusammengefaßt.

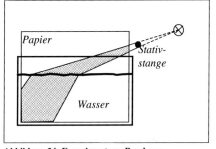

Die Brechung des Lichtes läßt sich im Sinne des Lichtwegkonzeptes auch durch einen Schattenverlauf demonstrieren. Dazu wird eine helle, möglichst punktförmige Lampe (z.B. eine Halogenglühlampe) seitlich über einem Aquarium aufgehängt und eine Stativstange als Schattenkörper waagrecht befestigt. Vor die hintere Wand des Aquariums (in das Gefäß) wird ein weißer Bogen Papier gestellt, an dem der Schattenverlauf deutlich erkennbar ist (vgl. Abbildung 34).

Abbildung 34: Experiment zur Brechung

Die durch die Schattenlinien sichtbaren Lichtwege sind in diesem Fall offensichtlich nicht die kürzesten Verbindungen zwischen der Lichtquelle und dem Boden des Aquariums. Um den Verlauf der Lichtwege zu verstehen, wird eine Analogie betrachtet: Ein Urlauber am Strand sieht einen Schwimmer in Not und möchte zur Hilfe eilen. Instinktiv

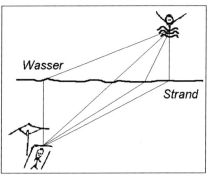

Abbildung 35: Der schnellste Weg des Rettungsschwimmers

117

wird der Retter versuchen, den schnellsten Weg zu dem Ertrinkenden zu nehmen. Mit den Schülerinnen und Schülern läßt sich überlegen, welcher Weg der schnellste ist, wenn der Schwimmer nicht unmittelbar gegenüber dem Retter, sondern ein Stück seitlich versetzt in Not gerät. Aufgrund der unterschiedlichen Geschwindigkeiten am Strand und im Wasser wird der Retter nicht die geradlinige (kürzeste) Verbindung einschlagen, sondern einen längeren Weg am Strand in Kauf nehmen, um eine kürzere Strecke schwimmen zu müssen (vgl. Abbildung 35).

Mit dieser Analogie wird die Ausbreitungsgeschwindigkeit als eine neue Größe zur Beschreibung der Lichtausbreitung in Betracht gezogen. **Unter der Annahme, daß das Licht im Wasser langsamer als in der Luft ist, läßt sich tatsächlich der im Experiment beobachtete Verlauf der Lichtwege erklären.** Dazu werden von den Schülerinnen und Schülern auf einem Arbeitsblatt (siehe Abbildung 36) verschiedene denkbare Lichtwege zwischen der Lichtquelle und einem Beobachtungspunkt im Wasser vermessen.

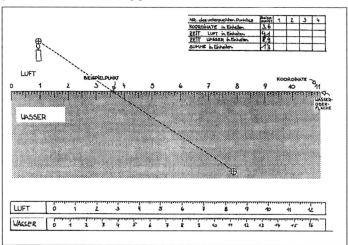

Abbildung 36: Arbeitsblatt AB-1 Brechung (aus: ERB 1994, S. 160)

Als Meßlatten werden die auf dem Arbeitsblatt befindlichen „Zeitlineale" ausgeschnitten, mit denen keine geometrischen, sondern optische Weglängen OWL gemessen werden. Das Verhältnis von optischer zu geometrischer Weglänge entspricht dem Brechungsindex und damit dem Verhältnis der Ausbreitungsgeschwindigkeiten des Lichtes im Medium zum Vakuum. Das Skalenverhältnis der Zeitlineale für Wasser und Luft beträgt $n = 4:3$, d.h. eine Strecke (geometrische Länge), für die das Licht in Luft 3 Zeiteinheiten benötigt, wird in Wasser in 4 Zeiteinheiten durchlaufen.

Werden die gemessenen optischen Weglängen, welche den Ausbreitungszeiten des Lichtes entsprechen, verglichen, so ergibt sich, daß **der im Experiment beobachtete Lichtweg tatsächlich der schnellste ist.** In einem Koordinatensystem, in dem die optischen Weglängen der Lichtwege eingetragen werden, ist zu erkennen, daß dem kürzesten Weg unmittelbar benachbarten Wege sich in ihrer Länge praktisch nicht mehr unterscheiden (vgl. Abbildung 37). Mit dieser Feststellung kann eine sehr allgemeine Formulierung des Fermat-Prinzips ausgedrückt werden: **Das Licht nimmt diejenigen Lichtwege, auf denen es genauso schnell wie auf benachbarten Wegen ist.** In der Regel sind dies die schnellsten Lichtwege.

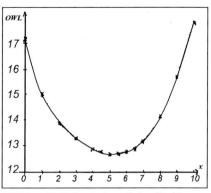

Abbildung 37: Meßwerte der optischen Weglängen der Lichtwege bei der Reflexion

Zum Abschluß der Einführung in die Optik mit Lichtwegen wird ein Experiment durchgeführt, welches die Grenzen der geometrischen Optik offenbart: **Am Beispiel der partiellen Reflexion soll die Notwendigkeit erkannt werden, ein neues weiterführendes Modell zur Beschreibung des Lichtes zu entwickeln.** Das Experiment mit einer Kerze und einer Glasscheibe soll zunächst keine quantitative Beschreibung der partiellen Reflexion ermöglichen, sondern dazu anstoßen, darüber nachzudenken, warum ein Teil des Lichtes an der Scheibe reflektiert wird, während der andere Teil ungehindert hindurch tritt. Mögliche Ideen der Schülerinnen und Schüler könnten sein: eine Verschiedenheit von Lichtteilchen, z.B. ihrer Farbe oder Größe.

Mit einem Prisma zur Spektralzerlegung oder einem einfarbigen Laser lassen sich die Vorschläge überprüfen. Auch eine weitere Glasplatte ist hilfreich, weil sie zeigt, daß die partielle Reflexion immer wieder geschieht, also keine Sortierung von andersgearteten Lichtteilchen vorgenommen werden kann. Eine andere Teilchenvorstellung könnte erklären, daß einzelne Lichtteilchen mit einer bestimmten Wahrscheinlichkeit auf Materie im dichteren Medium stoßen und sonst hindurchfliegen. Bei einer solchen Äußerung muß darauf geachtet werden, daß die zugrundeliegenden klassischen Vorstellungen von Lichtteilchen keine Fehlvorstellungen hinterlassen, da die Behandlung der Wahrscheinlichkeitsinterpretation von Lichtquanten erst zu einem späteren Zeitpunkt wieder aufgegriffen wird. Diese im Teilchenmodell nicht grundsätzlich falsche Beschreibung kann genutzt werden, um die Existenz dieses über weite Teile der Optik erfolgreichen Modells anzusprechen. Es kann jedoch die partielle Reflexion allein nicht erklären, weil die Dicke der Scheibe keinen Einfluß auf die Verhältnisse der reflektierten und transmittierten Lichtintensitäten hat, deren Messung sogleich für die nächste Stunde motiviert ist.

Die Erklärungsnot kann nicht gelöst werden, sondern wird vielmehr zum Prinzip erklärt: **Das Verhalten des Lichtes läßt sich nicht begründen, die Physik muß sich darauf beschränken, nach adäquaten Modellen zu suchen, die die beobachtbaren Phänomene beschreiben, ohne die Frage nach dem „warum" zu beantworten.**

Das Vorhaben der nächsten Stunden ist damit festgelegt.

Verlaufsplan:

Phase	Lehreraktivität	Schüleraktivität	Inhalt / Ergebnis
Wieder-holung 10'		Ergebnisse der letzten Stunde wiederholen.	Das Licht nimmt bei der Ausbreitung durch Luft und bei der Reflexion am ebenen Spiegel die kürzesten Lichtwege
HA-Besprechung 10'	LK Reflexionsgesetz Skizze und Beweis anschreiben.	LK Herleitung des Reflexionsgesetzes nennen.	zu zeigen: $\alpha = \beta$ (s. Abbildung 33) Vorauss.: 1) $\overline{KK'}$ ● s $\wedge$ k=k' 2) Lichtweg (K'B) = $\overline{K'B}$ Beweis: 1) $\Rightarrow \triangleright$ ACK' $\cong \triangleright$ KCA $\Rightarrow \gamma = \gamma' \Rightarrow \alpha = \alpha '$ 2) $\Rightarrow$ {K',C,B}$\in$ Geraden $\Rightarrow \alpha' = \beta$ (Scheitelwinkel zum Lot)
Problematisierung 15'	EXP: *Aquarium mit einer weißen Wand (Papier oder Karton), Schattengeber (Stativstange), helle pkt.-förmige Lichtquelle (Halogenglühlampe)* BSP: Schwimmer, Abbildung 35 anzeichnen.	LW beobachten, Problem diskutieren: - LW ist nicht gerade – Ausbreitungsgeschw. des Lichtes - bisher: kürzeste Wege = schnellste Wege. Überlegen, welcher Weg der schnellste ist.	Ausbreitungsgeschw. des Lichtes ist in verschiedenen Medien unterschiedlich: $v_{H_2O} < v_{Luft}$
Übung 20'	*Scheren, AB-1 Brechung* ausgeben u. erklären. Zeitlineale einführen.	Zeitlineale ausschneiden Länge der LW auf AB-1 mit Zeitlinealen ausmessen	Mit den Zeitlinealen werden die optischen Weglängen der Lichtwege im Wasser und der Luft gemessen und addiert.
Auswertung 10'	Weglängen in Koordinatensystem eintragen.	Ergebnisse vergleichen	Die schnellsten Lichtwege werden vom Licht genommen und gehorchen dem Brechungsgesetz.
Vertiefung 5'			Dicht benachbarte Wege des schnellsten Weges sind gleich schnell (Abbildung 37).
Ergebnissicherung 10'	Fermat-Prinzip formulieren und zu den Merksätzen zur geometrischen Optik ergänzen.	ins Heft übertragen.	*Fermat-Prinzip:* **Das Licht nimmt diejenigen Lichtwege, auf denen es genauso schnell wie auf benachbarten Wegen ist. Dies sind i.d.R. die schnellsten Lichtwege.**
Problematisierung 10'	EXP: Partielle Reflexion *(zwei Glasscheiben, Kerze)* Frage: Wo läßt sich das Phänomen beobachten?	Beobachten, eigene Erfahrungen nennen.	Kerzenlicht wird an einer Glasplatte partiell reflektiert. Fensterscheibe, Wasser, (Seifenhaut, Ölschicht, ...)
Erarbeitung 10'	Frage: Was könnte der Grund für das Verhalten des Lichtes sein?	nach Erklärung suchen, Vorschläge zur Überprüfung der Theorien angeben und sofern möglich realisieren.	mögliche Annahmen: Farbe des Lichtes → Spektralzerlegung Größe des Lichtteilchen → zweite Glasplatte Die geometrische Optik vermag die part. Reflexion nicht zu erklären. Eine Antwort auf die „Warum"-Frage ist nicht möglich, daher untersuchen Physiker das „Wie".

Bemerkungen zur Unterrichtsdurchführung

Die Schlußfolgerung aus der Analogiebetrachtung vom Rettungsschwimmer zum Licht erfordert die Kenntnis von verschiedenen Lichtgeschwindigkeiten in unterschiedlichen Medien. Über diese Kenntnis verfügten die Schülerinnen und Schüler des Profilkurses. So konnte die Vermutung, daß das Licht bei der Brechung den schnellsten Weg nimmt, zum Prinzip erklärt werden. Für die Behandlung der Brechung in der Mittelstufe ist an dieser Stelle die Messung der Lichtgeschwindigkeit in verschiedenen Medien vorgesehen, was im Rahmen der vierstündigen Einführung in die Optik mit Lichtwegen jedoch nicht realisiert werden kann. Falls mehr Zeit zur Verfügung steht, ist die experimentelle Bestimmung der Lichtgeschwindigkeit für einige Schülerinnen und Schüler äußerst interessant. Die Lehrmittelindustrie bietet dazu verschiedene Experimentiergeräte an.

Mit den mathematischen Kenntnissen der Analysis, welche die Schülerinnen und Schüler im Verlauf der Klasse 11 erwerben, bietet sich die Möglichkeit, den gesuchten Weg durch Lösen einer Extremwertaufgabe zu berechnen. Dies kann als Übung oder Hausaufgabe geschehen.

Ergebnisse der Unterrichtsbeobachtung

Die einfache Formulierung des Fermat-Prinzips wird von den Schülerinnen und Schülern, wie sich später gezeigt hat, leichter gelernt und reicht zur Beschreibung der meisten optischen Phänomene auch aus. Die abstraktere endgültige Formulierung, daß das Licht die Lichtwege wählt, auf denen es so schnell wie auf benachbarten Wegen ist, könnte an einem biegsamen Spiegel deutlich demonstriert werden. Bei zunehmender Wölbung nimmt das Licht zunächst die kürzesten Lichtwege (gleiche Weglängen im Minimum), dann alle Wege (beim Biegen des Spiegels zur Ellipse) und schließlich die längsten Wege (gleiche Weglängen im Maximum). Auf diese Weise ist es möglich, die optische Abbildung und die Form von Hohlspiegeln und Sammellinsen als Vertiefung zu behandeln.

Das Experiment zur partiellen Reflexion sollte bei den Schülerinnen und Schülern aufgrund einer Erklärungsnot im Rahmen der geometrische Optik das Bedürfnis wecken, eine neue Theorie zu erlernen. Das erwartete Interesse, in dem Zusammenhang mehr über die Natur des Lichtes zu erfahren, hielt sich allerdings in Grenzen. Als mögliche Erklärung für die partielle Reflexion wurden neben den erwarteten Teilchenvorstellungen von einem Schüler Totalreflexionen an Unebenheiten der Oberfläche vermutet. Insgesamt waren die Schülerinnen und Schüler aber an einer anschaulichen Erklärung der Vorgänge im einzelnen kaum interessiert, sondern begnügten sich mit dem rein beschreibenden Ergebnis des Versuches, der aussagt, welcher Teil der Intensität reflektiert bzw. hindurchgelassen wird (folgende Unterrichtsstunde). Obwohl genau dies typisch für quantenmechanische Beschreibungen ist, ist durch die geringe Diskussionsbereitschaft der Unterschied zu klassischen anschaulichen Beschreibungen kaum deutlich geworden. Im Falle, daß Schüleräußerungen, denen klassische Vorstellungen zugrunde liegen, ausbleiben, sollte z.B. das Teilchenmodell vom Lehrenden direkt angesprochen werden, um deutlich zu machen, daß im folgenden Unterricht ein neuer Weg beschritten wird.

7.3.2 Unterrichtseinheit: Interferenzoptik mit Zeigern

7.3.2.1 Partielle Reflexion
Einführung des Zeigerformalismus

Lernziele:

Die Schülerinnen und Schüler sollen...

- erfahren, daß 4 % des Lichtes an einer Grenzschicht Luft - Glas bei senkrechtem Einfall reflektiert werden und 96 % hindurchgehen.

- erkennen, daß bei der Überlagerung von Licht, welches verschiedene Lichtwege zurückgelegt hat, Interferenz auftritt.

- den Zeigerformalismus anwenden und nachvollziehen, daß er Interferenzerscheinungen beschreiben kann.

Inhalt

Das Experiment zur partiellen Reflexion, welches in der letzten Stunde die Grenzen der geometrischen Optik verdeutlicht hat, wird nun zum Einstieg in den neuen Unterrichtsabschnitt wieder aufgegriffen und quantitativ durchgeführt. Zur Messung der Lichtintensitäten werden eine helle Lichtquelle und ein Luxmeter benötigt. Zu beachten ist, daß zur Vergleichbarkeit der Ergebnisse immer die gleichen Abstände zwischen Lichtquelle und Meßgerät eingehalten werden müssen. In der Meßwerttabelle 4 sind tatsächlich gemessene Werte den theoretischen Werten für den senkrechtem Einfall des Lichtes gegenübergestellten.

Messung	Experiment		Theorie
ohne Glas	500 Lux	100 %	100 %
durch Glas	450 Lux	90 %	92 %
Reflexion	30 Lux	6 %	8 %

Meßwerttabelle 4: Partielle Reflexion

Die Beobachtung, daß die Meßwerte nicht von der Stärke der Glasscheibe abhängen, legt die Vermutung nahe, daß die partielle Reflexion an den Grenzschichten des Glases zur Luft geschieht. **Könnte man mit dem Meßgerät die Intensität innerhalb des Glases messen, so müßte sich eine Trans-**

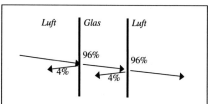

Abbildung 38: Partielle Reflexion

mission von 96 % und eine Reflexion von 4 % ergeben (vgl. Abbildung 38). Werden die Intensitäten des an der ersten und an der zweiten Grenzschicht reflektierten Lichtweges addiert, so erhält man 8 %. Die Intensität des transmittierten Lichtweges wird durch zweimalige Multiplikation von 96 % zu 92 % bestimmt.

Die Feststellung, daß die Stärke der Glasplatte keine Rolle spielt, gilt nicht mehr bei sehr dünnen Schichten: Seifenblasen bestehen aus sehr dünnen Schichten und reflektieren Licht bekanntermaßen nicht gleichmäßig, sondern in schillernd bunten Farben. Schön zu beobachten sind die Farben an möglichst großen Seifenblasen und draußen bei Tageslicht.

Seifenblasen lassen sich aber auch in einer Laborumgebung gut beobachten, wenn eine in einem Rahmen aufgespannte Seifenhaut projiziert wird oder der Reflex einer flächigen Lichtquelle in der Haut betrachtet wird.[1] Letzterer Aufbau ist besonders einfach, da als flächige „Lichtquelle" bereits ein weißes Blatt Papier ausreicht. In der Seifenhaut sind nun regenbogenfarbene Streifen zu erkennen, die langsam nach unten wandern, bis die Haut ganz dünn wird und schließlich zerplatzt. **Offensichtlich ist das Muster, welches als Interferenz bezeichnet wird, von der Dicke der Haut abhängig.** Werden anstelle des weißen Papiers farbige Bögen vor die Seifenhaut gelegt, so sind die Streifen nicht mehr bunt, sondern abwechselnd einfarbig und schwarz. Wenn, wie in

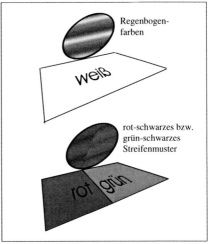

Abbildung 39 zu sehen ist, ein roter und ein grüner Bogen als „Beleuchtung" verwendet werden, so ist deutlich zu erkennen, daß die Streifen unterschiedliche Abstände haben. **Die Interferenz ist auch von der Farbe des Lichtes abhängig.**

Abbildung 39: Interferenzstreifen einer Seifenhaut

Mit der Kenntnis, daß Licht an beiden Grenzflächen einer Glasscheibe oder Seifenhaut partiell reflektiert wird, läßt sich die Interferenz auf die unterschiedlichen Längen der Lichtwege zurückführen: **Interferenz entsteht, wenn dem Licht mehrere Wege zum Beobachtungspunkt zur Verfügung stehen. Die Intensität ist dort nicht gleich der Summe der Intensitäten der einzelnen Wege, sondern sie ist mal größer und mal kleiner. Dafür ist der Längenunterschied der Lichtwege verantwortlich.**

Bis zu dieser Stelle können die Inhalte im Lehrer-Schüler-Gespräch entwickelt werden. Im Anschluß erfolgt die Einführung des Zeigerformalismus, der den Zusammenhang zwischen der beobachtbaren Interferenz und den Weglängen herstellt. Dieser Formalismus kann von den Schülerinnen und Schülern nicht erarbeitet werden und sollte daher in einem kurzen Lehrervortrag vorgestellt werden.

Die Anwendung des Zeigerformalismus geschieht nach folgendem Schema:

---

[1] Als Lösung eignet sich unparfümiertes, grünes Geschirrspülmittel, wovon 2 Eßlöffel auf 100 ml Wasser mit einem Eßlöffel Glycerin gegeben werden.

1. Dem Licht stehen zwischen Lichtquelle und Empfänger verschiedene Lichtwege zur Verfügung. Wir können nicht feststellen, wie sich das Licht auf diesen Wegen ausbreitet. Indem wir aber alle möglichen Wege berücksichtigen, können wir den zur Verfügung stehenden Raum charakterisieren und berechnen, wieviel Licht am Empfänger ankommt.

2. Jedem Weg wird ein Zeiger zugeordnet, mit dem die Länge des Weges in Vielfachen der Basislänge λ angegeben wird. Der Zeiger steht am Anfang auf „3 Uhr" und wird entgegen dem Uhrzeigersinn gedreht: Zum Ausmessen der Weglänge wird er jeweils um 360° gedreht, wenn die Basislänge λ abgeschritten wird. Bleibt ein Rest, der kleiner als λ ist, so wird er um den entsprechenden Teil von 360° weitergedreht. Ist die Länge eines Lichtweges z.b. das 36,2fache von λ, so wird der Zeiger 36mal ganz und um weitere 72° gedreht.

3. Die Zeiger aller Lichtwege werden in ihren Endstellungen wie Vektoren addiert. Das Quadrat der Länge der dabei erhaltenen Resultierenden ist ein Maß für die Intensität des Lichtes am Empfänger.

AB Der Zeigerformalismus

Dem Licht stehen zwischen Lichtquelle und Empfänger verschiedene **Lichtwege** zur Verfügung. Wir können nicht feststellen wie sich das Licht auf diesen Wegen ausbreitet. Indem wir aber alle möglichen Wege berücksichtigen, können wir den zur Verfügung stehenden Raum charakterisieren und berechnen, wieviel Licht am Empfänger ankommt.

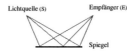

Jedem Weg wird ein Zeiger zugeordnet, mit dem die Länge des Weges in Vielfachen der Basislänge λ angegeben wird. Der Zeiger steht am Anfang auf "3 Uhr" und wird entgegen dem Uhrzeigersinn gedreht: Zum Ausmessen der Weglänge wird er jeweils um 360° gedreht, wenn die Basislänge λ abgeschritten wird. Bleibt ein Rest, der kleiner als λ ist, so wird er um den entsprechenden Teil von 360° weiter gedreht.

Ist die Länge eines Lichtweges z.B. das 4,2fache von λ, so wird der Zeiger 4 mal ganz und um weitere 72° (das 0,2fache von 360°) gedreht.

Die Zeiger aller Lichtwege werden in ihren Endstellungen wie Vektoren addiert. Das Quadrat der Länge der dabei erhaltenen Resultierenden ist ein Maß für die Intensität des Lichtes am Empfänger.

Abbildung 40: Arbeitsblatt AB-2 Zeigerformalismus

Die Einführung des Zeigerformalismus wird mit Hilfe eines Funktionsmodells erleichtert. Es werden eine Magnethafttafel mit drei Magnetfüßen benötigt[1]. Der erste Magnetfuß kennzeichnet die Lichtquelle, an ihm ist ein Faden befestigt (der Lichtweg). Der zweite Magnetfuß enthält einen Stab, über den ein Röhrchen gesteckt wird. Der Faden wird einmal um das Röhrchen gewickelt und mit einem Gewicht gespannt. Wird nun der zweite Magnetfuß verschoben, so dreht sich das Röhrchen, was durch einen angeklebten Pfeil angezeigt wird. Mit diesem Modell läßt sich auf einfachste Weise das Ausmessen von Lichtwegen veranschaulichen. Der Zeiger dreht sich einmal um 360°, wenn der Magnetfuß um die Basislänge, welche dem Umfang des Röhrchens entspricht, von der „Lichtquelle" weggeschoben wird. Einfache Übungen, wie das Vermessen eines einzelnen oder die Überlagerung zweier vorgegebener Lichtwege, sichern das Verständnis des Funktionsmodells.

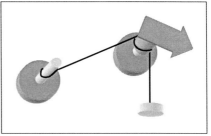

Abbildung 41: Funktionsmodell zum Zeigerformalismus

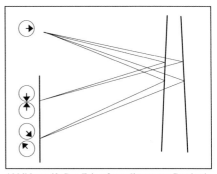

Abbildung 42: Der Zeigerformalismus zur Beschreibung der partiellen Reflexion

Auf der Magnethafttafel lassen sich nun vielfältige Interferenzexperimente nachstellen. Die partielle Reflexion an der keilförmigen Seifenhaut wird gemäß Abbildung 42 angezeichnet, und die Lichtwege werden mit Hilfe eines dritten Magnetfußes zum Umlenken des Fadens an der jeweiligen Grenzschicht vermessen. Alle Lichtwege beginnen an der punktförmigen Lichtquelle und werden beginnend mit immer der gleichen Zeigerstellung vermessen. Da die Lichtwege sich in ihrer Länge unterscheiden, stehen die Zeiger an manchen Beobachtungspunkten so, daß sie sich zu Null addieren (Dunkelheit) und an anderen Beobachtungspunkten so, daß sie sich verdoppeln (Helligkeit).

Die Anwendung des Zeigerformalismus ist tatsächlich recht einfach zu erlernen. Die Schülerinnen und Schüler bekommen die Aufgabe, die Reflexion am Spiegel zu untersuchen. Auf einem vorbereiteten Arbeitsblatt (s. Abbildung 43) müssen sie die Länge der Lichtwege ausmessen, daraus die Zeigerstellungen errechnen und diese einzeichnen.

Als Ergebnis ergibt hier die Addition aller Zeiger eine Spirale. Das Quadrat ihrer Resultierenden gibt die relative Intensität am Beobachtungspunkt an, bezogen auf andere Punkte, für die

---

[1] Geeignet ist das Zubehör von Phywe „Mechanik auf der Magnethafttafel" mit den Magnetfüßen Nr. 301332 oder Nr. 301334 sowie die „Magnetpfeile" Nr. 20305 der Firma Phylatex.

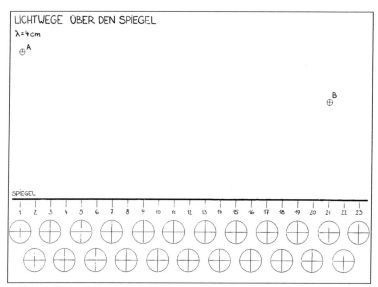

Abbildung 43: Arbeitsblatt AB-3 Spiegel (aus: ERB 1994, S. 162)

ebenfalls eine Zeigerberechnung durchzuführen ist. An der Spirale läßt sich erkennen, daß einige (die mittleren) Zeiger besonders viel zur Resultierenden beitragen. Die Lichtwege, die zu diesen Zeigern gehören, sind interessanterweise diejenigen, für die das Reflexionsgesetz der geometrischen Optik gilt. Die anderen Lichtwege unterscheiden sich in ihrer Länge so stark, daß die Zeiger sehr verschiedene Stellungen haben und sich in den Spiralköpfen wiederfinden. Insbesondere unter Beachtung der Tatsache, daß die wirkliche Basislänge nach den Erfahrungen mit der Seifenhaut sehr klein sein muß, spielen nur wenige, dem „geometrisch richtigen" sehr dicht benachbarte Lichtwege, eine Rolle.

Verlaufsplan:

Phase	Lehreraktivität	Schüleraktivität	Inhalt / Ergebnis
Erarbeitung 10'	EXP *Halogenlampe, Glasscheibe, Luxmeter:* Intensitäten des durchgehenden und des reflektierten Lichtes bei der part. Reflexion messen	Versuchsaufbau überlegen	reflektierter Teil 8 %, durchgehender Teil 92 % Reflexion pro Grenzschicht: 4 % Transmission pro Grenzschicht: 96 % (siehe Meßwerttabelle 4)
Ergebnissicherung 10'		Ergebnisse nennen und notieren	***Partielle Reflexion** geschieht an Grenzschichten zwischen verschiedenen Medien* (siehe Abbildung 38)
Problematisierung 15'	Frage: Zusammenhang von Seifenblasen und Glasscheibe? EXP: *Seifenhaut, Projektion mit Linse und Diaprojektor*	EXP: Große Seifenblasen erzeugen, Seifenhaut in weißem und einfarbigem Licht betrachten	Hell-Dunkel-Streifenmuster (Interferenz) an dünner Seifenhaut läßt sich nicht mit Mitteln der geom. Optik erklären. Interferenz tritt erst bei part. Reflexion an sehr dünnen Schichten auf. Die Farben variieren mit der Schichtdicke.

Ergebnissicherung 10'	Formulierung Merksatz Interferenz	Merksatz Interferenz abschreiben	*Interferenz entsteht, wenn dem Licht mehrere Wege zum Beobachtungspunkt zur Verfügung stehen. Die Intensität ist dort nicht gleich der Summe der Intensitäten der einzelnen Wege, sondern sie ist mal heller und mal dunkler. Dafür ist der Längenunterschied der Lichtwege verantwortlich.*
Einführung 20'	Lehrervortrag: Einführung des Zeigerformalismus *AB-2 Zeigerformalismus* austeilen, *Folie v. AB-2* zeigen.	Einfache Übungen zur Anwendung des Funktionsmodells	Lichtwege bei partieller Reflexion an zwei Grenzschichten, Zeiger, Rotation der Zeiger zum Ausmessen des Raumes, Basislänge λ, Endstellung des Zeigers, Addition wie Vektoren, Intensität.
Übung 15'	*AB-3 Spiegel* austeilen, *Folie von AB-3* vervollständigen	AB-3 bearbeiten (Gruppenarbeit)	Lichtwege ausmessen, Zeiger zeichnen und zur Spirale zusammenfügen
Ergebnissicherung 10'	Spirale interpretieren		Quadrat der Resultierenden gibt Intensität an. LW der geom. Optik tragen am meisten zum Ergebnis bei.

Bemerkungen zur Unterrichtsdurchführung

Bei der Bearbeitung des Übungsblattes AB-3 Spiegel sollte darauf geachtet werden, daß die Schülerinnen und Schüler möglichst exakt messen, um eine deutliche Zeigerspirale zu erhalten. Um schneller zum Ziel zu gelangen, bietet es sich an, die Aufgabe in Gruppen arbeitsteilig lösen zu lassen. Falls die Zeit nicht reicht, kann die Aufgabe zu Hause vervollständigt werden.

Das Eingangsproblem der Interferenz an einer Seifenhaut wird in der übernächsten Doppelstunde noch einmal aufgegriffen.

Ergebnisse der Unterrichtsbeobachtung

Bei der Einführung des Begriffs der Interferenz am Experiment der Seifenhaut ist es gelungen, zu verdeutlichen, daß helle und dunkle Stellen aufgrund unterschiedlicher Weglängen entstehen. Die große Verwunderung, daß an einer Stelle, an die über zwei Wege Licht gelangt, trotzdem Dunkelheit herrscht, ist jedoch nicht ausgelöst worden. Sie ist erst einige Stunden später bei den Schülerinnen und Schülern wirklich zu beobachten gewesen. Die Gründe, warum bei der Seifenhaut Interferenzen zu beobachten sind und bei der Glasplatte nicht, sahen die Schülerinnen und Schüler in den chemischen Unterschieden des Materials. Das Vorführen einer Glimmerplatte könnte diesen Einwand entkräften. Ein Schüler vermutete, daß die Seifenhaut nur eine Grenzschicht besitzt.

Die Schülerinnen und Schüler kamen nicht von allein auf den Gedanken, daß die Ursache der beobachtbaren Interferenz in der erheblich kleineren Dicke der Seifenhaut liegt.

7.3.2.2 Der Poissonsche Fleck

Das Michelson-Interferometer - Bestimmung der Basislänge λ

Lernziele:

Die Schülerinnen und Schüler sollen...

- die Anwendung des Zeigerformalismus beherrschen.

- einsehen, daß das Licht nicht nur die in der geometrischen Optik gefundenen Lichtwege nimmt.

- die Basislänge als eine Eigenschaft des Lichtes sowie eine Methode für ihre Bestimmung kennen.

Inhalt

Die Interpretation der Zeigerspirale soll zu Beginn der Stunde wiederholt und bestätigt werden: Das Licht nimmt nicht nur den einen, geometrisch richtigen, sondern alle möglichen Lichtwege über den Spiegel. Dies läßt sich überprüfen, indem der geometrisch richtige Lichtweg, für den das Reflexionsgesetz gilt, ausgeblendet wird. Experimentell kann diese Idee durch einen kleinen Schattenkörper (z.B. eine Stahlkugel oder einen Draht), der auf einen Oberflächenspiegel geklebt wird, realisiert werden. Wird der Spiegel mit einem aufgeweiteten Laser aus etwa 3m Entfernung beleuchtet, so ist auf dem ebenfalls 3m entfernten Beobachtungsschirm ein Schatten der Kugel zu erwarten. Bei genauem Hinsehen erkennt man mittig im Schatten einen hellen Fleck. Dieser kommt bei einem symmetrischen Schattenkörper dadurch zustande, daß Licht, welches über den restlichen, nicht abgedeckten Spiegel reflektiert wird, positiv interferiert. Werden die Zeiger zu diesen restlichen Lichtwegen gezeichnet, so erhält man eine Zeigerspirale, welcher der mittlere Teil fehlt, wobei sich aber dennoch eine kleinere Resultierende ergibt. Zur zeichnerischen Lösung ist ein Folienabzug des Arbeitsblattes AB-3 Spiegel (vgl. Abbildung 43) geeignet, bei dem die Reflexionspunkte 10 – 16 durch die Kugel abgedeckt sind.

Die Richtigkeit des Zeigerformalismus wird bestätigt: **Licht nimmt tatsächlich alle Wege, auch die, die nicht mit dem geometrisch richtigen zusammenfallen.**

Bisher wurde die wichtige Größe der Basislänge nicht bestimmt. In den Übungsaufgaben wurden aus praktischen Gründen Werte im cm-Bereich gewählt, obwohl aus dem Seifenhaut-Experiment klar ist, daß die Basislänge des Lichtes sehr viel kleiner sein muß. Sie soll für das rote Laserlicht mit einem Michelson-Interferometer, welches sich als Fertigaufbau in vielen Schulsammlungen befindet, bestimmt werden. Der Aufbau des Interferometers läßt sich am einfachsten verstehen, wenn man wieder von dem Interferenzexperiment der partiellen Reflexion an Seifenblasen ausgeht, mit der Absicht, die Schichtdicke meßbar variieren zu können. Die Lösung: Es wird ein um 45° geneigter Strahlteiler in die Lichtwege eingebaut, und die reflektierenden Schichten werden durch jeweils einen Umlenkspiegel in den beiden so geteilten Lichtwegen ersetzt (vgl. Abbildung 45).

Die Basislänge wird bestimmt, indem ein Spiegel verschoben wird, während das Entstehen neuer Interferenzringe gezählt wird. **Die Größe der Basislänge ergibt sich als die doppelte Strecke, um die der Spiegel verschoben wird, bis das gleiche Interferenzbild wieder zu sehen ist.**

Als Übungsaufgabe kann das Arbeitsblatt AB-4 Spiegel II (s. Abbildung 44) bearbeitet werden, bei dem Interferenzen an einer Kante

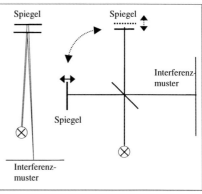

Abbildung 45: Michelson-Interferometer

durch die Berechnung zweier Zeigerspiralen gezeigt werden: An den Resultierenden der Zeigerspiralen wird erkennbar, daß die Lichtintensitäten im Schattenbereich periodisch schwanken.

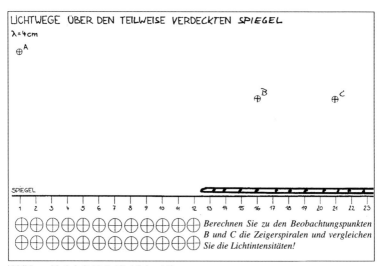

Abbildung 44: Arbeitsblatt AB-4 Spiegel II

129

Verlaufsplan:

Phase	Lehreraktivität	Schüleraktivität	Inhalt / Ergebnis
Wieder-holung 10'	*Folie von AB-3 Spiegel* auflegen, Frage nach Bedeutung der Zeigerspirale, Zusammenhang zur geometr. Optik	Zeigerformalismus am Bsp. der Reflexion wiederholen	S.o.. Lichtwege, die stark von dem geometrisch richtigen LW abweichen, tragen nicht zur Resultierenden bei, da sich ihre Zeiger in den Spiralköpfen wiederfinden.
Einstieg 10'	EXP: *Oberflächenspiegel mit Kugel, Laser, Aufweitungslinse.* Poisson-Fleck demonstrieren	Interferenzmuster anschauen, Erklärung finden	Der Poissonsche Fleck ist ein Interferenzexperiment, welches nur unter der Annahme, daß das Licht „alle Wege" geht, erklärt werden kann.
Problematisierung 10'	*Folie von AB-3 Spiegel* auflegen	Experiment beschreiben, mit Zeigerspirale argumentieren	Anhand der Zeigerspirale sieht man, daß durch den symmetrischen Schattengeber die Zeiger der zentralen LW fehlen, aber sich dennoch eine kleinere Resultierende ergibt.
Ergebnissicherung 15'	Bedeutung des Experimentes zum Poisson-Fleck hervorheben: Alle Wege!	Versuchsbeschreibung und Ergebnis notieren	Bestätigung des Zeigerformalismus! *Licht nimmt tatsächlich alle Wege, auch die, die nicht mit dem geometrisch richtigen zusammenfallen.*
Vertiefung 20'	Michelson-Interferometer beschreiben, Skizze anfertigen. EXP: *Michelson-Interferometer.* Was passiert, wenn ein Lichtweg verlängert wird?	Ringe zählen, Basislänge bestimmen.	Idee: M-I. ist ein Instrument, bei dem die beiden Grenzschichten der Seifenhaut gegeneinander verschoben werden können. Es gibt ebenfalls 2 Lichtwege → Interferenz. Zeigerstellung verändert sich bei bestimmter Länge immer um 360° .
Ergebnissicherung 20'	Ergebnis: Interferenz, Berechnungsformel anschreiben Def. Basislänge Basislänge ist sehr klein!!	Versuchsbeschreibung: Lichtwege, Interferenz Berechnung der Basislänge Konsequenz für Zeigerspirale?	Basislänge = 2 * Weg / Anzahl Ringe ≈ 650 nm *Basislänge des Lichtes: Def.: Die Basislänge λ ist die Strecke, um die ein Lichtweg verlängert werden muß, um das gleiche Interferenzbild wieder zu erhalten.* Alle, bis auf einige ganz dicht beieinander liegende LW, haben vollkommen unterschiedliche Zeigerstellungen
HA 5'	*AB-4 Spiegel II* mit Übungsaufgabe austeilen und erläutern		Übungsaufgabe teilweise abgedeckter Spiegel.

Bemerkungen zur Unterrichtsdurchführung

Die Bedeutung des Poisson-Flecks als experimentum crucis für den Nachweis, daß Licht alle zur Verfügung stehenden Wege nimmt, kann durch das Erwähnen POISSONS Absicht hervorgehoben werden, der das Experiment zur Widerlegung der Interferenzoptik vorschlug, da er den Fleck nicht erwartet hatte.

Ergebnisse der Unterrichtsbeobachtung

Während der Erprobung widerstrebte den Schülerinnen und Schülern der Gedanke, das Licht könne auch andere Lichtwege als die nach der geometrischen Optik richtigen nehmen. Sie suchten verzweifelt nach anderen Begründungen für die Beobachtung, wie z.b. die Annahme, das Licht des Poisson-Flecks käme durch Reflexion der glänzenden Kugel an den Beobachtungspunkt. Obwohl die Reflexion an der Kugel natürlich keine Abbildung am Beobachtungspunkt verursachen kann, ließ sich der Zweifel erst durch Schwärzen der Kugel ausräumen.

7.3.2.3 Berechnung der Lichtintensitäten bei der partiellen Reflexion an einer Glasplatte

Lernziele:

Die Schülerinnen und Schüler sollen...

• erkennen, daß die Basislänge die Farbe des sichtbaren Lichtes bestimmt.

• Intensitäten des reflektierten und transmittierten Lichtanteils an einer Glasplatte berechnen können.

Inhalt

Anknüpfend an die Messung der Basislänge des roten Lichtes wird in dieser Stunde das Spektrum des Lichtes besprochen. Es wird wieder die Seifenhaut gezeigt, die aufgrund ihrer keilförmigen Schicht verschiedenfarbige Interferenzen zeigt. Bei einfarbiger Beleuchtung (siehe Abbildung 39) ist zu erkennen, daß die Streifen je nach Farbe unterschiedliche Abstände haben. Im direkten Vergleich sieht man, daß die Streifen bei grüner Beleuchtung dichter beieinander liegen als bei roter Beleuchtung. Dies läßt sich nur dadurch erklären, daß die Basislängen des grünen Lichtes kleiner als die des roten sind, denn beim Ausmessen der Lichtwege werden die Zeiger bei grüner Beleuchtung infolgedessen schon bei dünneren Schichten um den gleichen Betrag gedreht. **Es ergibt sich offensichtlich ein direkter Zusammenhang zwischen der Farbe des Lichtes und der Basislänge.** Das Spektrum des Lichtes über den sichtbaren Bereich wird den Schülerinnen und Schülern anhand einer Spektraltafel gezeigt. (vgl. Abbildung 46).

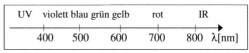

Abbildung 46: Spektrum des Lichtes

Die Beschreibung der partiellen Reflexion mit Zeigern wurde noch nicht vollständig behandelt. Bisher wurden die Intensitätsunterschiede vor und hinter der Schicht nicht berücksichtigt. Dazu muß generell der Frage nachgegangen werden, was den Zeigern auf den Lichtwegen neben der besprochenen Drehung passieren kann. Da wir keine Theorie zur Ableitung solcher zusätzlicher Zeigermanipulationen zur Verfügung haben, müssen diese so konstruiert werden, daß sie mit den beobachtbaren Phänomenen im Einklang sind. Zwei bisher nicht berücksichtigte Meßergebnisse müssen beachtet werden. Die Intensität bei der partiellen Reflexion an einer Grenzschicht Luft – Glas (bei senkrechtem Einfall) reduziert sich auf 4 % bzw. bei der Transmission auf 96 %, und die Summe beider Intensitäten ergibt unter Vernachlässigung der Absorption 100 %.

Diese Eingaben lassen sich im Zeigermodell realisieren, wenn die Länge der Zeiger der Lichtwege bei jeder Reflexion um den Faktor 0,2 und bei jeder Transmission um den Faktor $\sqrt{0,96} \approx 0,98$ **gekürzt werden** (vgl. Abbildung 47).

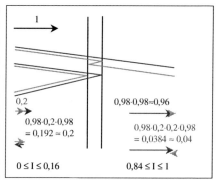

Abbildung 47: Zeigerstellungen und Längen bei einer partiellen Reflexion an einer Scheibe der Stärke $d = \lambda/2$

Eine weitere Besonderheit muß bei der Anwendung des Zeigerformalismus beachtet werden: Bei sehr dünnen Seifenhäuten fällt auf, daß alle Reflexe verschwinden und die Haut dadurch unsichtbar bzw. bei der Projektion schwarz wird. Besonders eindrucksvoll ist dies bei langlebigen Seifenblasen, die nach einiger Zeit (ca. 1/2 Stunde) wie ein geköpftes Ei aussehen. Zur Demonstration wird eine Seifenblase auf ein Filmdöschen gesetzt und unter einem umgestülpten Glaszylinder geschützt (s. Abbildung 48). Mit etwas Glück und genügend hoher Luftfeuchtigkeit können solche Seifenblasen einige Stunden überdauern. An diesem Experiment ist besonders verwunderlich, daß die Zeigerberechnung für praktisch gleich lange Lichtwege der Reflexion an der vorderen und hinteren Grenzschicht der Seifenhaut konstruktive Interferenz (maximale Intensität) voraussagt. Das Problem läßt sich nur durch eine weitere Regel des Zeigerformalismus beheben, welche die Schülerinnen und Schüler selbst

Abbildung 48: „Geköpfte" Seifenblase (aus: WEBER 1999)

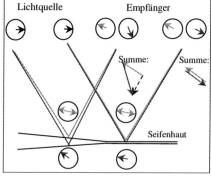

Abbildung 49: Zeigeraddition am „Loch" der Seifenblase

vermuten können: **Nur eine zusätzliche Drehung eines Zeigers um 180° kann die destruktive Interferenz des reflektierten Lichtes und die vollständige Transmission erklären.** Welcher der Lichtwege die Zeigerdrehung erfährt, ist beliebig und wird vom Lehrer nach der Konvention (vgl. Phasensprung in der Wellentheorie) gesetzt: **Der Zeiger wird bei einer Reflexion am dichteren Medium um zusätzliche 180° gedreht** (vgl. Abbildung 49).

Die willkürlich erscheinende Setzung der zusätzlichen Drehung bei der Reflexion läßt sich mathematisch als sinnvoll bestätigen: Die Bilanz der Intensitäten des reflektierten und transmittierten Lichtes ergibt in der Summe für beliebige Schichtdicken immer eins (vgl. Arbeitsblatt AB-2a Zeiger, Anhang A).

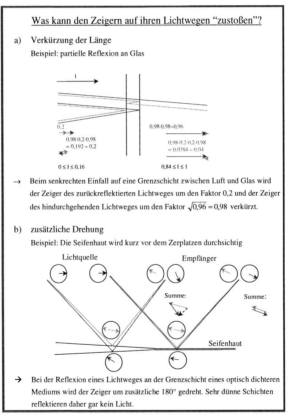

Abbildung 50: Informationsblatt AB-2a Zeiger

Mit dieser Ergänzung des Zeigerformalismus kann die Berechnung von Lichtintensitäten bei der Reflexion und Transmission in Abhängigkeit einer vorgegebenen Schichtdicke direkt berechnet werden, was von den Schülerinnen und Schülern am Beispiel einer Glimmerplatte geübt wird.

Verlaufsplan:

Phase	Lehreraktivität	Schüleraktivität	Inhalt / Ergebnis
HA-Bespr. 10'		Ergebnisse der HA nennen	Durch die Abdeckung des Spiegels ergeben sich an der Schattenkante Interferenzstreifen.
Vertiefung 15'	Seifenhaut wiederaufgreifen, einfarbig beleuchten. Spektraltafel des Lichtes anzeichnen	aus Beobachtung Zusammenhang zwischen Farbe und Basislänge finden.	grüne Streifen liegen dichter beieinander als rote => $\lambda_{\text{grünes Licht}} < \lambda_{\text{rotes Licht}}$
Ergebnissicherung 5'		Ergebnisse notieren, Spektrum abzeichnen	*Die Basislänge bestimmt die Farbe des sichtbaren Lichtes.*
Erarbeitung 15'	*AB-2a Zeiger* besprechen. *Folie von AB-2a* auflegen Darauf hinweisen, daß das Vorgehen, eine Theorie so zu konstruieren, daß sie ein Exp. richtig beschreibt, typisch für die Q-Physik ist.	Die S. erkennen, daß sich die Zeigerverkürzung bei der partiellen Reflexion als Wurzel aus den gemessenen Intensitäten errechnet.	Zeiger muß bei Reflexion um Faktor 0,2 und bei Transmission um den Faktor 0,98 verkürzt werden, damit sich die im Exp. bestimmten Intensitäten ergeben.
Einstieg 5'	EXP *Seifenblase im Einmachglas:* „geköpfte" Seifenblase vorführen	EXP beobachten	Seifenblase wird nach einiger Zeit im oberen Bereich sehr dünn und reflexfrei.
Erarbeitung 10'	Seifenhaut skizzieren (Abbildung 49). Vereinbarung: Drehung des Zeigers bei Reflexion am opt. dichteren Medium	EXP „geköpfte" Seifenhaut erklären: Differenz der Weglängen ist praktisch 0 → keine Reflexion.	Einer der Zeiger muß bei der Reflexion um zusätzliche 180° gedreht werden. Bei sehr dünnen Schichten stehen sich die Zeiger der reflektierten Lichtwege gegenüber, d.h. die Resultierende ist 0.
Vertiefung 10'	*Folie von AB-2a Zeiger* auflegen. Intensitäten von reflektiertem und transmittiertem Licht müssen 1 ergeben	Die S. addieren die Zeiger des reflektierten und transmittierten Lichtes des Seifenblasenexperimentes für und erhalten Intensitäten >1.	Intensitäten von reflektiertem und transmittiertem Licht ergeben 1, wenn eine zusätzliche Zeigerdrehung bei der Reflexion am opt. dichteren Medium eingeführt wird.
Übung 10'		Zeiger zeichnen, Intensitäten berechnen (in Partnerarbeit beginnen)	Glimmerplatte, 70μm, senkrechter Lichteinfall, $\lambda=650$nm a) Zeichnen Sie die Zeiger zu den Lichtwegen! b) Spielt die Entfernung der Lichtquelle eine Rolle? c) Berechnen Sie die relativen Intensitäten des reflektierten und hindurchgehenden Lichtes!
Ergebnisvergleich 10'	Rechenweg an die Tafel schreiben	erste Ergebnisse der Aufgabe vergleichen	a) siehe [1] b) Nein, die Entfernungen Lichtquelle – Glas und Glas – Beobachtungspunkt sind für beide LW gleich lang => gleiche Zeigerdrehungen. c) $I_r=10,5$ % $I_h=89,5$ %
HA		Aufgabe Glimmerplatte fertigstellen	

Bemerkungen zur Unterrichtsdurchführung

Die zweite Stunde kann auch in umgekehrter Reihenfolge aufgebaut werden: Durch die eher mathematische Betrachtung der Intensitäten von reflektiertem und transmittiertem Licht wird die zusätzliche Zeigerdrehung notwendig, so daß die Summe der Lichtintensitäten Null ergibt. Am Beispiel der Glimmerplatte wird diese Ergänzung des Zeigerformalismus geübt. Die „geköpfte" Seifenblase dient dann der experimentellen Bestätigung der Theorie. Dieses Vorgehen stellt einen weniger anspruchsvollen Weg dar, bei dem eine geringere Erwartung an die Schülerinitiative zu stellen ist, da der Impuls zur Einführung der zusätzlichen Zeiger-drehung vom Lehrer vorgegeben wird.

Ergebnisse der Unterrichtsbeobachtung

In dieser Stunde wurde die Frage gestellt, was mit dem Licht bei der Interferenz passiert, wohin es bei den dunklen Stellen verschwindet. Es kommt tatsächlich über beide Wege Licht am Beobachtungspunkt an (Licht geht alle Wege!); damit ist jedoch noch keine Energieüber-tragung garantiert. Die Lichtintensität hängt von den Längenunterschieden der Lichtwege ab! In dem Zusammenhang stellte ein Schüler die Frage, ob auch bei Wärmestrahlung Interferen-zen zu beobachten sind. Eine adäquate Antwort ließe sich erst durch die Auseinandersetzung mit der bei Wärmestrahlung zu geringen Kohärenz geben: Damit Interferenzen entstehen, darf der Längenunterschied der Lichtwege nicht größer als die Kohärenzlänge sein. Die Behand-lung der Kohärenz ist in der Unterrichtseinheit nicht vorgesehen.

Die Regeln für das Verkürzen der Zeiger und die zusätzliche 180°-Drehung bei der partiellen Reflexion erschienen den Schülerinnen und Schülern wie erwartet sehr konstruiert und nahezu beliebig. Ein Schüler fragte nach einem Beweis für die Richtigkeit der Theorie. Das Experiment der „geköpften Seifenblase" ist kein Beweis, aber ein Indiz für die Richtigkeit. Die Quantentheorie läßt sich insgesamt nicht als richtige Theorie beweisen, sie stimmt jedoch hervorragend gut mit experimentellen Beobachtungen überein.

---

[1] Zur Lösung der Aufgabe:

1. Berechnung der Zeigerwinkel (Weglängen außerhalb der Platte werden vernachlässigt):

Anzahl aller *Zeigerdrehungen* = *Weglänge* / λ

LW 1: 70µm/650nm = 107,69 Drehungen

=> letzte unvollständige Zeigerdrehung:

360° · 0,69 ≈ 250°

LW 2: 3·70µm/650nm = 323,07 Drehungen

=> Zeigerdrehung: 360° · 0,07 ≈ 30°

LW 3: 2·70µm/650nm = 215,38 Drehungen

=>Zeigerdrehung: 360° · 0,38 ≈ 140°

LW 4: Reflexion am dichteren Medium = 180°

2. Berechnung der Zeigerlängen:

Die Anfangslänge (= 1) wird bei jeder Reflexion mit 0,2 und bei jeder Transmission mit $\sqrt{0,96}$ multipliziert. Durch vektorielle Addition der Zeigerpaare ergeben sich die Längen der Resultierenden *r* und durch das Quadrieren von *r* die Intensitäten *I*.

$\sqrt{0,96} \cdot \sqrt{0,96} = 0,96$

240°
r = 0,946
I = 89,5%

140°
r = 0,326
I = 10,5%

0,2

$\sqrt{0,96} \cdot 0,2 \cdot 0,2 \cdot \sqrt{0,96}$
= 0,0384

$\sqrt{0,96} \cdot 0,2 \cdot \sqrt{0,96} = 0,192$

7.3.2.4 Die Bragg-Reflexion

Lernziele:

Die Schülerinnen und Schüler sollen...

- wissen, daß sich dem Spektrum des Lichtes außerhalb des sichtbaren Bereichs die Wärmestrahlung (größere Basislängen) und die UV- bzw. Röntgenstrahlung (kleinere Basislängen) anschließen.

- aufgrund eines Experimentes erkennen, daß räumliche Gitter Licht (z.b. auch Mikrowellen, Röntgenlicht) unter bestimmten Winkeln reflektieren.

Inhalte:

Nachdem in der letzten Stunde das Spektrum des sichtbaren Lichtes behandelt wurde, soll jetzt die Erweiterung in den nichtsichtbaren Bereich thematisiert werden. An das rote Ende des Spektrums schließt sich die Wärmestrahlung an, deren Basislängen größer sind. Elektromagnetische Wellen, z.b. Mikrowellen (Radiowellen) haben dementsprechend noch größere Basislängen. Auf der anderen Seite schließen sich an das violette Ende des sichtbaren Lichtes die UV-Strahlung und mit noch kürzeren Basislängen die Röntgenstrahlung an. (vgl.

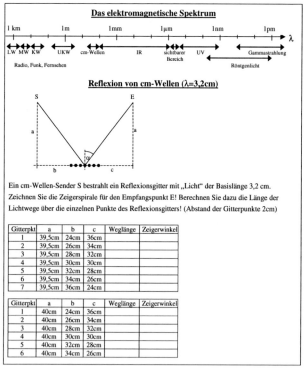

Das elektromagnetische Spektrum

Reflexion von cm-Wellen (λ=3,2cm)

Ein cm-Wellen-Sender S bestrahlt ein Reflexionsgitter mit „Licht" der Basislänge 3,2 cm. Zeichnen Sie die Zeigerspirale für den Empfangspunkt E! Berechnen Sie dazu die Länge der Lichtwege über die einzelnen Punkte des Reflexionsgitters! (Abstand der Gitterpunkte 2cm)

Gitterpkt	a	b	c	Weglänge	Zeigerwinkel
1	39,5cm	24cm	36cm		
2	39,5cm	26cm	34cm		
3	39,5cm	28cm	32cm		
4	39,5cm	30cm	30cm		
5	39,5cm	32cm	28cm		
6	39,5cm	34cm	26cm		
7	39,5cm	36cm	24cm		

Gitterpkt	a	b	c	Weglänge	Zeigerwinkel
1	40cm	24cm	36cm		
2	40cm	26cm	34cm		
3	40cm	28cm	32cm		
4	40cm	30cm	30cm		
5	40cm	32cm	28cm		
6	40cm	34cm	26cm		

Abbildung 51: Arbeitsblatt AB-5 Bragg-Reflexion

Abbildung 51) **All diese Wellen und Strahlungen können als Licht bezeichnet und mit dem Zeigermodell beschrieben werden.**

In dieser Stunde soll die Bragg-Reflexion behandelt werden. Ihre größte Bedeutung liegt in der Röntgenspektroskopie, sie soll hier aber anhand von Mikrowellen veranschaulicht werden. Mikrowellen zeigen die üblichen optischen Eigenschaften wie Reflexion und Brechung und können durch das Aufmodulieren eines akustischen Signals mit einem entsprechenden Empfänger akustisch registriert werden. Die Reflexion erfolgt an Metallplatten oder auch an Metallstäben oder –kugeln, die in einer Ebene liegen. Bei der Beschreibung im Zeigermodell werden wie gewohnt die Lichtwege vom Sender über die Reflexionspunkte zum Empfänger in der Einheit der Basislänge vermessen und die Zeiger zu einer Spirale addiert. Wie im sichtbaren Bereich ist die Intensität des Lichtes am größten, wenn Sender und Empfänger im gleichen Winkel α zum Lot der Ebene stehen. Dies wird mit Hilfe eines Arbeitsblattes (Abbildung 51) wiederholt. Dabei sollen zwei Schülergruppen jeweils eine Spirale für zwei verschiedene, hintereinander liegende Ebenen mit Reflexionspunkten (Gitterpunkten) berechnen. Es ergeben sich für jede Ebene Zeigerspiralen, die je nach Reflexionswinkel und Abstand d der Ebenen unterschiedlich orientiert sind. Werden diese Abstände verändert, so lassen sich Intensitätsschwankungen des registrierten Signals bemerken.

Die Intensität ist am größten, wenn alle Zeigerspiralen die gleiche Orientierung besitzen, was gegeben ist, wenn die Lichtwege übereinanderliegender Gitterpunkte einen Längenunterschied Δs von einem Vielfachen der Basislänge λ haben. Die Bragg-Bedingung (maximale Intensität der Reflexion) ist erfüllt, wenn

$$\Delta s = 2\,d \cos \alpha = n\,\lambda \Rightarrow \cos \alpha = n\,\lambda\,/\,2d.$$

Die Abstände der Gitterpunkte müssen in der Größenordnung der Basislänge des verwendeten Lichtes liegen. Daher wird Röntgenlicht zur Untersuchung von Gitterabständen in Kristallgittern verwendet, die im Größenbereich einiger Å liegen.

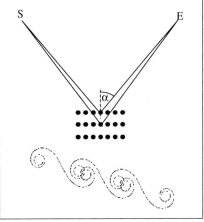

Abbildung 52: Bragg-Reflexion mit schematischer Darstellung der Zeigeraddition

137

Verlaufsplan:

Phase	Lehreraktivität	Schüleraktivität	Inhalt / Ergebnis
HA-Bespr. 10'	Evtl. Rechenweg an die Tafel schreiben	Ergebnisse der HA zur Glimmerplatte vergleichen	a) siehe [3] b) I_r=10,5 % I_h=89,5 % c) Nein, die Entfernungen Lichtquelle – Glas und Glas – Beobachtungspunkt sind für beide LW gleich lang => gleiche Zeigerdrehungen.
Einstieg 5'	Überblick über el. magn. Spektrum *Folie von AB-5* *Bragg-Reflexion*		Der sichtbare Bereich ist nur ein kleiner Bereich des Lichtspektrums. kürzere Basislängen: UV, Röntgenlicht, längere Basislängen: IR, Mikrowellen. Alle Lichtarten lassen sich mit Zeigern beschreiben.
Problematisierung 10'	Einführung: Mikrowellen EXP *Mikrowellensender und -empfänger, Gitter, Meßverstärker, evtl. Radio zur Modulation*: Reflexion von Mikrowellen	Versuchsbeschreibung, Beobachtung notieren	Verwendung von Mikrowellen mit Modulation für akustische Übertragungen Mikrowellen werden an metallischen Platten reflektiert.
Übung 20'	*AB-5 Bragg-Reflexion* austeilen Ergebnisse auf Folie eintragen	Berechnung der Zeigerspirale für Reflexion von Mikrowellen am Gitter (2 Gruppen für 2 versch. Abstände) AB-5	Es ergeben sich für die beiden verschiedenen Abstände zwei gleiche Spiralen, die jedoch gegeneinander verdreht sind
Vertiefung 15'	Frage, wie könnte man die Intensität bei der Reflexion verstärken? Welches ist der richtige Abstand?	Durch mehrere Reflexionsgitter im richtigen Abstand Bragg-Bedingung herleiten	Zeigerspiralen müssen alle gleich orientiert sein Gangunterschied Δs: Vielfaches der Basislänge $\Delta s = n\,\lambda = 2\,d\cos\alpha$ α: Reflexions- (Glanz-)winkel, d: Gitterabstand
Ergebnissicherung 5'		Zeichnung und Merksätze notieren	*Bragg-Reflexion:* *Die Lichtwege übereinander liegender Gitterpunkte unterscheiden sich in ihrer Länge. Ist der Wegunterschied $\Delta s = n\,\lambda$, so weisen die beiden Zeiger in die gleiche Richtung. Damit sind auch die Zeigerspiralen der Gitterebenen gleich orientiert.* *Bragg-Bedingung:* $\cos\alpha = \dfrac{n\lambda}{2d}$
Erarbeitung 15'	EXP: Bragg-Reflexion	Hilfestellung, Winkel messen und rechnerisch überprüfen	Gitterebenenabstand d = 20 mm → α = arc cos (32mm/40mm) = 37° (Meßbeispiel)
Vertiefung 5'	Bragg-Reflexion zur Analyse von Kristallen		Versch. Gitterebenen im Kristall, Basislänge im Bereich der Abstände der Gitterebenen
Übung (HA) 5'			Röntgenlicht der Basislänge λ = 150 pm wird an einem NaCl-Kristall reflektiert. Bestimmen Sie für d = 278 pm den Glanzwinkel, unter dem eine starke Reflexion zu erwarten ist.

Bemerkungen zur Unterrichtsdurchführung

Auf die Bragg-Reflexion als ein weiteres optisches Phänomen kann im Rahmen der weiterführenden Optik prinzipiell verzichtet werden, sie wird aber später im Zusammenhang der Elektronenbeugung benötigt und deshalb an dieser Stelle eingeführt.

Bei der Durchführung des Experimentes ist darauf zu achten, daß keine weiteren reflektierenden metallischen Flächen (z.b. die Tafel) in der Nähe sind. Das Reflexionsgitter kann mit Styroporplatten, in die im Abstand von ca. 2cm kleine Metallkugeln gedrückt werden, selbst hergestellt werden.

Ergebnisse der Unterrichtsbeobachtung

Die Verwendung eines Musiksignals (Kopfhörerausgang eines Radios) zur Modulation der Mikrowellen hatte einen stark motivierenden Charakter, obwohl das Thema der Modulation nicht weiter besprochen wurde.

7.3.2.5 Beugung am Doppelspalt
Beugung am Einzelspalt

Lernziele:

Die Schülerinnen und Schüler sollen...

- entdecken, daß das Licht durch geeignete Spalte gebeugt werden kann, also von der geradlinigen Ausbreitung abweicht.

- das Doppelspaltexperiment mit Hilfe des Zeigerformalismus beschreiben können.

- einsehen, daß zur Anwendung des Zeigerformalismus prinzipiell alle möglichen Lichtwege berücksichtigt werden müssen, aber in der Praxis die Berücksichtigung solcher Lichtwege ausreicht, welche aus geradlinigen Teilen zusammengesetzt sind.

Inhalt

Als eines der einfachsten Interferenzexperimente wird das Doppelspalt-Experiment durchgeführt. Abweichend von der üblichen Beschreibung in der Wellentheorie geht man nicht von einer unendlich weit entfernten Lichtquelle aus, sondern vermißt wieder die Lichtwege von der punktförmig gedachten Quelle bis zum Beobachtungspunkt. Dazu kann das Funktionsmodell zur Vermessung der Lichtwege wieder als Anschauungshilfe dienen (vgl. Abbildung 53). Mathematisch läßt sich die Länge der Lichtwege mit dem Pythagoras berechnen,

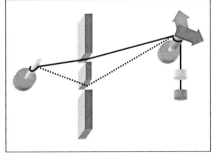

Abbildung 53: Funktionsmodell zum Vermessen des Doppelspaltexperimentes

139

wobei die Abstände der Interferenzmaxima und die Spaltbreite sorgfältig bestimmt werden müssen, während ungenaue Maße für die Entfernung Spalt – Beobachtungsschirm kaum Auswirkungen auf das Ergebnis haben (s. Abbildung 54). Die Entfernung Quelle – Spalt kann bei senkrechter Beleuchtung des Spaltes sogar ganz vernachlässigt werden, da die Zeiger beider Wege bis zum Spalt um den gleichen Winkel gedreht werden.

Im Zeigermodell werden die Intensitätsmaxima des Doppelspaltbildes dadurch erklärt, daß die Zeiger der beiden Wege in die gleiche Richtung weisen, also die Weglängen um ein Vielfaches der Basislänge λ variieren.

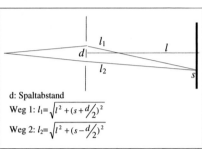

d: Spaltabstand

Weg 1: $l_1 = \sqrt{l^2 + (s + d/2)^2}$

Weg 2: $l_2 = \sqrt{l^2 + (s - d/2)^2}$

Abbildung 54: Doppelspaltexperiment

Eine Übungsaufgabe zur Bestimmung eines Maximums l. Ordnung am Doppelspalt gibt Anlaß, eine Formel zur Berechnung des gesuchten Ortes herzuleiten. Unter Nutzung des obigen Satzes und Nutzung der Winkelfunktionen kommt man zur üblichen Gleichung $s \cong \dfrac{n\lambda l}{d}$ für den Ort des n. Maximums.

Die Beantwortung einer grundlegenden Fragestellung bei der Anwendung des Zeigerformalismus steht noch aus: Müssen bei der Beschreibung eines Interferenzexperimentes wirklich alle möglichen Lichtwege berücksichtigt werden? Unter allen Lichtwegen könnten auch sehr „verrückte" krummlinige Wege verstanden werden. Es muß tatsächlich angenommen werden, daß das Licht wirklich all diese Wege geht, jedoch tragen sie nicht alle merklich zum Ergebnis bei. Je „verrückter" die Wege sind, d.h. je stärker sie von einem geradlinigen Weg abweichen, desto stärker variieren ihre Längen im Vergleich zu ihren unmittelbaren

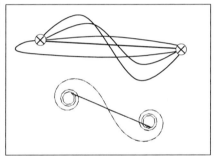

Abbildung 55: Alle Wege und Cornu-Spirale

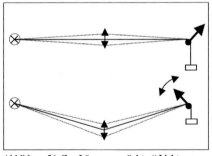

Abbildung 56: Zur Länge „verrückter" Lichtwege

Nachbarwegen (s. Abbildung 56). Die zugehörigen Zeiger weisen daher in vollkommen unterschiedliche Richtungen, so daß sie in der Summe nicht merklich zur Resultierenden beitragen. Dies läßt sich mit Hilfe des Funktionsmodells an der Magnethafttafel (vgl. Abbildung 41) einfach demonstrieren: Wird der gespannte, gerade Faden ein wenig ausgelenkt, dreht sich der Zeiger kaum; ist er jedoch schon weit ausgelenkt und wird nun noch ein wenig weiter gezogen, so ist eine deutliche Längenänderung durch die Zeigerdrehung sichtbar. Bei der Addition all dieser Zeiger ergibt sich wieder eine Spirale, wobei die Zeiger der „verrückten" Lichtwege die immer kleiner werdenden Spiralköpfe bilden. Der physikalische Name dieser Spirale ist Cornu-Spirale (vgl. Abbildung 55). Ihre Resultierende ändert sich nicht mehr in ihrer Länge, wenn all die denkbaren „verrückten" Wege berücksichtigt werden. **Bei der Anwendung des Zeigerformalismus ist es daher sinnvoll, grundsätzlich nur geradlinige Lichtwege von der Lichtquelle zum optischen Instrument (Spiegel, Spalt, Grenzschicht etc.) und weiter zum Beobachtungspunkt zu berücksichtigen.**

Die Überlegung, ob alle nötigen Lichtwege am Doppelspalt berücksichtigt wurden, führt zur Betrachtung eines einzelnen Spaltes. Hier müssen verschiedene Lichtwege, die durch unterschiedliche Stellen des Spaltes führen, berücksichtigt werden. Die Durchführung des Einzelspaltexperimentes bestätigt erneut, daß die Zusammensetzung der Lichtwege aus geraden Stücken die Beobachtungen richtig beschreibt.

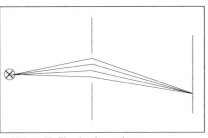

Abbildung 57: Einzelspaltexperiment

Verlaufsplan:

Phase	Lehreraktivität	Schüleraktivität	Inhalt / Ergebnis
Einstieg 10'	EXP _Laser, Doppelspalt_ vorführen	Beugungserscheinung beobachten, Versuchsaufbau und Beobachtung notieren Meßwerte aufnehmen	Es gibt 2 Lichtwege zu jedem Beobachtungspunkt → Interferenz Abstand von Spalt und Schirm, sowie Abstand zwischen 0. und 1. Beugungsmax bzw. -min. messen. Spaltabstand ist gegeben
Problematisierung 20'	Was wird beobachtet? Wo sind helle / dunkle Stellen zu erwarten?	Lösungsweg mit Zeigerformalismus und Formel zur Bestimmung der Zeigerlänge entwickeln. (Gruppenarbeit)	siehe Abbildung 54 (Meßbeispiel) Messung: $l = 3{,}33\,m$ $d = 0{,}2$ mm $\lambda = 650$ nm $s_{min} = 5$ mm → $l_1 = 3{,}330003905\,m$ $l_2 = 3{,}330003605$ m → 5123082,931 Dreh. 5123082,469 Drehungen → $\alpha_1 = 335°$ $\alpha_2 = 169°$ $s_{max} = 11$ mm → $l_1 = 3{,}330018500m$ $l_2 = 3{,}330017839$ m → 5123105,385 Dreh. 5123104,368 Dreh. → $\alpha_1 = 139°$ $\alpha_2 = 132°$
Ergebnissicherung 15'	An Tafel skizzieren	Merksätze formulieren	_Doppelspalt:_ _Es gibt 2 Lichtwege zu jedem Beobachtungspunkt, daher entsteht Interferenz._ _Die Zeiger der LW, welche zu hellen Stellen führen, zeigen in die gleiche Richtung → max. Intensität. Dagegen heben sich die Zeiger der LW, welche zu dunklen Stellen führen auf._ _n. Max: Wegdifferenz(Gangunterschied)=n λ_ _n. Min: Wegdifferenz = (n-1/2) λ_

141

Übung 15'	Aufgabe: $\lambda = 650$ nm $l = 1$m, $d = 0{,}1$ mm Berechne 1. Max ! Hilfe geben.	Pythagoras-Formel läßt sich nicht nach s auflösen Winkelzusammenhang finden.	$\tan \alpha = \dfrac{s}{l} \cong \sin \alpha = \dfrac{n\lambda}{d}$ $\Rightarrow s \cong \dfrac{n\lambda l}{d}$ Lösung: $s = 6{,}5$ mm
Ergebnis- sicherung 5'		Merksatz ergänzen	**_Das n. Max beim Doppelspalt liegt bei_** $s = \dfrac{n\lambda l}{d}$
Vertiefung 15'	Problem: Der Zeigerformalismus erfordert die Berücksichtigung aller möglichen LW Bsp: Geradlinige Ausbreitung des Lichtes durch Luft: mögliche Wege anzeichnen (Abbildung 55)	Überlegen, welche LW bei versch. Versuchsan- ordnungen möglich sind und wie sie zum Ergebnis beitragen. Gerader Weg ist kürzester Weg, alle anderen haben abweichende Zeiger und bilden bei der Addition eine Spirale	„Verrückte LW" variieren sehr in ihren Längen. Ihre Zeiger weisen daher in unter- schiedlichste Richtungen und heben sich gegenseitig auf. **_Berücksichtigung aller LW_** **_Prinzipiell müssen alle möglichen LW berücksichtigt werden. In der Praxis ist es aber sinnvoll, nur solche LW zu betrachten, die aus geradlinigen Stücken zusammenge- setzt sind, also von der Lichtquelle zum opt. Instrument (Spiegel, Spalt, Grenzschicht, etc.) geradlinig, von dort zum Beobachtungspunkt weiter geradlinig._**
Vertie- fung 10'	EXP _Laser, Einfachspalt_ demonstrieren, Skizze anzeichnen	Es gibt viele Wege, die durch den Spalt führen → Interferenz	Die beobachtbare Interferenz ist ein qualitativer Nachweis, daß Licht bei der geradlinigen Ausbreitung mehrere LW nimmt.

Bemerkungen zur Unterrichtsdurchführung

Beim Berechnen der Länge der beiden Lichtwege am Doppelspalt müssen die Schülerinnen und Schüler realisieren, daß es unmöglich ist, diese Längen mit einer Genauigkeit im Bereich der Basislänge zu vermessen. Es kann ihnen durch Verschieben des Doppelspaltes gezeigt werden, daß es weniger auf den absoluten Abstand zwischen Doppelspalt und Beobachtungs- schirm als auf die Breite des Spaltes und die Größe des Beugungsbildes ankommt.

Ergebnisse der Unterrichtsbeobachtung

Die Durchführung des Doppelspaltexperimentes hat noch einmal deutlich gemacht, daß die Schülerinnen und Schüler wie beim Poisson-Fleck die Beobachtung mit Hilfe des Zeigerfor- malismus richtig begründen können, jedoch die Konsequenz, daß das Licht „um die Ecke gehen" kann, ungern akzeptieren. Sie versuchen, den Konflikt am Doppelspalt beispielsweise durch die Reflexion des Lichtes an den Kanten des Spaltes zu lösen. Abhilfe schafft die Zeichnung von sich gegenüberstehenden spitzen Kanten.

Bei der Überlegung, wo genau der Lichtweg durch den Spalt geht, entsteht quasi automatisch die Diskussion über die Auswahl der zu berücksichtigenden Lichtwege. Die Schülerinnen und Schüler machten eigene Vorschläge für „verrückte" Lichtwege und akzeptierten, daß die Zeiger der geradlinigen Stücke zum Ergebnis beitragen, während die Zeiger der „verrückten" Wege willkürlich zueinander stehen und deshalb in den Spiralköpfen wiederzufinden sind.

Bei der Beschreibung des Einzelspaltes fragte ein Schüler, warum der Lichtweg ausgerechnet im Spalt abgeknickt wird und nicht erst ein Stück dahinter. Es wurde vereinbart, daß zwischen Lichtquelle und Spalt bzw. Spalt und Beobachtungsschirm nur geradlinige Wegstücke betrachtet werden, also der später abknickende Lichtweg zu den „verrückten" zählt.

Ein anderer Schüler bemerkte ganz richtig, daß bei der Variation verschiedener Lichtwege im Einzelspalt die gesamten Längen dieser Wege von der Lichtquelle bis zum Beobachtungspunkt berechnet werden müssen. Dies soll in der nächsten Stunde mit Hilfe des Computers geschehen.

7.3.2.6 Berechnung der Intensitätsverteilung des Beugungsbildes eines Einzelspaltes
Konstruktion eines Reflexionsgitters

Lernziele:

Die Schülerinnen und Schüler sollen...

* das Einzelspaltexperiment mit Hilfe des Zeigerformalismus beschreiben können.

* ein Computerprogramm zur Anwendung des Zeigerformalismus kennenlernen.

* erkennen, daß durch geeignete Gitter das Licht an vorgegebene Stellen gelenkt werden kann.

Inhalt

In dieser Stunde wird der Einzelspalt quantitativ behandelt. Ein verstellbarer Spalt wird mit einem etwas aufgeweiteten Laser beleuchtet[1]. Wird die Spaltbreite beginnend bei 2 mm langsam reduziert, so zeigen sich in dem zunächst gleichmäßig ausgeleuchteten Streifen auf dem Beobachtungsschirm nach und nach immer deutlicher Strukturen: Es entstehen dunkle Streifen in der Mitte, und die Ränder werden unscharf. Wenn der Spalt ganz schmal wird, wird das Bild breiter.

Die Intensitätsverteilung auf dem Beobachtungsschirm läßt sich exakt bestimmen, indem zu jedem Punkt auf dem Schirm eine Zeigerspirale gebildet wird. Die Quadrate der Resultierenden der Spiralen lassen sich vergleichen und geben die Verteilung an. Da diese Rechnung zwar einfach, aber enorm aufwendig ist, lohnt sich der Einsatz eines

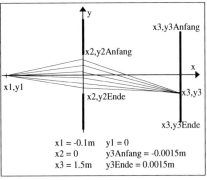

$x1 = -0.1\,m$ $y1 = 0$
$x2 = 0$ $y3\text{Anfang} = -0.0015\,m$
$x3 = 1.5\,m$ $y3\text{Ende} = 0.0015\,m$

Abbildung 58: Eingabe der Versuchsdaten bei LW13

---

[1] Zur Aufweitung wird eine Sammellinse ($f = 5\,cm$) verwendet. Der Abstand Lichtquelle – Spalt (ca. 20 cm) wird vom Brennpunkt aus gemessen. Der Beobachtungsschirm steht etwa 60 cm hinter dem Spalt. Zur Vermessung der Spaltbreite eignen sich besonders Meßlehren, die im Werkzeughandel erhältlich sind.

Computers. Die Rechenschritte lassen sich leicht programmieren (z.B. unter PASCAL oder auch mit Hilfe des Tabellenkalkulationsprogramms EXCEL), es stehen aber auch fertige Programme zur Verfügung (ERB 1994, BADER 1996).

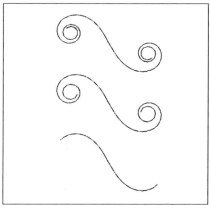

Für den Unterricht bietet sich das PASCAL-Programm LW13 von ERB an[1], bei dem die Geometrie des Versuchsaufbaus gemäß Abbildung 58 einzugeben ist und einzelne Zeigerspiralen oder die Intensitätsverteilung des Schirmbildes angezeigt werden können.

Abbildung 59: Zeigerspirale bei Verringerung der Spaltbreite

Es ergeben sich bei genauer Vermessung des Versuchsaufbaus sehr gute Übereinstimmungen der errechneten und beobachteten Ergebnisse.

Aber schon ohne Computer läßt sich durch Betrachtung der Zeigerspiralen überlegen, wie sich beispielsweise die Intensität im Zentrum des Bildes bei Verringerung der Spaltbreite verändert: Mit der Verringerung der Breite fallen die zu den äußersten Lichtwegen gehörenden Zeiger weg. D.h. die Spirale wird beginnend in den Spiralköpfen symmetrisch verkürzt. Dabei wird die Resultierende abwechselnd größer und kleiner (vgl. Abbildung 59). **Tatsächlich lassen sich durch Variation der Spaltbreite Maxima oder Minima im Zentrum des Bildes einstellen und die entsprechenden Zeigerspiralen mit Hilfe des Computerprogramms berechnen.**

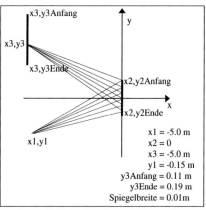

$x1 = -5.0\ m$
$x2 = 0$
$x3 = -5.0\ m$
$y1 = -0.15\ m$
$y3Anfang = 0.11\ m$
$y3Ende = 0.19\ m$
Spiegelbreite $= 0.01 m$

Abbildung 60: Versuchsaufbau mit kleinem Spiegel

Ganz ähnlich wird der Aufbau eines kleinen beleuchteten Spiegels, der ein Bild auf einen Beobachtungsschirm wirft, in den Computer eingegeben und berechnet (Abbildung 60).

Befindet sich der Schirm in der gleichen Entfernung wie die Lichtquelle, so ist das Bild doppelt so groß wie der Spiegel und besitzt an den Rändern kaum bemerkbare Intensitätsschwankungen (siehe Abbildung 61).

---

[1] Ein komfortables PASCAL-Programm, welches unter DOS auf jedem 386er-Rechner läuft. Es kann von der Universität Gh Kassel, Didaktik der Physik oder der Humboldt-Universität Berlin, Didaktik der Physik angefordert werden.

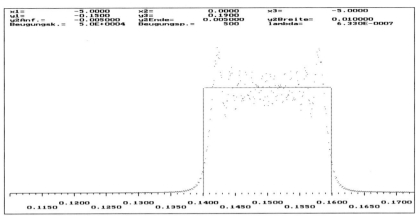

Abbildung 61: Exakte und idealisierte Darstellung der Intensitätsverteilung eines Spiegelbildes

Nun kann man fragen, was eine Zeigeraddition außerhalb dieses Bildes, z.B. an der Stelle y3 = 12 cm, ergibt. Dort variieren die Längen der Lichtwege so stark, daß es keine gerichtete Aneinanderreihung von Zeigern gibt, sondern alle Zeiger befinden sich noch innerhalb des Spiralkopfes. Die Resultierende ist nahezu Null (vgl. Abbildung 62, links oben).

Um nachzuweisen, daß das Licht tatsächlich zu diesem Punkt geht, müßte man eine Möglichkeit finden, nur einige der Zeiger zu

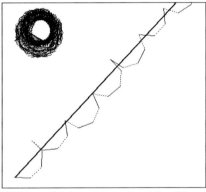

Abbildung 62: Zeigeraddition mit und ohne Gitter

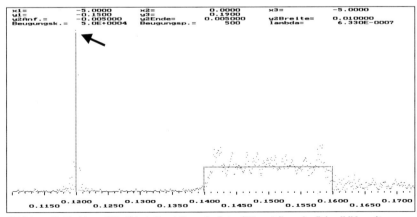

Abbildung 63: Exakte und idealisierte Darstellung der Intensitätsverteilung des Spiegelbildes mit aufgelegtem Gitter

berücksichtigen, z.B. alle, die in die Richtung der Resultierenden zeigen. Dies ist auch realisierbar, indem die Lichtwege, die zu den restlichen Zeigern gehören, abgedeckt werden. Ein entsprechendes Gitter läßt sich mit dem Programm LW13 herstellen[1] (s. Abbildung 64). Die Zeigeraddition ergibt dabei eine wesentlich größere Resultierende (vgl. Abbildung 62).

Wird das Gitter auf den Spiegel gelegt, so ist auf dem Schirm an der zuvor dunklen Stelle (y3 = 12 cm) eine helle Linie erkennbar, und das alte Bild des Spiegels ist deutlich dunkler geworden (vgl. Abbildung 63).

Dieses Experiment, das die Tragweite des Zeigerformalismus im Gegensatz zu der schulüblichen Wellentheorie besonders hervorhebt, ist für die Schülerinnen und Schüler überraschend und spannend zugleich. **Die von der geometrischen Optik abwei-chende Ausbreitung des Lichtes an eine**

```
Spaltbreite= 0.010 m
x1= -5.000   x2= 0.000   x3= 5.000   y1= 0.000   y3= 0.030
y2Anfang= -0.005   y2Ende= 0.005
```

Abbildung 64: Folie F-1 Gitter, berechnet mit dem Programm LW13 von ERB (1994)

vorgegebene Stelle läßt sich unter Verwendung eines speziellen Gitters nachweisen!

Verlaufsplan:

Phase	Lehreraktivität	Schüleraktivität	Inhalt / Ergebnis
Einstieg 10'	EXP *Laser, verstell-barer Einfachspalt, Meßfühler 0.05mm – 1 mm*: Spaltbreite variieren, Werte des Aufbaus s. Fußnote [1] und Abbildung 58. Versch. Spaltbreiten vermessen	Zeigerspirale: Intensität müßte beim Verändern der Spaltbreite schwanken Interferenzbild beobach-ten	Zeigerspirale für zentralen Beobachtungspunkt ist symmetrisch, beim Verringern der Spaltbreite fallen die Zeiger in den Spiralköp-fen nach und nach weg. Intensität schwankt.
Erarbei-tung 20'	*Computer mit Programm LW13*: zur Berechnung einsetzen, Programm erläutern	gemessene Werte in das Programm eingeben und Ergebnis mit Interferenz-bild vergleichen Spaltbreite variieren (Partnerarbeit am Computer)	Computer berechnet Zeigerspiralen für viele Punkte des Beobachtungsschirms und ermittelt daraus eine Intensitätsverteilung

---

[1] Mit dem Programm lassen sich Gitter berechnen und auf einen Postscript-Drucker ausdrucken. Der Ausdruck kann mit einem Dia-Film abfotografiert werden. (vgl. ERB 1995, S. 54ff.)

Ergebnis-sicherung 15'		Versuchsbeschreibung notieren	Es lassen sich durch Variation der Spaltbreite Maxima oder Minima im Zentrum des Bildes einstellen. Erklärung: Die Spirale wird beginnend in den Spiralköpfen symmetrisch verkürzt. Dabei wird die Resultierende abwechselnd größer und kleiner.
Problema-tisierung 5'	EXP *Oberflächen-spiegel* demonstrie-ren.	Experiment beobachten.	Aufbau siehe Abbildung 60. Es ist das Bild des Spiegels auf dem Beobach-tungsschirm zu sehen
Erarbei-tung 10'	Intensitätsverteilung am Spiegel berechnen.	Ergebnis mit Bild vergleichen (Partnerarbeit am Computer).	Intensitätsverteilung siehe Abbildung 61.
Problema-tisierung 15'	Wie sehen die Zeigerspiralen für dunkle Beobach-tungspunkte aus?	Es sind Teile einer Spirale, (nur der Kopf)	siehe Abbildung 62.
	Wie könnte man an die dunklen Stellen Licht bekommen? *F-1 Gitter* zeigen	Lichtwege mit ungünsti-gen Zeigern weglassen Beispiel am Computer durchrechnen	Konstruktion eines Gitters mit Hilfe des Computerprogramms. Die Resultierende an der zuvor dunklen Stelle wird bei Verwendung des Gitters wesentlich größer (Abbildung 63).
Vertiefung 10'	EXP *Gitter per LW13 berechnet* aufbauen: Das Gitter wird direkt auf den Spiegel gelegt.	Experiment beobachten, Staunen	Es ist an der zuvor dunklen Stelle eine helle Linie erkennbar.
Ergebnis-sicherung 5'		Ergebnis notieren	*Mit einem Gitter läßt sich nachweisen, daß das Licht LW nimmt, die von der geometri-schen Optik abweichen!*

Bemerkungen zur Unterrichtsdurchführung

Die Einführung des Programms benötigt einige Zeit. Es ist auch zu beachten, daß das Programm auf 386er Computern relativ langsam läuft. Es lassen sich jedoch ungemein viele Experimente (bereits durchgeführte, wie auch weitere von den Schülerinnen und Schülern angeregte Experimente) nachrechnen, was die Schülerinnen und Schüler sehr anspricht.

Falls ein Computerraum zur Verfügung steht, können die Schülerinnen und Schüler die Aufgaben selbst oder in kleinen Gruppen bearbeiten. Nach einer spielerischen Eingewöhnung werden sie schnell mit dem Programm vertraut.

Die Experimentieraufbauten sollten ebenfalls im Computerraum vorgeführt werden, um die direkte Vergleichsmöglichkeit von Experiment und Rechnung zu gewährleisten.

Ergebnisse der Unterrichtsbeobachtung

Das Experiment zur „Ablenkung" des Lichtes von der geradlinigen Ausbreitung beeindruckt die Schülerinnen und Schüler sehr. Die Zweifel, daß die Betrachtung von „verrückten" Lichtwegen, die nicht den Gesetzmäßigkeiten der geometrischen Optik entsprechen, sinnvolle Ergebnisse liefert, können endgültig ausgeräumt werden.

7.3.3   Unterrichtseinheit: Quantenphysik mit Zeigern

7.3.3.1   Das Taylor-Experiment
Das Photon

Lernziele:

Die Schüler sollen...

- den Versuchsaufbau zur Fotografie von Beugungsbildern (Taylor-Experiment) nachvollziehen.

- angeregt durch das Betrachten von Fotonegativen oder Dias erkennen, daß Licht portionsweise registriert wird und die Portionen einer bestimmten Energie entsprechen.

- wissen, daß die Energieportionen (Quanten) des Lichtes Photonen heißen.

- erfahren, daß das Registrieren von Photonen räumlich und zeitlich statistisch variiert.

- erkennen, daß Licht Elektronen auslösen kann, sofern das Licht eine bestimmte Farbe (Basislänge) hat. Licht einer „falschen" Farbe (zu große Basislänge) kann auch mit extrem hoher Intensität keine Elektronen auslösen.

Inhalt

Das Taylor-Experiment übernimmt in den ersten beiden Doppelstunden der Unterrichtseinheit „Quantenphysik mit Zeigern" die Schlüsselrolle bei der Einführung der Quanteneigenschaften des Lichtes. Das Experiment hat zwei fundamental wichtige Funktionen: Es zeigt Indizien für die quantenhafte Lichtabsorption, welche bei den bisherigen Interferenzexperimenten keine Rolle gespielt hat (1. Doppelstunde) und führt, indem Wellen- und Quantenaspekte des Lichtes bei der Beschreibung des Experimentes gleichzeitig auftreten, das klassische Wellen- und Teilchenmodell ad absurdum (zweite Doppelstunde).

TAYLOR führte 1909 Interferenzexperimente mit sehr geringen Lichtintensitäten durch. Während er die Beugung des Lichtes an einer Nadel untersuchte, wird heute das Experiment nach einem Vorschlag von PARKER im Jahre 1971 leichter mit einem Doppelspalt durchgeführt. Das Grundprinzip ist dasselbe, die Deutung geht jedoch über TAYLORS Darstellung hinaus[1]. Das Beugungsbild wird über einen längeren Zeitraum auf einer fotoempfindlichen Schicht aufgenommen, wozu ein normaler Schwarz-Weiß-Negativfilm oder ein Diafilm in einem Fotogehäuse ohne Objektiv genutzt werden kann. Das Bild fällt bei geöffneter Ver-

---

[1] Taylor ging 1909 davon aus, daß die Energie des Lichtes über die Wellenfronten in ungleichmäßig großen Abständen verteilt sei und sich diese Abstände bei Herabsetzung der Lichtintensität vergrößerten. Die Annahme, daß sich demzufolge Interferenzmuster bei Verringerung der Intensität veränderten, konnte er widerlegen. Er hat in seinem Experiment beobachtet, daß die Schärfe eines Interferenzbildes auch bei starker Herabsetzung der Lichtintensität, welche einer eine Meile entfernten Kerze entsprach, unverändert blieb, sofern die Belichtungszeit auf drei Monate vergrößert wurde.

schlußklappe direkt auf den Film, wozu die gesamte Anordnung lichtdicht eingepackt werden muß. Es empfiehlt sich eine Fotoreihe aufzunehmen, bei der zunächst die Intensitäten verringert und dann Verschlußzeiten bis zu einigen Minuten schrittweise erhöht werden. Alternativ läßt sich das Beugungsbild unmittelbar durch einen Bildverstärker beobachten, der im Prinzip wie ein zweidimensionaler Photomultiplier das Licht bereits einzelner Photonen um den Faktor 10^5 verstärkt. In beiden Fällen läßt sich die Intensität der Lichtquelle durch zwei gekreuzte Polfilter so stark reduzieren, daß der mittlere zeitliche Abstand der Registrierung einzelner Photonen größer wird, als die Lichtausbreitung zwischen Quelle und Beobachtungspunkt dauert. Nach einer Langzeitbelichtung, bzw. durch den Bildverstärker sofort, ist ein Beugungsmuster zu sehen, was mit dem Bild bei normalen Intensitäten identisch ist.

Unter Verwendung eines Mikroskops ist auf den Bildern kürzerer Belichtungszeit und besonders an den Rändern der Beugungsbilder keine gleichmäßige Graufärbung der Interferenzstreifen zu erkennen, sondern eine körnige Struktur von schwarzen Punkten auf hellem Hintergrund (Schwarz-Weiß-Negativfilm) bzw. roten Punkten auf schwarzem Hintergrund (Diafilm) (vgl. Abbildung 65). Auch beim Blick durch ein Mikroskop auf den Lichtverstärker sieht man keine gleichmäßigen Streifen, sondern ein ständiges Flimmern bzw. Aufblitzen leuchtender Punkte.

Abbildung 65: Interferenzbild bei geringer Lichtintensität und großer Belichtungszeit

Diese Beobachtung legt nahe, daß das Licht in diskreten „Energieklümpchen" übertragen wird. Man darf allerdings nicht annehmen, daß jede dieser Lichtportionen eine Färbung auf dem Film bzw. einen Lichtblitz hinterläßt, jedoch kann eine kontinuierliche Lichtübertragung ausgeschlossen werden. **Für die Energieportionen (Quanten) des Lichtes wird an dieser Stelle der Name Photonen eingeführt.**

Zur Bestimmung der Größe der Photonenenergie wird das Experiment zum Photoeffekt durchgeführt. Zum Einstieg wird eine geladene Zinkplatte durch Beleuchtung mit einer Quecksilberdampflampe entladen. Es zeigt sich dabei nur ein Effekt, wenn die Platte negativ geladen wurde (Glasstab, Katzenfell) und der UV-Anteil des Lichtes nicht durch eine Glasplatte absorbiert wird. Ohne diesen UV-Anteil des Lichtes reicht auch eine noch so große Intensität nicht zum Entladen der Platte aus. **Als Ergebnis dieses qualitativen Experimentes läßt sich feststellen, daß die Photonenenergie, die für das Entladen der Zinkplatte verantwortlich ist, offenbar von der Farbe des Lichtes abhängt und erst ab dem ultraviolett ausreichend ist.** Es läßt sich bereits vermuten, daß die Größe der Energie umgekehrt mit der Basislänge des Lichtes zusammenhängt.

In der verbleibenden Zeit der Stunde kann die quantitative Auswertung des Photoeffektes vorbereitet werden. Dazu lesen die Schülerinnen und Schüler das Arbeitsblatt AB-6 Photoeffekt (s. Abbildung 66) und erhalten vom Lehrer eine Erläuterung: In einer evakuierten Zelle befindet sich die photoempfindliche Schicht und vor dieser ein Gitter, das den Strom (Photo-

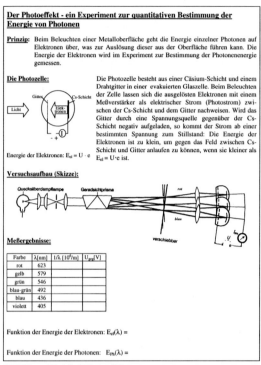

Der Photoeffekt - ein Experiment zur quantitativen Bestimmung der Energie von Photonen

Prinzip: Beim Beleuchten einer Metalloberfläche geht die Energie einzelner Photonen auf Elektronen über, was zur Auslösung dieser aus der Oberfläche führen kann. Die Energie der Elektronen wird im Experiment zur Bestimmung der Photonenenergie gemessen.

Die Photozelle: Die Photozelle besteht aus einer Cäsium-Schicht und einem Drahtgitter in einer evakuierten Glaszelle. Beim Beleuchten der Zelle lassen sich die ausgelösten Elektronen mit einem Meßverstärker als elektrischer Strom (Photostrom) zwischen der Cs-Schicht und dem Gitter nachweisen. Wird das Gitter durch eine Spannungsquelle gegenüber der Cs-Schicht negativ aufgeladen, so kommt der Strom ab einer bestimmten Spannung zum Stillstand: Die Energie der Elektronen ist zu klein, um gegen das Feld zwischen Cs-Schicht und Gitter anlaufen zu können, wenn sie kleiner als $E_{el} = U \cdot e$ ist.

Energie der Elektronen: $E_{el} = U \cdot e$

Versuchsaufbau (Skizze):

Meßergebnisse:

Farbe	λ[nm]	$1/\lambda$ [10^6/m]	U_{grg}[V]
rot	623		
gelb	579		
grün	546		
blau-grün	492		
blau	436		
violett	405		

Funktion der Energie der Elektronen: $E_{el}(\lambda) =$

Funktion der Energie der Photonen: $E_{Ph}(\lambda) =$

Abbildung 66: AB-6 Photoeffekt

strom) der herausgelösten Elektronen ableitet. Bei verschiedenen Basislängen (dem Spektrum der Hg-Lampe) wird der Photostrom durch ein Gegenfeld abgebremst. Das Gegenfeld bestimmt die maximale Energie der Elektronen $E_{el} = e \cdot U$, die proportional zur Energie der Photonen ist und in der Einheit Elektronenvolt [eV] angegeben wird.

Verlaufsplan:

Phase	Lehreraktivität	Schüleraktivität	Inhalt / Ergebnis
Einstieg 15'	EXP *Laser, 2 Pol-filter, Linse, Doppel-spalt, Fotoapparat, Stoppuhr, schwarzer Karton und Tücher:* Fotografie des Beu-gungsbildes am Dop-pelspalt vorbereiten	Berechnung der Intensitätsverteilung am Computer	Brennweite $f = 8$ cm Abstand Brennpunkt – Doppelspalt = 22 cm Abstand Doppelspalt – Film = 34 cm Spaltabstand 0,3mm
Erarbei-tung 10'	Durchführung des Taylor-EXP	Belichtungszeiten notieren	Beugungsbilder auf Dia-Film mit unterschied-lichen Belichtungszeiten fotografieren.

Problema-tisierung 15'	Betrachtung eines *beliebigen Schwarz-Weiß-Filmes* unter *Mikroskop*	Schüler sehen körnige Struktur	Körnige Struktur von weißen Punkten auf schwarzem Hintergrund (keine gleichmäßige Graufärbung) Interpretation: Licht wird in Energieportionen registriert, welche den Film in sehr kleinen Bereichen schwärzen können. Es gibt kein Grau! Energieportionen (Quanten) heißen Photonen
Ergebnis-sicherung 5'	Eigenschaften der Photonen zusammenfassen, anschreiben	Ergebnisse notieren	***Das Photon*** *Bei einer Messung von Licht (z.B. einer Fotografie) wird Energie grundsätzlich portionsweise registriert.* *Die Energieportionen heißen Quanten und speziell beim Licht Photonen. Das Antreffen von Photonen ist ein zufälliger Prozeß.*
Einstieg 10'	EXP *Hg-Lampe, Glasscheibe Zinkplatte, Elektroskop, Katzenfell, Glasstab, Plastikstab* Entladung einer neg. geladenen Zinkplatte durch Hg-Licht, mit / ohne Glasscheibe,	Versuchsbeobachtung, andere Lichtquellen in Betracht ziehen	Die negativ (nicht positiv!) geladene Zinkplatte entlädt sich bei Beleuchtung mit der Hg-Lampe. Es findet keine Entladung bei Verwendung der Glasscheibe zwischen Lampe und Zinkplatte statt.
Problema-tisierung 10'	Hilfestellung geben	Vermutungen formulieren: Zusammenhang mit Intensität, Art der Lichtquelle, Farbe, Basislänge des Lichtes	Elektronen werden aus der Zinkplatte durch Photonen herausgeschlagen. Photonen verschiedener Lichtquellen haben unterschiedliche Energie. Entscheidend ist die Farbe, nicht die Intensität großes λ → kleine Energie.
Ergebnis-sicherung 10'	Merksätze anschreiben	Ergebnisse notieren	***Der Photoeffekt*** *Photonen können Elektronen auslösen, wobei sie ihre Energie abgeben.* *Die Größe der Energie von Photonen hängt nicht von der Intensität, sondern nur von der Farbe (Basislänge) des Lichtes ab.* *Vermutung: Kleine Basislänge → große Energie*
Vertiefung 15'	Lehrervortrag: Quantitatives Experiment zum Photoeffekt erläutern, Gegenfeldmethode, Spektralfarben.	*AB-6 Photoeffekt* lesen, Versuchsaufbau nachvollziehen.	Idee: Energie der Elektronen messen, um auf die Energie der Photonen zu schließen. Photostrom = Elektronenstrom (meßbar). Der Photostrom fließt, wenn die Photoschicht negativ oder leicht positiv geladen ist. Die Energie der Elektronen ist durch $E = q \cdot U$ gegeben, d.h. das Gegenfeld bremst die Elektronen ab (entnimmt deren Energie) . Das Prisma zerlegt das Hg-Licht in einzelne Farben. Falls die Annahme (großes λ → kleine Energie) stimmt, müßte bei rotem Licht die Energie der Elektronen kleiner als bei blauem sein.

Bemerkungen zur Unterrichtsdurchführung

Das Taylorexperiment wird bewußt vor die Durchführung des Experimentes zum Photoeffekt gestellt, um die Teilchenvorstellungen, deren Förderung durch den Photoeffekt kaum vermeidbar sind, nicht in den Vordergrund treten zu lassen. Das Taylorexperiment übernimmt die Aufgabe der Einführung der Quanteneigenschaften des Lichtes, ohne die bereits erlernten Interferenzeigenschaften aufzugeben. Der Photoeffekt wird in dieser und der kommenden Doppelstunde lediglich dazu genutzt, die Größe der Photonenenergie zu bestimmen.

Die Auswertung des Taylor-Experimentes mit den selbstgemachten Aufnahmen erfolgt in der nächsten Stunde, in der klargestellt wird, daß Licht weder aus Teilchen noch aus Wellen besteht und alternativ das Zeigermodell zur Beschreibung der Quanteneigenschaften erweitert wird. Für die Untersuchung eines Filmes unter dem Mikroskop ist ein beliebiger bereits entwickelter Schwarz-Weiß-Film mitzubringen. Bei Verwendung eines Bildverstärkers entfällt diese Problematik. Die geringe Einsatzmöglichkeit rechtfertigt aber kaum die Investition dieses teuren Gerätes.[1] Das unregelmäßige Registrieren von Photonen kann alternativ auch mit einem Photomultiplier gezeigt werden. Besonders gut ist dies bei Verwendung von Licht kurzer Basislänge zu beobachten: Ein für Röntgenlicht empfindlicher Photodetektor zeigt das Registrieren von Photonen durch ein unregelmäßiges Klicken an. Es besteht jedoch die Gefahr, daß die Schülerinnen und Schüler bei diesem Experiment die Quantelung als eine Eigenschaft ausschließlich des Röntgenlichtes ansehen.

7.3.3.2 Der Photoeffekt

Lernziele:

Die Schüler sollen...

- erkennen, daß die Photonen des Lichtes je nach Basislänge unterschiedliche Energien tragen.

- die Formel zur Berechnung der Energie der Photonen $W = h\,c\,/\,\lambda$, die sie aus dem Experiment zum Photoeffekt entwickeln, beherrschen.

- anhand des Taylor-Experimentes erkennen, daß Licht weder mit dem Teilchen- noch dem Wellenmodell adäquat beschrieben werden kann.

- den Zeigerformalismus zur Berechnung von Antreffwahrscheinlichkeiten anwenden können.

---

[1] Bildverstärker bietet die Firma Proxitronic, Bensheim an, 2. Wahl-Artikel z.T. sehr günstig.

Inhalt

Nach der qualitativen Untersuchung des Photoeffektes in der letzten Stunde soll nun mit einer Photozelle unter Anwendung der Gegenspannungsmethode der vermutete Zusammenhang der Basislänge des Lichtes und der Photonenenergie bestätigt werden.

Die Photozelle wird nacheinander mit dem in die einzelnen Spektralfarben zerlegten Licht einer Quecksilberdampflampe beleuchtet. Die Gegenspannung wird jeweils so hoch einge-stellt, daß der Photostrom verschwindet. Es zeigt sich, daß die Funktion der Energie von der Basislänge eine verschobene Hyperbel ist, die zu einer Geraden wird, wenn die Energie in Abhängigkeit von $1/\lambda$ aufgetragen wird: $E_{el}(\lambda) = m \cdot 1/\lambda + b$ (vgl. Abbildung 67). Der Achsenabschnitt $b =: E_A$ ist die Austrittsarbeit und die Steigung $m =: h \cdot c$ legt das Wirkungs-

quantum h mit dem Literaturwert $h = 6{,}63 \cdot 10^{-34}$ Js fest, wobei die Lichtge-schwindigkeit c auftaucht, weil die Abhän-gigkeit von der Basislänge λ und nicht der Frequenz genutzt wird.

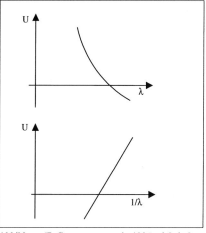

Das quantitative Experiment zum Photoef-fekt läßt sich zusammenfassend so interpre-tieren: **Die Photonen übertragen den Elektronen ihre Energie $E_{Ph} = h \cdot c/\lambda$, die zum Auslösen und Anlaufen gegen das Gegenfeld benötigt wird.**

Im zweiten Teil der Doppelstunde werden die entwickelten Dias des Taylor-Experi-mentes ausgewertet. Schülerinnen und Schüler, die Vorerfahrungen zu klassischen Modellen haben, sollten darauf hingewiesen

Abbildung 67: Gegenspannung in Abhängigkeit der Basislänge des Lichtes

werden, daß weder allein das Wellenmodell die Beugung erklären kann, weil eine kontinuier-liche Lichtübertragung beobachtet werden müßte, noch das Teilchenmodell aufgrund der Interferenz. Besonders unter der Voraussetzung, daß immer nur ein Teilchen gleichzeitig unterwegs ist, lassen die Fragen, durch welchen Spalt es fliegt und woher es von der Existenz des anderen Spaltes weiß, das Unvermögen des Teilchenmodells erkennen.

Während üblicherweise an dieser Stelle aufgrund der eingeschränkten Möglichkeiten der klassischen Modelle den Schülerinnen und Schülern die Idee des Dualismus von Welle und Teilchen vermittelt wird, zeigt sich hier ein entscheidender Vorteil des Zeigerformalismus: **Das Zeigermodell bietet im Gegensatz zu den klassischen Modellen die Möglichkeit der gleichzeitigen Beschreibung von Interferenz- und Quantenerscheinungen, indem der Formalismus zur Berechnung von Intensitäten uminterpretiert wird: Die dimensions-losen Quadrate der Resultierenden aus der Zeigeraddition werden nun zur Angabe der relativen Antreffwahrscheinlichkeit einzelner Photonen genutzt.** Damit zeigt sich erneut

die enorme Tragfähigkeit des Zeigermodells: Das zur Berechnung von Intensitäten eingeführte Kalkül (Zeigerformalismus) wird ohne Veränderung auf die Quantenphänomene
übertragen, d.h. es muß an dieser Stelle kein neues Modell oder Kalkül von den Schülerinnen
und Schülern erlernt werden.

So lassen sich beispielsweise die zu erwartenden Antreffwahrscheinlichkeiten von Photonen
auf dem Film mit Hilfe des Computerprogramms LW13 wie gewohnt berechnen.

Verlaufsplan:

Phase	Lehreraktivität	Schüleraktivität	Inhalt / Ergebnis
Einstieg 10'	EXP *Opt. Bank, Photozelle, Spalt, 15 cm Linse, 5 cm Linse, Geradsichtprisma, Meßverstärker, regelbare Spannungsversorgung:* Messung $U(\lambda)$	Werte ablesen und notieren	Werte in AB-6 Photoeffekt eintragen und Meßkurve auf Millimeterpapier zeichnen
Erarbeitung 20'	Zusammenhang für $E_{el}(\lambda)$ bestimmen	$E_{el}(\lambda)$ ist Hyperbel, Idee: $E_{el}(1/\lambda)$ zeichnen (Gruppenarbeit)	$E_{el}(1/\lambda) = U(1/\lambda) \cdot e$ ist Gerade, daraus läßt sich Steigung und Achsenabschnitt bestimmen $E_{el} = U(\lambda) \cdot e = m \cdot 1/\lambda + b$, mit $m = h \cdot c$ und $b = E_A = $ -2eV Austrittsarbeit $=> E_{el} = h \cdot c / \lambda + E_A$
Ergebnissicherung 15'	Ergebnis anschreiben Angabe der Literaturwerte für E_A und h	Ergebnisse formulieren Angabe von $U(\lambda)$ Bestimmung von $E_{el}(\lambda)$ Bestimmung von $E_{ph}(\lambda)$ Berechnung von h	$E_{el}(1/\lambda) = 1{,}243 \cdot 10^{-6} eVm \cdot 1/\lambda$ -1,94 eV $m = 1{,}989 \cdot 10^{-25} CVm = h \cdot c \Rightarrow h = 6{,}63 \cdot 10^{-34} Js$ $E_{Ph} = h \cdot c / \lambda$
Einstieg 10'	Frage: Was ist auf den *entwickelten Fotoaufnahmen der 1. Doppelstunde* mit verringerter Intensität zu erwarten? Betrachtung der Beugungsbilder mit einem *Diaprojektor:* Wie wirkt das Licht?	Mögliche Antworten: graue Streifen, gar nichts zu sehen, bei längerer Belichtung: normales Beugungsbild. Verschiedene Antwortmöglichkeiten je nach Modellvorstellung	Bei Projektion der Dias sind die gewohnten Interferenzstreifen zu sehen. Je länger belichtet wurde, desto heller erscheinen sie. Im Wellenmodell müßte sich eine einheitliche Graufärbung ergeben
Problematisierung 15'	Problem: Wie breitet sich das Licht aus? Wellen und Teilchenmodell des Lichtes diskutieren.	Welchen Weg gehen die Lichtteilchen? Woher kennt das einzelne Teilchen die Existenz des zweiten Spaltes? Eigene Ideen / Kenntnisse beitragen.	Die Teilchenvorstellung scheitert bei der Erklärung des Taylor-Experimentes. Dualismus Welle-Teilchen als unbefriedigende Lösung. Suche nach allgemeingültigem Modell.
Vertiefung 10'	Deutung des Zeigerformalismus für Photonen ?	Vorschläge: Anzahl von Photonen, Wahrscheinlichkeit des Antreffens.	Das Quadrat der Resultierenden ist eine Größe für die Antreffwahrscheinlichkeit von einzelnen Photonen.

Ergebnis-sicherung 5'	Wahrscheinlich-keitsinterpretation des Zeigermodells als Merksatz ergänzen.	Ergebnisse notieren.	*Bei geringen Lichtintensitäten gibt der Zeigerformalismus nicht die Intensität des Lichtes sondern die Antreffwahrscheinlichkeit von Photonen an.* Wie bisher werden dazu die Quadrate der Resultierenden verschiedener Zeigeradditionen berechnet.
HA 5'	Aufgabe anschreiben	Ein Laser (λ=640nm) emittiert Licht der Energie eines einzelnen Photons. Das Licht fällt auf eine 0,42 mm dicke Glimmer-platte. Mit welcher Wahrschein-lichkeit wird ein Photon vor bzw. hinter der Platte registriert?	Vor der Platte: $Z1$=180°, $L1$=0,2 $Z2$=(2·420µm mod 0,64µm)·360°=180°, $L2$=0,2·0,96=0,192 R^2 =(0,2+0,192)²≈0,15 Hinter der Platte: $Z3$=(420µm mod 0,64µm)·360°=90°, $L2$=0,96 $Z4$=(3·420µm mod 0,64µm)·360°=270°, $L2$=0,04·0,96=0,038 R^2 =(0,96-0,038)²≈0,85

Bemerkungen zur Unterrichtsdurchführung

Das Experiment zum Photoeffekt wird im Wesentlichen in der schulüblichen Form behandelt, mit der Abweichung, daß konsequent auf die Größe der Frequenz verzichtet wird. Das hat zur Folge, daß die hyperbolische Abhängigkeit der Energie von der Basislänge gefunden werden muß, was in mancher Augen unschön wirkt, aber keine wirkliche Hürde darstellt. Selbstver-ständlich könnte im Zusammenhang mit dem Photoeffekt die Frequenz eingeführt werden, jedoch besteht im Rahmen der weiteren Inhalte dazu kein Anlaß.

Probleme bei der Erklärung der Energieabschätzung durch die Gegenfeldmethode bestehen bei fehlenden Vorkenntnissen zum Feldbegriff.[1] Auf eine tiefergehende Problematisierung soll an dieser Stelle aber verzichtet werden, da sie im Vorfeld der bevorstehenden Einführung des Mediums Elektronium kontraproduktiv im Sinne einer Verstärkung von Teilcheneigen-schaften der Elektronen wirkt.

In diesem Zusammenhang ist es wichtig, in der Stunde den zweiten Aspekt des Taylor-Experimentes zu erarbeiten: das Versagen der klassischen Modelle. Dazu ist es je nach Kenntnisstand der Schülerinnen und Schüler unter Umständen notwendig, etwas weiter auszuholen, um zunächst einen kleinen Überblick über das Wellen- und das Teilchenmodell des Lichtes zu geben. Das bedeutet nicht, daß die Schülerinnen und Schüler erlernen sollen, mit diesen Modellen umzugehen, vielmehr sollen sie von ihrer Existenz wissen.

Ergebnisse der Unterrichtsbeobachtung

Es war für die Schülerinnen und Schüler kein Problem, für den Verlauf der Meßkurve eine hyperbolische Abhängigkeit zu erraten. Dagegen fiel es ihnen schwer, aus der Geraden im U-$1/\lambda$-Diagramm die Steigung und Achsenabschnitte zu ermitteln und aus diesen die gesuch-ten physikalischen Konstanten zu bestimmen.

---

[1] Die meisten Mittelstufenlehrpläne sehen eine Spannungsdefinition über das elektrische Feld vor.

7.3.3.3 Impuls des Photons
Weg des Lichtes und Fundamentalprinzip der Interferenz

Lernziele:

Die Schüler sollen...

- wissen, daß Photonen einen Impuls der Größe $p = h/\lambda$ besitzen.

- einsehen, daß der Photonenimpuls nur während der Registrierung des Lichtes eine Rolle spielt.

- die durch den Impuls naheliegende Teilchenvorstellung vom Licht als nicht haltbar erkennen und wissen, daß damit insbesondere nicht die Ausbreitung des Lichtes beschrieben werden kann.

- erkennen, daß Interferenz nur auftritt, wenn Licht über verschiedene ununterscheidbare Wege zu einem Beobachtungspunkt gelangen kann.

- die Heisenbergsche Unbestimmtheitsrelation kennen.

Inhalt

Der Impuls der Photonen ist eine Größe, die eine Quanteneigenschaft des Lichtes beschreibt, während die Basislänge für die Welleneigenschaft bedeutend ist. Im Zeigermodell sind daher beide Größen und ihre Beziehung zueinander wichtig. Der Zusammenhang soll in dieser Stunde über die Einsteinsche Beziehung $E = m\,c^2$ abgeleitet werden.

Zunächst wird die Existenz eines Photonenimpulses am Beispiel eines Kometenschweifes nahegelegt: Kometen leuchten in Sonnennähe, da Teile von ihnen aus Eis und Stein verdampfen und vom Sonnenwind (energiereiches Licht und Plasmastrom) weggeblasen werden. Der Schweif zeigt daher immer von der Sonne weg.

Analog der klassischen Mechanik wird für die Größe des Photonenimpulses $p = m\,c$ angenommen. Obwohl ohne Relativitätstheorie nicht geklärt werden kann, was die Photonenmasse m für eine Bedeutung hat, wird dieser Ausdruck in die populäre Einsteinsche Beziehung $E = m\,c^2$ eingesetzt,

Abbildung 68: Der Kometenschweif zeigt von der Sonne weg.

die ebenfalls die Größe der Masse enthält. Damit besteht die Beziehung $E = p\,c$, die mit der Photonenenergie $E = h\,c\,/\,\lambda$ gleichgesetzt wird, und es ergibt sich **der Zusammenhang von Photonenimpuls und Basislänge des Lichtes $p = h\,/\,\lambda$**.

Nach der vorwiegenden Erarbeitung von Teilcheneigenschaften des Photons sollte durch die Wiederholung der Ergebnisse des Taylor-Experimentes unbedingt noch einmal darauf hingewiesen werden, daß die Schülerinnen und Schüler sich unter der Lichtausbreitung keine fliegenden Photonen vorstellen sollen. **Vielmehr haben die Photonen erst bei einer Registrierung des Lichtes eine Bedeutung, indem die Teilcheneigenschaften wie Ort oder Impuls feststellbar werden.**

Interessanterweise kann der Frage, welchen Weg das Licht bei einem Interferenzexperiment geht, auch experimentell nicht nachgegangen werden. Alle Versuche, die diesbezüglich unternommen wurden, hatten zum Ergebnis, daß das Interferenzbild durch den messenden Eingriff zerstört wurde. Die Schülerinnen und Schüler können selbst nach Möglichkeiten suchen, den Weg des Lichtes experimentell zu bestimmen. Anhand des Michelson-Interferometers wird demonstriert, daß bei einer Kennzeichnung der Wege durch Polarisatoren[1] tatsächlich das Interferenzbild verschwindet und sich statt dessen eine gleichmäßige Intensität als Summe der Intensitäten der beiden Lichtwege auf dem Beobachtungsschirm ergibt. Dazu werden in die Arme des Interferometers zueinander gekreuzte Polfilter eingebaut. Photonen, deren Polarisationszustand bei der Registrierung durch einen dritten Polfilter, der parallel zu dem ersten oder zweiten Filter eingestellt wird, prinzipiell feststellbar ist, können so einem der beiden Wege zugeordnet werden. Das Interferenzbild verschwindet, egal ob der dritte Polfilter benutzt wird oder nicht, es sei denn, dieser wird unter 45° zwischen den beiden anderen Filtern eingestellt, was die Zuordnung zu einem der beiden Wege wieder unmöglich macht.

Diese Beobachtung wird zum Prinzip erklärt: **Das Fundamentalprinzip der Interferenz besagt, daß Interferenzen nur dann zu beobachten sind, wenn dem Licht mehrere verschiedene Wege zur Verfügung stehen, wobei die Wahl eines möglichen Weges durch die Versuchsanordnung unbestimmt bleibt.**

Auch mittels einer Orts- und Impulsmessung darf nach dem Fundamentalprinzip keine Bestimmung eines Lichtwegs möglich sein. Könnte man z.B. den Aufbau des Michelson-Interferometers mit den Orten der Spiegel exakt vermessen, so müßte das Licht bei seiner Reflexion an einem der Spiegel eine Impulsänderung erfahren, die am Spiegel abzulesen wäre. Diese Möglichkeit besteht aufgrund einer prinzipiellen Unbestimmtheit der Größen Ort und Impuls nicht, die aus dem Fundamentalprinzip abgeleitet werden kann: Um ein Interferenzbild zu erhalten, müßte der Ort der Spiegel mit einer Genauigkeit deutlich kleiner als der halben Basislänge bestimmt werden: $\Delta x \ll \lambda/2$. Der Impuls der Spiegel müßte vor und nach

---

[1] Kenntnisse zur Polarisation werden hier nicht vorausgesetzt, sondern lediglich als eine weitere Eigenschaft des Lichtes (wie die Farbe) eingeführt. Polarisatoren sind geeignet, die Polarisationseigenschaft des Lichtes festzustellen.

dem Lichtdurchgang mit einer Genauigkeit deutlich kleiner als dem zweifachen Photonenimpuls bestimmt werden: $\Delta p \ll 2p_{Ph} = 2h/\lambda$. **Das Produkt dieser beiden Meßungenauigkeiten $\Delta x \cdot \Delta p$, welches die Einheit einer Wirkung hat, müßte zur Bestimmung des Lichtweges unter Beibehaltung der Interferenz deutlich kleiner als h sein.** Dies wird durch das allgemeingültige Gesetz, der Heisenbergschen Unbestimmtheitsrelation, für unmöglich erklärt: $\Delta x \cdot \Delta p > h/4\pi$.

Mit dem Fundamentalsystem und der Einschränkung der Bedeutung von Photonen auf den Meßprozeß bezieht das Zeigermodell in der noch immer nicht abgeschlossenen Deutungsdebatte der Quantenphysik eine eigene Position. Diese kann im Vergleich mit Texten über die *Abkehr vom Dualismus* (BERGER, 1981) und die *Kopenhagener Deutung der Quantentheorie* (PAULI, zit. n. BERGER 1981) erarbeitet werden: Während im Welle-Teilchen-Dualismus die sich widersprechenden wellen- oder teilchenartigen, klassischen Eigenschaften je nach Bedarf zur Beschreibung experimenteller Ergebnisse genutzt werden, wird der Konflikt in der Kopenhagener Deutung mit dem Komplementaritätsgedanken auf eine höhere Ebene gestellt: Anschauliche, klassische Eigenschaften von Quantenobjekten lassen sich prinzipiell nicht beliebig exakt bestimmen, da keine Versuchsanordnung die gleichzeitige Messung komplementärer Größen zuläßt. **Das Zeigermodell lehnt eine Vorstellung über die Art oder Gestalt eines Quantensystems während seiner Ausbreitung, solange es ungestört ist, gänzlich ab. Erst durch die Messung (Registrierung) treten die Quanten des Systems, also Photonen oder Elektronen, in Erscheinung und lassen aufgrund der Wechselwirkung mit dem Meßgerät die Bestimmung physikalischer Größen z.B. Ort oder Impuls zu. Es macht keinen Sinn, zuvor eine Aussage über das Quant zu treffen.**

LK   Für Leistungskurse wird in den meisten Lehrplänen die Behandlung des Compton-Effektes vorgesehen. Die experimentelle oder auch nur theoretische Durchführung des Effektes bietet sich an dieser Stelle an. Die Einführung des Impulses für die Photonen wird dadurch im Nachhinein gerechtfertigt.

Verlaufsplan:

Phase	Lehreraktivität	Schüleraktivität	Inhalt / Ergebnis
Einstieg 10'	*F-2 Komet*: Warum zeigt der Schweif von der Sonne weg?	Vermutungen äußern	Der Impuls der Photonen des Sonnenlichtes ist verantwortlich für den Schweif.
Problematisierung 5'	Lehrervortrag: Herleitung des Photonenimpulses		Aus Relativitätstheorie ($E = m\,c^2$) folgt: mit $p = m\,c \Rightarrow E = p\,c = h\,c/\lambda \Rightarrow p = h/\lambda$
Übung 10'	Aufgabe zum Impuls von Photonen	Aufgabe lösen	Ein ruhendes Wasserstoffmolekül (H_2) emittiert ein Photon der Basislänge $\lambda = 434nm$. Wie groß ist nach der Emission die Geschwindigkeit des H_2? ($m_{H2} = 3{,}35 \cdot 10^{-27}$ kg) $$p_{H2} = m\,v = h/\lambda = p_{Ph}$$ $$v = \frac{h}{m\lambda} = \frac{6{,}63 \cdot 10^{-34}\,Js}{3{,}35 \cdot 10^{-27}\,kg \cdot 434nm} = 0{,}46\,\frac{m}{s}$$

Wieder-holung 10'	Dia mit Langzeitauf-nahme eines Beugungsbildes zeigen. Wie kommt das Bild zustande?	Vermutungen über die Ausbreitung von Licht diskutieren	Licht mit der Energie einzelner Photonen interferiert → Falsifizierung des Teilchenmo-dells vom Licht
Vertiefung 10'	Weg des Lichtes untersuchen	Vorschläge für experi-mentelle Nachweise machen	Der Weg des Lichtes läßt sich experimentell nicht finden.
Problema-tisierung 10'	EXP *Michelson-Interferometer mit Polfiltern* durchfüh-ren	Interferenzringe beobach-ten und Begründung für ihr Verschwinden suchen.	Die Interferenz verschwindet durch die Markierung der Lichtwege.
Ergebnis-sicherung 5'	Fundamentalprinzip formulieren.		*Fundamentalprinzip der Interferenz* *Man kann nichts über die Natur des Lichtes während seiner Ausbreitung sagen.* *Beim Auftreffen von Licht werden Photonen registriert mit $E = h \cdot c / \lambda$ und $p = h / \lambda$* *Interferenz tritt auf, wenn dem Licht verschie-dene Wege zum Beobachtungspunkt zur Verfügung stehen, deren Auswahl nicht durch die Versuchsanordnung bestimmt werden kann (Fundamentalprinzip).*
Vertiefung 10'	Ableitung der Heisenbergschen Unbestimmtheitsre-lation am Beispiel des Michelson-Interferometers.	Abschätzen der Größe der Unbestimmtheit aus der Kenntnis von Ort und Impuls eines Spiegels.	Auch eine Orts- / Impulsmessung darf nicht zum Bestimmen des Weges dienen, was durch eine prinzipielle Unbestimmtheit der Meßwerte ausgeschlossen ist. Meßgenauigkeit Ort: $\Delta x \ll \lambda/2$ Impuls: $\Delta p \ll 2 p_{Ph} = 2h/\lambda$ $\Rightarrow \ \Delta x \cdot \Delta p \ll h$ Heisenbergsche Unbestimmtheitsrelation: $\Delta x \cdot \Delta p > h/4\pi$.
Ergebnis-sicherung 5'	Merksatz formulie-ren.	Prinzip notieren.	*Heisenbergsche Unbestimmtheitsrelation:* *Die Orts- und Impulsbestimmung jeglicher Objekte kann nicht genauer erfolgen als durch die Gleichung $\Delta p \cdot \Delta x \geq h / 4\pi$ festgelegt ist.*
Vertiefung 15'	*AB-7 Deutungsde-batte* austeilen.	Text von Pauli lesen: Kopenhagener Deutung der Quantenphysik erarbeiten.	*Kopenhagener Deutung:* *Jede Messung beeinflußt das Experiment, wodurch komplementäre Größen nicht beliebig exakt bestimmbar sind. Quantenob-jekte können daher nicht im Sinne der klassischen Physik beschrieben werden.*
HA		Text von Berger lesen, Frage: Welche Vorstel-lung vom Licht liegt dem Zeigermodell zugrunde?	Deutung des Lichtes im Vergleich von Welle-Teilchen-Dualismus und Zeigermodell einordnen.

Bemerkungen zur Unterrichtsdurchführung

Die Thematik der Polarisation muß zur Auswertung des Michelson-Experimentes nicht explizit erläutert werden, sondern es reicht an dieser Stelle aus, den Schülerinnen und Schülern mitzuteilen, daß der Polarisationszustand eine Eigenschaft des Lichtes ist, die sich durch geeignete Filter analysieren läßt. Die Polarisation soll durch den Versuch nicht zum

Untersuchungsgegenstand werden, sondern als ein Hilfsmittel zur Kennzeichnung des Lichtes benutzt werden. Trotzdem ist das Michelson-Interferometer zur Demonstration des Fundamentalprinzips nicht ganz unproblematisch, weil der Einwand gebracht wird, unterschiedlich polarisiertes Licht interferiere eben nicht. Es ist dabei zu bedenken, daß auch Licht der Intensität eines einzelnen Photons interferiert und bei einer längeren Betrachtung zum Entstehen eines Interferenzbildes beiträgt. Besonders in dem Fall, in dem der dritte Polfilter unter 45° zu den beiden anderen Polfiltern steht, wird erkannt, daß die Wege, die das Licht nimmt, trotz der Markierung der einzelnen Photonen durch die Polfilter nicht mehr verfolgt werden können und demzufolge Interferenz zu beobachten ist.

Zur Plausibilisierung des Fundamentalprinzips erscheint ein Experiment, daß den Verlust der Interferenz bei Kenntnis des vom Licht genommenen Weges zeigt, äußerst wichtig. Es sind in den letzten Jahren eine Reihe äußerst interessanter Ansätze experimentell umgesetzt worden, die sich aber leider im Schulunterricht nicht realisieren lassen.

Die Auseinandersetzung mit den Deutungsfragen der Quantentheorie kann und sollte, sofern sie auf das Interesse der Schülerinnen und Schüler stößt, ausgedehnt werden. Die Ergänzung einer zusätzlichen Doppelstunde, in der sich die Schülerinnen und Schüler z.B. in Gruppenarbeit mit den historischen Texten intensiver beschäftigen können, wäre wünschenswert.

Ergebnisse der Unterrichtsbeobachtung

In der Untersuchungsklasse hat sich bei der Herleitung des Photonenimpulses gezeigt, daß der Vorgriff auf die Einsteinsche Gleichung $E = mc^2$ unproblematisch verlief, dagegen der Impulsbegriff selbst zum Teil völlig unbekannt war. Auf entsprechende Defizite aus dem Bereich der Mechanik muß eingegangen werden, wenn die Heisenbergsche Unbestimmtheitsrelation verstanden werden soll.

Durch die Untersuchung hat sich gezeigt, daß dem Erreichen des Zieles, mit dem Zeigermodell einen deutlichen Kontrast zu den klassischen Modellen herzustellen, mehr Zeit gewidmet werden sollte. Als Ergänzung zu dem erprobten Unterricht soll eine Auseinandersetzung mit dem Zeigermodell auf einer metaphysischen Ebene beitragen. Es bietet sich an, im Unterricht die Deutungsfragen des Lichtes zu beantworten und anhand historischer Texte die Anfänge der kontroversen Debatte um die Deutung der Quantentheorie nachzuvollziehen, um den Standpunkt des Zeigermodells zu erkennen. Neben den beiden für den Unterricht vorgeschlagenen Texten sind zwei weitere historische Texte von BORN und BOHR im Anhang zu finden, die der lesenswerten Zusammenstellung von Originalfassungen „Die Deutungen der Quantentheorie" (BAUMANN & SEXL, 1987) entnommen sind: In einem Text von BORN wird die Idee eines „Gespensterfeldes" erläutert, das den Teilchen vorauseilt, und BOHR erklärt die Auseinandersetzung mit EINSTEIN über die Möglichkeit der Wegbestimmung bei dem Doppelspaltexperiment.

7.3.3.4 Elektronium

Lernziele:

Die Schüler sollen...

- Elektronenstrahlung und die Möglichkeiten ihrer Erzeugung / Ablenkung kennen.

- den Begriff Elektronium kennen, welcher das Medium beschreibt, dessen Quanten die Elektronen sind.

- die Energie einzelner Elektronen von beschleunigtem Elektronium durch $E_{kin} = e \cdot U$ bestimmen können.

- erkennen, daß Elektronium wie Licht interferiert und mit dem Zeigermodell beschrieben werden kann.

- einsehen, daß Elektronium eine Basislänge besitzt. Ferner sollen sie den Zusammenhang zwischen der Basislänge des Elektroniums und dem Impuls der Elektronen bei einer Messung $\lambda = h / p$ (De-Broglie-Beziehung) erkennen.

- lernen, den Begriff der Raummaße zur Beschreibung von Licht und Elektronium zu verwenden.

Inhalt

Nach der Besprechung der Hausaufgabe und der Klärung der Deutungsmöglichkeiten des Lichtes unter den verschiedenen Zugängen wird in dieser Stunde ein neues Medium eingeführt. **Es ist das Elektronium, dessen Quanten die bekannten Elektronen sind.** Dabei ist Elektronium ein Begriff, der analog zum Begriff Licht eingeführt wird, wobei es das Ziel der Doppelstunde ist, die Ähnlichkeiten zu erarbeiten.

Zunächst sollen die bekannten Eigenschaften von Elektronen aufgegriffen werden, wobei sich in Experimenten die Ähnlichkeit zum Licht zeigt. Es ist bekannt, daß Elektronen geladen sind, manche Schülerinnen und Schüler wissen auch, daß Elektronen durch Glühemission aus Metallen gelöst werden können. **Aufgrund ihrer Ladung lassen sich Elektronen durch ein elektrisches Feld beschleunigen, dabei wird pro Elektron die Energie $E_{kin} = e\,U$ zugeführt.** In der Schattenkreuzröhre kann man mit den Elektronen experimentieren, z.B. ist mit Hilfe des Schattenkörpers eine geradlinige Ausbreitung wie beim Licht beobachtbar. Allerdings kann man im Gegensatz zum Licht eine Einwirkung von äußeren elektrischen oder magnetischen Feldern beobachten, welche den Schatten auf dem Beobachtungsschirm verschieben. Was man auf dem Schirm sieht, sind keine Elektronen, sondern eine Leuchterscheinung (Fluoreszenz), die das Registrieren von Elektronen anzeigt.

Was sind die Gemeinsamkeiten von Licht und Elektronen? Sie sollen von den Schülerinnen und Schülern tabellenartig zusammengestellt werden. Es fällt sogleich auf, daß der Name *Elektron* analog dem Namen *Photon* für das Quant gebraucht wird, daß jedoch ein analoger Begriff zu *Licht*, also für das *Medium*, dessen Quanten die Elektronen sind, nicht existiert.

Außer der Gemeinsamkeit, daß Licht und Elektronen bei der Ausbreitung unsichtbar sind, fallen zunächst nur Unterschiede auf (vgl. Tabelle 5). Neben der Ladung hat das Elektron im Gegensatz zum Photon auch eine Ruhemasse, damit ergeben sich die kinetische Energie und der Impuls nach den Gesetzen der Mechanik zu $E_{kin} = \frac{1}{2}\,m\,v^2$ und $p = m\,v$. Es stellt sich die Frage, ob das Medium der Elektronen wie das Licht interferieren kann und ob es eine Basislänge

	Licht	???
Quant	Photon	Elektron
Geschwindigkeit	c	$v \ll c$
Ruhemasse	0	$m_e = 9{,}1 \cdot 10^{-31}$ kg
Ladung	0	$e = 1{,}6 \cdot 10^{-19}$ C
Kin. Energie	$E = h \cdot c / \lambda$	$E = 1/2\ m\ v^2$
Impuls	$p = h / \lambda$	$p = m \cdot v$ $p = h / \lambda$???
Basislänge	λ	???
Interferenz	Zeigerformalismus Fundamentalprinzip	???

Tabelle 5: Vergleich Licht - Elektronium

(Farbe) zur Beschreibung mit dem Zeigerformalismus gibt. Dann wäre auch zu untersuchen, ob der Zusammenhang von Impuls und Basislänge wie beim Licht existiert.

Mit der Absicht, die Fragezeichen in der Tabelle zu ersetzen, **läßt sich zunächst unter Verwendung einer Beugungsröhre zeigen, daß Elektronen tatsächlich interferieren.** Es ist ein ringförmiges Interferenzmuster zu erkennen, das an die Interferenzringe des Michelson-Interferometers erinnert.

Da das Medium der Elektronen wie Licht interferiert, müssen wir annehmen, daß auch das Fundamentalprinzip der Interferenz gilt. **Wie beim Licht können wir nicht davon ausgehen, daß die Quanten, hier also die Elektronen, von ihrer Quelle zum Beobachtungsschirm fliegen, sondern lediglich bei der Erzeugung und Registrierung in Erscheinung treten. Wir werden deshalb für das sich ausbreitende Medium der Elektronen den neuen Namen** *Elektronium* **einführen.** Wie beim Licht wird also zwischen dem sich ausbreitenden Medium (*Licht* bzw. *Elektronium*), über dessen Gestalt man nichts sagen kann, und dem Quant (*Photon* bzw. *Elektron*), das bei der Messung registriert wird, unterschieden.

Damit sind zwei der Fragezeichen beseitigt. Das dritte betrifft die Beschreibung der Interferenz des Elektroniums mit dem Zeigerformalismus. Das Interferenzmuster auf dem Schirm der Beugungsröhre kommt durch die Beugung des Elektroniums an Kristallen zustande, die sich in beliebiger Ausrichtung in einer Graphitfolie in der Röhre befinden und vom Elektronium durchquert werden. Es findet eine Braggsche Reflexion an den Kristallen des Graphits statt, die zufällig so ausgerichtet sind, daß der

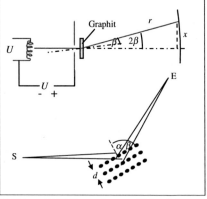

Abbildung 69: Elektronenbeugung (Debye-Scherrer-Verfahren)

Winkel zwischen dem Lot der Gitterebene und dem einfallenden Elektronium der Bragg-Bedingung genügt (Debye-Scherrer-Verfahren). Dadurch wird das Elektronium um den

162

doppelten Braggwinkel (2 β) abgelenkt, was zu dem Ringmuster führt (vgl. Abbildung 69). Aufgrund der Größe des Interferenzmusters läßt sich bei bekannter Gitterkonstante mit der bereits erarbeiteten Bragg-Bedingung unter Anwendung des Zeigerformalismus eine Basislänge errechnen: $\sin \beta = \dfrac{x}{r} \approx \dfrac{\lambda}{d}$. Alternativ kann über die Beschleunigungsspannung U die kinetische Energie und damit der Impuls der ausgelösten Elektronen bestimmt werden. Falls die vom Licht bekannte Formel $p = h/\lambda$ auch für Elektronium gilt, läßt sich auch auf diesem Wege eine Basislänge errechnen: $\lambda = \dfrac{h}{p} = \dfrac{h}{\sqrt{2meU}}$. Bei der Auswertung des Experimentes zeigt sich tatsächlich, daß mit beiden Formeln gleiche Werte für λ ermittelt werden. **Das dient als Legitimation, das Zeigermodell für Elektronium unter Zuordnung einer Basislänge λ und der Beziehung $p = h/\lambda$ (De-Broglie-Beziehung) anzuwenden.**

Bei der Anwendung des Zeigerformalismus für Elektronium macht es keinen Sinn mehr, von Lichtwegen zu reden. Ein übergeordneter, abstrakterer Begriff ist „*Raummaß*". Er kann sowohl für das Licht als auch das Elektronium verwendet werden und drückt aus, daß er die Eigenschaft des Raumes charakterisiert, nicht die Ausbreitung des Mediums.

Als Übung (Hausaufgabe) sollen sich die Schülerinnen und Schüler mit dem Jönsson-Experiment beschäftigen, das die Interferenz von Elektronium am Doppelspalt zeigt. Dazu befindet sich das Arbeitsblatt AB-8 Jönsson im Anhang A.

Verlaufsplan:

Phase	Lehreraktivität	Schüleraktivität	Inhalt / Ergebnis
Wdhl. HA-Bespr. 10'	Merksätze stichpunktartig sammeln.	HA wiedergeben	*Deutung des Lichtes:* *Welle-Teilchen-Dualismus: klassische Beschreibung je nach Experiment.* *Kopenhagener Deutung:* • *Aufgabe der anschaulichen Beschreibung aufgrund der Unmöglichkeit der gleichzeitigen exakten Messung aller klassischen Größen.* *Zeigermodell:* • *Die Bestimmung der Art des Lichtes während der Ausbreitung ist unmöglich;* • *Photonen zeigen sich erst bei der Messung.* • *Es gilt das Fundamentalprinzip.*
Problematisierung 10'	EXP *Schattenkreuzröhre* zeigen. Frage: Grund der Ablenkung der Elektronen durch el. / magn. Felder?	EXP beobachten / beschreiben Coulomb- / Lorenzkraft wirkt auf geladene Elektronen.	Elektronen lassen sich durch Wärme aus Metallen auslösen und in elektrischen / magnetischen Feldern beschleunigen bzw. ablenken.

Erarbeitung 5'	Anstoß: Vergleich von Elektronen mit Licht.	Gemeinsamkeiten und Unterschiede nennen.	siehe Tabelle 5.
Vertiefung 5'	EXP *Elektronenbeugungsröhre*: Interferenz zeigen.	EXP beobachten / beschreiben.	Interferenzringe variieren mit U.
Ergebnissicherung 10'	Vergleich Licht – Elektronium	Merksätze notieren Bisherige Kenntnisse wiedergeben	*Elektronium* *Elektronium ist ein Medium, dessen Quanten Elektronen heißen.* *Elektronen lassen sich durch Wärme aus Metallen auslösen.* *Elektronium läßt sich durch el. / magn. Felder beschleunigen bzw. ablenken.* Vergleich Licht Elektronium (Tabelle 5)
Ergebnissicherung 10'	Einführung des Stoffes Elektronium. Vergleich Licht – Elektronium	Name für das Medium der Elektronen fehlt Merksätze notieren Bisherige Kenntnisse wiedergeben	Elektronium ist das Medium der Elektronen. Elektronen sind geladene Quantenobjekte. Analogie: Licht, Photonen ⇔ Elektronium, Elektronen *Elektronium* • *Elektronium ist ein Medium, dessen Quanten Elektronen heißen.* • *Elektronen lassen sich durch Wärme aus Metallen auslösen.* • *Elektronium läßt sich durch el. / magn. Felder beschleunigen bzw. ablenken.*
Erarbeitung 20'	Hilfestellung zur Beschreibung der Elektronenbeugung geben: Hinweis auf Bragg-Reflexion	Vermutungen zur Deutung formulieren Zusammenhang zwischen λ und r herleiten	Kristallstruktur des Graphits (Abbildung 69) Verstärkung bei Braggschem Winkel Einfallswinkel gleich Reflexionswinkel Berechnung von λ des Elektroniums mit Bragg $\cos\alpha = \dfrac{\lambda}{2d} = \sin\beta \approx \dfrac{1}{2}\sin2\beta \Rightarrow \sin\beta \approx \dfrac{x}{r} \approx \dfrac{\lambda}{d}$
Übung 5'	Gitterabstände nennen	Basislänge berechnen	$\lambda = \dfrac{x \cdot d}{r}$ $(d_1 = 0{,}123\,\text{nm}, d_2 = 0{,}213\,\text{nm})$
Problematisierung 10'	Hilfestellung geben	Zusammenhang zwischen λ und U herleiten	Berechnung von λ des Elektroniums mit der De-Broglie-Beziehung $E_{kin} = \dfrac{1}{2}mv^2 = eU = \dfrac{p^2}{2m} \Rightarrow p = \sqrt{2meU}$
Übung 5'		Basislänge berechnen und vergleichen	$\lambda = \dfrac{h}{p} = \dfrac{h}{\sqrt{2meU}}$
Ergebnissicherung 10'		Merksätze formulieren und ergänzen	*Elektronium interferiert wie Licht.* *Elektronium kann eine Basislänge zugeordnet werden: $\lambda = h / p$ (De-Broglie-Beziehung).* *Die Antreffwahrscheinlichkeit einzelner Elektronen kann mit dem Zeigerformalismus berechnet werden.* *Der Begriff Lichtweg wird durch „Raummaß" abgelöst.*
HA	*AB-8 Jönsson* austeilen	Fragen zum Jönsson-Exp. bearbeiten	siehe AB-8 Jönsson, Anhang A

Bemerkungen zur Unterrichtsdurchführung

Die Einführung des Begriffs Elektronium soll den Schülerinnen und Schülern vermitteln, daß es sich bei dem Medium nicht um die klassischen Teilchen handelt, wie sie sicher zuvor im Chemie- und Physikunterricht eingeführt wurden, sondern um ein dem Licht ähnliches Medium. Daß die Schülerinnen und Schüler den Begriff befremdlich finden, kann in Kauf genommen werden, da die Abkehr von den klassischen Teilchenvorstellungen bezüglich des Elektrons unterstützt wird. Hilfreich ist dazu auch die Diskussion, ob der passende Oberbegriff zu Licht und Elektronium der Stoff oder das Medium ist, was zugunsten des abstrakteren Begriffs Medium entschieden wird. Es ist unbedingt auf eine saubere Begriffswahl zu achten: Für die Ausbreitung des Mediums werden die Begriffe Elektronium und Licht benutzt, bei der Erzeugung und Registrierung die Begriffe der Quanten Elektron und Photon.

Bei der Gegenüberstellung der Eigenschaften von Licht und Elektronium werden die Schülerinnen und Schüler sicherlich weitere Vorschläge machen. Dabei zeigt sich, wie gut die Kenntnisse aus den letzten Stunden und aus früherem Unterricht gefestigt sind.

Eine Alternative zur Einführung des Elektroniums über die Elektronenbeugung ist die Behandlung des Jönsson-Experimentes. Dieses Experiment ist wesentlich leichter nachzuvollziehen, da die Interferenz von Elektronium am Doppelspalt gezeigt wird. Die Durchführung ist allerdings nur im Labor möglich, so daß im Unterricht statt dessen lediglich ein Trick-Film[1] gezeigt werden kann.

Ergebnisse der Unterrichtsbeobachtung

Der Begriff Elektronium wurde während der Erprobung gleich zu Beginn der Stunde eingeführt, um bei der Betrachtung der Schattenkreuzröhre der Gefahr vorzubeugen, daß die Schülerinnen und Schüler sich an die Argumentation mit ausbreitenden Elektronen gewöhnen. Obwohl den Schülerinnen und Schülern der Begriff Elektronium keine Schwierigkeiten bereitet hat, erscheint seine Einführung erst dann notwendig, wenn ihnen auffällt, daß ein dem Licht analoger Begriff fehlt. Die Schülerinnen und Schüler werden auf diese Weise zunächst bei ihren Vorstellungen von Elektronen, die sie aus früherem Unterricht mitbringen, „abgeholt".

Die Schülerinnen und Schüler haben sich auf die Verwendung des Begriffs Elektronium eingelassen und darüber hinaus angeregt, beispielsweise auch in der Kernphysik von Protonium zu sprechen.

Die Theorie zur Elektronenbeugung ist anspruchsvoll. Die Schülerinnen und Schüler hatten insbesondere Schwierigkeiten zu verstehen, daß nur solche Kristalle des Graphits eine Reflexion bewirken, die eine bestimmte Ausrichtung zum einfallenden Elektronium haben und dadurch das ringförmige Interferenzmuster bilden. Zur Veranschaulichung bietet Leybold ein Lehrgerät als optisches Analogon zum Debye-Scherrer-Verfahren an, bei dem ein rotierendes Interferenzgitter ein ähnliches, ringförmiges Muster erzeugt.

---

[1] Institut für Film und Bild in Wissenschaft und Unterricht, FWU Nr. 36436.

7.3.3.5 Einführung in Atommodelle

Lernziele:

Die Schüler sollen...

- die Grundzüge des Daltonschen, Thomsonschen und des Rutherfordschen Atommodells kennen.
- die Größenordnung des Atomdurchmessers finden.

Inhalt

Auf dem nun folgenden Weg zum Atom werden zunächst Kenntnisse aus dem Mittelstufenunterricht aufgefrischt. Die frühen Atommodelle von DALTON, THOMSON und RUTHERFORD beschreiben Eigenschaften des Atoms, welche auch aus der Sicht der Quantentheorie weitgehend die Grundlagen eines modernen Atommodells bilden. Indem diese Elemente an den historischen Modellen erarbeitet werden, wird ein Beitrag zur Modellbildung geleistet. Es soll deutlich werden, wie die Modelle den neuen Erkenntnissen der Forschung immer wieder angepaßt wurden, was unbestritten auch für die neuesten Modelle zutrifft.

Je nach Kenntnisstand der Lerngruppe kann der Inhalt der Doppelstunde verkürzt oder ausgedehnt werden. Es bietet sich an, die Kernaussagen des Daltonschen, Thomsonschen und Rutherfordschen Atommodells durch Schülerreferate vortragen zu lassen.

Die Kernaussagen des Daltonschen Modells sind: **Elemente bestehen aus gleichen Atomen; Atome verschiedener Elemente unterscheiden sich in ihrer Masse, und Atome sind kugelförmig.**

Die Größe der Atome lassen sich experimentell durch den Öltröpfchenversuch abschätzen. Dazu wird Ölsäure mit sauberem Benzin im Verhältnis 1:2000 gemischt und mit einer Tropfenpipette auf eine mit Bärlappsamen bestreute Wasseroberfläche getropft. Die Fläche des sich sofort ausbildenden einmoleküldicken Ölteppichs läßt sich vermessen und aufgrund der Kenntnis des Volumens seine Höhe errechnen. Unter Annahme einer würfelförmigen Gestalt der Moleküle kann mit der Anzahl der Elemente des Ölmoleküls ein durchschnittlicher Wert für die Größe eines Atoms von etwa 1 Å abgeschätzt werden.

Weitere Einzelheiten des Atoms werden dem Thomsonschen Atommodell entnommen: **Das Atom besteht aus einer gleichmäßig positiv geladenen Materiekugel, in die negative Ladungen (Elektronen) regelmäßig verteilt eingebettet sind.**

Mit dem Rutherfordschen Streuversuch wird ein Modell beschrieben, daß im Wesentlichen leer ist: **Fast die gesamte Masse steckt in einem Atomkern, der etwa 10^{-14} m groß und positiv geladen ist. Um den Kern herum gibt es eine Atomhülle, in der sich die negativ geladenen Elektronen bewegen.**

Verlaufsplan:

Phase	Lehreraktivität	Schüleraktivität	Inhalt / Ergebnis
HA-Bespr. 10'		Jönsson-Exp. besprechen.	zu1: Basislänge 0,2Å => winzige Abmessungen des Gitters (im Å-Bereich = Atomgröße) => Vergrößerung des Interferenzmusters, Empfindlichkeit gegen el. + magn. Störungen. zu2: Anordnung im Vakuum, Metallgitter mit materiefreien Spalten (kein Glasträger). zu 3: $s = \dfrac{n\lambda l}{d} = 3,5\mu m$
Erarbeitung 15'		Daltonsches Atommodell (Schülerreferat)	Elemente bestehen aus gleichen Atomen Atome verschiedener Elemente unterscheiden sich in ihrer Masse. Atome sind kugelförmig
Ergebnissicherung 5'			*__Historischer Überblick über Atommodelle__* *Dalton (1800): Elemente bestehen aus gleichen Atomen. Atome verschiedener Elemente unterscheiden sich in ihrer Masse.*
Problematisierung 15'	EXP *Tropfenpipette, Bärlappsamen, Ölsäure, Benzin:* Öltröpfchenexperiment erklären .	EXP durchführen.	Öl – Benzin mischen, auf Wasseroberfläche mit Bärlappsporen tropfen, Durchmesser des Ölteppichs messen.
Vertiefung 10'	Hinweis: Ölsäure ($C_{57}H_{104}O_6$) Moleküle bestehen aus 167 Atomen. Alternativ: Ölsäure ($C_{18}H_{34}O_2$)	Atomdurchmesser abschätzen.	1Tropfen = 1/50 cm³, Mischung: 1ml Benzin enthält 1/2000 ml Öl $\Rightarrow$ 1Tropfen enthält 1/100000 ml Ölsäure $h = \dfrac{V}{A} = \dfrac{\frac{1}{100000}cm^3}{\pi\, r^2} = \dfrac{cm^3}{100000\cdot \pi \cdot (7cm)^2} = 6,5Å$ Ölsäure ($C_{57}H_{104}O_6$) hat 167 Atome $\Rightarrow$ Atomdurchmesser $d = h/\sqrt[3]{167} = 1,2Å$
Erarbeitung 10'		Thomsonsches Atommodell (Schülerreferat)	Thomson folgerte aus Exp zur Gasentladung (char. Quotienten Q / m): Das Atom besteht aus einer gleichmäßig positiv geladenen Materiekugel, in die negative Ladungen (Elektronen) regelmäßig verteilt eingebettet sind.
Erarbeitung 15'		Rutherfordsches Atommodell (Schülerreferat)	Atome sind im Wesentlichen leer. Fast die gesamte Masse steckt in einem Atomkern, der 10^{-14} m groß und positiv geladen ist. Es gibt eine Elektronenhülle, in der die neg. geladenen Elektronen um den Kern fliegen.
Ergebnissicherung 10'		Ergebnisse zusammenfassen und notieren.	*__Atommodelle (Forts.)__* *Atome sind kugelförmig, Durchmesser $\approx 1Å$* *Thomson (1904): Das Atom besteht aus einer gleichmäßig positiv geladenen Materiekugel, in die negative Ladungen (Elektronen) regelmäßig verteilt eingebettet sind.* *Rutherford (1911): Fast die gesamte Masse steckt in einem Atomkern, der etwa 10^{-14} m groß und positiv geladen ist.* *Es gibt eine Elektronenhülle, in der die neg. geladenen Elektronen um den Kern fliegen.*

Bemerkungen zur Unterrichtsdurchführung

Bei der Besprechung der historischen Atommodelle sollte der Lehrer oder die Lehrerin auf die Fortentwicklung der Modelle hinweisen, welche durch neue Forschungsergebnisse in immer kürzeren Abständen ablief.

Das Referat zum Rutherfordschen Atommodell kann durch ein recht einfach zu handhabendes Lehrgerät von Phywe zur Demonstration der Rutherford-Streuung ergänzt werden. Dazu sollte eine zusätzliche Stunde eingeplant werden.

Die Auswertung des Öltröpfchenversuchs kann als Hausaufgabe vergeben werden.

Ergebnisse der Unterrichtsbeobachtung

Die Schülerinnen und Schüler haben den Öltröpfchenversuch in einer Gruppe durchgeführt. Das Experiment hat sie durch die Möglichkeit, eine Messung im atomaren Bereich vorzunehmen, sehr angesprochen.

7.3.3.6 Stehende Welle
Das Å-Rohr

Lernziele:

Die Schüler sollen...

- am Beispiel von Mikrowellen erkennen, daß durch das Einsperren von Licht oder Elektronium in einen geeigneten Raum die Antreffwahrscheinlichkeit von Photonen oder Elektronen eine stationäre Verteilung annehmen kann (stehende Welle).

- das Å-Rohr (linearer Potentialtopf) als Modell zur Beschreibung der Antreffwahrscheinlichkeit von gebundenen Elektronen kennenlernen.

- einsehen, daß aufgrund von Interferenz das Elektronium im Å-Rohr (lin. Potentialtopf) bestimmte Basislängen haben muß, die von der Länge des Rohres abhängen.

Inhalt

Zur Vorbereitung des linearen Potentialtopfes wird am Beispiel von Mikrowellen die Ausbildung einer stehenden Welle betrachtet. Das Experiment wird mit einem Mikrowellensender, dem ein zweiter Reflektor gegenüber steht, demonstriert. Mit einem Detektor läßt sich eine stationäre Intensitätsverteilung mit Verstärkung und Auslöschung des Empfangssignals im Bereich zwischen Sender und Reflektor feststellen. Unmittelbar am Reflektor ist die Intensität Null.

Das Experiment wird mit Hilfe des Zeigerformalismus beschrieben, wozu zunächst Raummaße (Lichtwege) bestimmt werden müssen: Von der Lichtquelle führen zwei Wege zum Empfänger; einer direkt, der zweite über den Reflektor. Wie üblich werden die Weglängen in der Einheit der Basislänge des Mikrowellensenders (typisch: 3,2 cm) gemessen. Für verschiedene Empfangspunkte werden die Zeiger addiert und quadriert, um eine Intensitätskurve zu bestimmen (vgl. Abbildung 71). **Im Abstand der halben Basislänge ergeben sich jeweils Orte mit verschwindender Intensität (Knoten).**

Direkt hinter den Sender kann ein zweiter Reflektor gestellt werden, der das Licht nochmals reflektiert. Bei geeignetem Abstand der beiden Reflektoren kann die Intensität des Senders so stark zurückgedreht werden, daß nur noch die unvermeidlichen Verluste der Lichtausbreitung (z.B. Streuung) kompensiert werden - das übrige Licht ist zwischen den Spiegeln eingefangen. Ein geeigneter Abstand läßt sich durch Probieren finden, aber schon allein aus Symmetriegründen ist klar, daß der zweite Reflektor wie der erste an einem Knoten stehen muß. Denn man kann nun den Zeigerformalismus

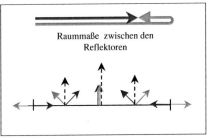

Raummaße zwischen den Reflektoren

Abbildung 71: Zeigerformalismus einer stehenden Welle

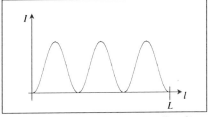

Abbildung 70: Stationäre Intensitätsverteilung für $L = 3/2\,\lambda$

auch ausgehend von der anderen Seite anwenden, und die Zeiger beider Lichtwege (Raummaße) müssen sich auch unmittelbar vor dem zweiten Reflektor gegenüberstehen.

Es ist keine Ausbreitung des Lichtes mehr feststellbar, man spricht daher von einer *stehenden Welle* **oder einem** *stationären Zustand.* **Voraussetzung für die Ausbildung dieses Zustandes ist der Abstand der Reflektoren $L = n\ \lambda/2$. (vgl. Abbildung 71)**

Die historischen Atommodelle (THOMSON und RUTHERFORD) beschreiben das Vorhandensein von Elektronen im Atom. Es soll nun auf der Basis des modernen Zeigermodells zunächst untersucht werden, wie sich Elektronium verhält, das in einen begrenzten Raum eingesperrt wird. Ein typisches Vorgehen der Physik ist, das Problem auf eine Dimension zu beschränken. Deshalb wird ein Gedankenexperiment vorgeschlagen:

Ein winziges Rohr mit der Länge des Atomdurchmessers (1Å) wird mit Elektronium der Ladung eines Elektrons gefüllt (vgl. Abbildung 72). Die Wände dieses „Å-Rohres" sind so beschaffen, daß sie Elektronium spiegeln können. Außerdem befindet sich in dem Rohr ein Detektor, mit dem man Elektronen registrieren kann. Wird das Rohr immer wieder mit Elektronium gefüllt, so

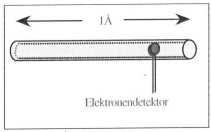

Abbildung 72: Å-Rohr

läßt sich durch viele Messungen an unterschiedlichen Stellen die Verteilung der Antreffwahrscheinlichkeit von Elektronen ermitteln (Abbildung 74).

Die Anwendung des Zeigerformalismus auf das Rohr erfolgt analog dem Vorgehen bei den Mikrowellen mit dem Unterschied, daß hier die Länge der Anordnung vorgegeben ist, nicht aber die Basislänge. Auch hier müssen beim Vermessen der Raummaße die Zeiger sich an den Rohrenden gegenüber stehen, was sich durch die Reflexion mit der zusätzlichen Zeigerdrehung um 180° ergibt (vgl. Abbildung 73). Eine stationäre Verteilung kann sich nur ausbilden, wenn wieder $L = n\,\lambda/2$ erfüllt ist. Würden die Basislängen nicht dieser Bedingung genügen, so müßte das Elektronium nach Mehrfachreflexionen an allen Stellen des Rohres destruktiv interferieren, was dem Gesetz der Ladungserhaltung widerspräche. Abbildung 74 zeigt den einfachsten Fall einer Verteilung für $n = 1$.

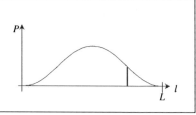

Abbildung 74: Antreffwahrscheinlichkeit

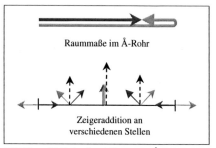

Abbildung 73: Zeigerformalismus des Å-Rohres

Als Übung soll von den Schülerinnen und Schülern für das zweite Energieniveau ($n = 2$) die Verteilung der Antreffwahrscheinlichkeit von Elektronen zeichnerisch ermittelt werden.

Es ist eine weitreichende Erkenntnis, daß Elektronium in einem begrenzten Raum nur ganz bestimmte diskrete Basislängen annehmen kann. Mit den Basislängen sind über die de Brogliesche Beziehung die Impulse und damit auch die kinetischen Energien des Elektroniums in der Anordnung bestimmt: $p = \dfrac{h}{\lambda} = \dfrac{h}{2L}n \;\Rightarrow\; E_n = \dfrac{p^2}{2m} = \dfrac{h^2}{8mL^2}n^2$.

Es muß, sofern von den Schülerinnen und Schülern nicht selbst ein Einwand kommt, überlegt werden, ob das Rohr tatsächlich eine eindimensionale Vereinfachung darstellen kann. Da das Rohr einen Durchmesser D hat, kann das Elektronium auch einen Impuls quer zur Rohrachse haben. Dieser ist umgekehrt proportional zu D, woraus folgt: Der kleine Durchmesser erzeugt einen größeren Impuls als die Rohrlänge. Durch Addition der Impulse erhält man entsprechend größere Energien:

$$\vec{p} = \vec{p}(L) + \vec{p}(D) \qquad E_{\text{kin}} = \frac{p_L{}^2 + p_D{}^2}{2m} = \frac{1}{2m}\left(\frac{n_L{}^2 h^2}{4L^2} + \frac{n_D{}^2 h^2}{4D^2} \right).$$

Um sich von der Dimension des Durchmessers zu befreien, darf das Rohr also nicht dünn, sondern muß im Gegenteil unendlich dick sein. **In der Physik wird ein solches Modell als linearer Potentialtopf bezeichnet.**

Verlaufsplan:

Phase	Lehreraktivität	Schüleraktivität	Inhalt / Ergebnis
Einstieg 10'	EXP *Mikrowellensender und Empfänger, 2 Reflektoren*: stehende Welle demonstrieren.		Mikrowellen werden durch einen Reflektor in sich zurückgespiegelt und interferieren dabei unter Ausbildung einer stationären Verteilung der Antreffwahrscheinlichkeit von Photonen.
Erarbeitung 15'	Hilfestellung leisten.	mit Zeiger beschreiben (Wege nennen, Zeiger berechnen).	2 Wege: direkt + über Reflexion (zusätzliche 180°-Zeigerdrehung) → Interferenz.
Vertiefung 10'	EXP mit zweitem Reflektor.	Bedingung für den Ort des zweiten Reflektors finden.	symmetrische Anordnung: beide Reflektoren stehen in Knotenpunkten => $L = n\,\lambda/2$.
Ergebnissicherung 10'		Merksätze notieren.	*Stationärer Zustand:* **Wird Licht zwischen zwei Reflektoren im Abstand $L = n\,\lambda/2$ „eingesperrt", so bildet sich eine stationäre Verteilung der Lichtintensität / Antreffwahrscheinlichkeit von Photonen aus.**
Problematisierung 10'	Lehrervortrag: Gedankenexperiment Å-Rohr vorstellen.		Idee: Elektronium ist im Atom eingesperrt, 1-dimensionales Modell: Å-Rohr mit verspiegelten Wänden, Antreffwahrscheinlichkeit mit Hilfe des Zeigerformalismus wie bei stehenden Welle berechnen → 2 Wege → Interferenz.
Vertiefung 5'		Raummaße nennen, Bedingung für Basislänge nennen.	stationärer Zustand → Basislänge ist nicht beliebig, sondern $L = n\,\lambda/2$.
Übung 10'		Funktion der Antreffw. für $n = 2$ berechnen.	
Vertiefung 15'	Hilfestellung geben. Rohrdurchmesser vernachlässigbar?	Impuls und Energie berechnen. D: klein → E: groß	$p = h/\lambda = n\,h/2L$ $E = \tfrac{1}{2}\,m\,v^2 = \tfrac{1}{2}\,p^2/m = n^2\,h^2/(8\,m\,L^2)$ $\vec{p} = \vec{p}(L) + \vec{p}(D)$ $E = E(L) + E(D) = h^2/8m\,(n_L^2/L^2 + n_D^2/D^2)$ Konsequenz: $L \ll D = \infty$ (Lin Potentialtopf)
Ergebnissicherung 5'	Merksatz anschreiben	Merksatz formulieren	*Linearer Potentialtopf:* *Elektronium, das in einer Dimension eingesperrt wird, hat diskrete Basislängen, woraus eine Quantelung der Energie folgt.*

Bemerkungen zur Unterrichtsdurchführung

Die Auseinandersetzung mit einem Gedankenexperiment im Schulunterricht ist legitim, auch ohne daß eine prinzipielle Möglichkeit der Realisierung des Experimentes besteht. Wichtig ist dabei jedoch, daß das Gedankenexperiment auf einer richtigen physikalischen Grundlage beruht. Daher muß hier unbedingt geklärt werden, daß das dünne Rohr keinen **linearen** Potentialtopf beschreibt.

Ergebnisse der Unterrichtsbeobachtung

Die Durchführung des Experimentes zur stehenden Welle gehört thematisch eigentlich zur weiterführenden Optik. Es wurde im Gegensatz zum Erprobungsunterricht hier ergänzt, da die Möglichkeiten des Experimentierens in der Quantenmechanik gering sind und ein Methodenwechsel sehr willkommen erschien. Dieses Analogieexperiment mit Mikrowellen schafft eine hohe Anschaulichkeit des linearen Potentialtopfes. Die Anwendung des Zeigerformalismus läßt sich leichter nachvollziehen, wie auch die Tatsache, daß aus dem sich ausbreitenden Licht ein stationärer Zustand wird.

Auf das Gedankenexperiment zum linearen Potentialtopf haben sich die Schülerinnen und Schüler gern eingelassen, ohne nach einer möglichen Realisierung zu fragen.

7.3.3.7 Das Kugelmodell vom Atom
Die Energieniveaus der Atome

Lernziele:

Die Schüler sollen...

- die Antreffwahrscheinlichkeit der Elektronen für eine Potentialkugel berechnen können.
- die Orbitale der Potentialkugel als eine Dichtefunktion für die Antreffwahrscheinlichkeit verstehen.
- wissen, daß die exakte Berechnung der Wasserstoff-Orbitale möglich ist, wobei die Ergebnisse von den Orbitalen des Kugelmodells leicht abweichen.
- erkennen, daß die Energie des Wasserstoffatoms gequantelt ist.

Inhalt

Ausgehend vom Å-Rohr soll nun eine rotationssymmetrische Kugel, in die Elektronium eingesperrt ist, beschrieben werden. Dazu wird ein Å-Rohr mit der Länge des Kugelradius R entlang einer beliebigen Raumachse zwischen den Mittelpunkt und den Rand der Kugel gelegt. Wie beim unendlich dicken Å-Rohr, welches eindimensional (durch zwei Raummaße) beschrieben werden kann, reichen die beiden sich ergebenden Raummaße zur Beschreibung der Kugel aus. Sie weisen vom Zentrum der Kugel nach außen,

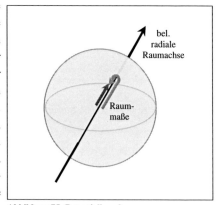

Abbildung 75: Potentialkugel

der eine direkt zum Beobachtungspunkt, der andere über die Reflexion am Kugelrand. Die Addition und Quadrierung der Zeiger ergibt die Antreffwahrscheinlichkeit eines Elektrons auf

der Kugeloberfläche, auf der der Beobachtungspunkt liegt. Wird die relative Antreffwahrscheinlichkeit für alle innerhalb der
Kugel liegenden Kugeloberflächen mit den
Radien $0 \leq r \leq R$ berechnet, so erhält man die
radiale Wahrscheinlichkeitsverteilung des
Elektroniums. Die lokale Antreffwahrscheinlichkeit eines Elektrons in einem Punkt
gewinnt man durch die Multiplikation der
radialen Verteilung mit $1/r^2$, womit die nach
außen mit r^2 größer werdenden Kugeloberflächen berücksichtigt werden. Im Gegensatz
zum Å-Rohr nimmt die Antreffwahrscheinlichkeit also nach außen asymptotisch mit
$1/r^2$ ab. **Die Verteilungsfunktion der
Antreffwahrscheinlichkeit wird Orbital
genannt.**

Für die Basislängen ergeben sich aber die
gleichen diskreten Werte $\lambda = 2\,R/n$ und
damit auch die gequantelten Impulse und
Energien $p = h\,n/(2R)$ und $E_{kin} = n^2h^2/(8mR^2)$,
wobei n die *Hauptquantenzahl* heißt.

**Das einfachste Atom, das Wasserstoff-
atom, unterscheidet sich in zwei wesentlichen Punkten von der Potentialkugel. Es
enthält im Zentrum eine positive Ladung,
und es hat keinen festen Rand. Die
Verteilungsfunktionen der Antreffwahrscheinlichkeit eines Elektrons (die Orbitale) lassen sich für das Wasserstoffatom
aufgrund des mathematischen Aufwandes
nicht in der Schule lösen. Die Ergebnisse
sehen jedoch fast genauso aus wie die für
die Potentialkugel ermittelten.** Dies läßt
sich anhand der Folie F-3 s-Orbitale (s.
Abbildung 76) demonstrieren.

Neben den kugelsymmetrischen Lösungen
gibt es weitere Orbitale, die die Antreffwahrscheinlichkeit der Elektronen in der Kugel

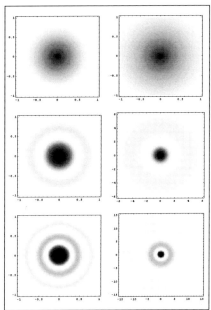

Abbildung 76: Folie F-3 s-Orbitale

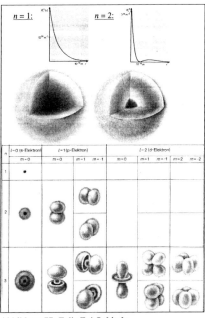

Abbildung 77: Folie F-4 Orbitale

173

und im Wasserstoffatom angeben. Sie werden durch die Nebenquantenzahlen geordnet. Die Formen dieser Orbitale lassen sich mit Hilfe des Zeigermodells nur sehr mühsam nachvollziehen, und eine Konstruktion der keulenartigen Formen ist kaum möglich. Beispiele für diese Lösungen werden anhand einer weiteren Folie (s. Abbildung 77) gezeigt und die Begriffe der Nebenquantenzahlen l und m eingeführt: **Die Abweichungen der Orbitale von der Rotationssymmetrie werden durch die Bahndrehimpulsquantenzahl l und ihre Lage im Raum durch die Magnetquantenzahl m bestimmt.**

Aufgrund der Kernladung ist die Größe der Energie des Elektroniums im Atom eine andere als in der Kugel. Zu der kinetischen Energie des Elektroniums der Potentialkugel kommt eine potentielle Energie hinzu, wobei die Quantentheorie vorschreibt, Mittelwerte beider Energien zu addieren. Während die kinetische Energie bereits einen mittleren Wert darstellt, muß die potentielle Energie abgeschätzt werden. Dazu gibt es zwei verschiedene Näherungsverfahren: Das einfachere Verfahren nutzt zur Berechnung der potentiellen Energie die Atomgröße, die bei dem Öltröpfchenversuch bestimmt wurde ($R \approx 1\,\text{Å}$). Dann ergibt sich für die Energie im

Grundzustand $\overline{E_{ges}(R)} = \overline{E_{kin}(R)} + \overline{E_{pot}(R)} = \dfrac{h^2 n^2}{8m} \cdot \dfrac{1}{R^2} - \dfrac{e^2}{4\pi\varepsilon_0} \cdot \dfrac{1}{R} = -10{,}6\,\text{eV}.$ Dieser Wert

stimmt mit dem richtigen Wert (13,6 eV) für $n = 1$ relativ gut überein. Wird darüber hinaus berücksichtigt, daß der Radius mit n^2 zunimmt (was hier ohne Beweis angenommen wird), also $R = R_0\, n^2$, so folgt die Quantelung der Gesamtenergie:

$$\overline{E_{ges}(R)} = \frac{h^2}{8m} \cdot \frac{1}{R_0^2 n^2} - \frac{e^2}{4\pi\varepsilon_0} \cdot \frac{1}{R_0 n^2} = 10{,}6\,\text{eV} \cdot \frac{1}{n^2}.$$

Eine etwas aufwendigere Abschätzung, die auf FEYNMAN zurückgeht und zumindest in Leistungskursen durchgeführt werden sollte, kommt durch eine geschickte Wahl der Ausgangswerte mit Hilfe der Heisenbergschen Unbestimmtheitsrelation zu dem exakten Ergebnis, unter Berücksichtigung der Hauptquantenzahl n: Es wird die Ortsunschärfe bei der Messung des Abstandes eines Elektrons vom Atomkern zur Bestimmung des Impulses genutzt, womit man einen Wert für die kinetische Energie gewinnt. Bei der Angabe eines mittleren Abstandes R der Elektronen vom Kern kann man die mittlere Streuung der tatsächlichen Werte um R mit dem Fehler $R/2$ abschätzen. Durch die Heisenbergsche Unbestimmtheitsrelation $\Delta x \cdot \Delta p \geq h/4\pi$ läßt sich mit der Angabe dieser Ortsunschärfe die Impulsunschärfe $\Delta p \approx h/(2\pi R)$ bestimmen. Da sich bei der Potentialkugel gezeigt hat, daß die Impulse mit n gequantelt sind, kann $p = n\, h/(2\pi R)$ angenommen werden. Die durch $E_{kin} = p^2/2m$ gegebene kinetische Energie und die potentielle Energie $E_{pot} = 1/(4\pi\varepsilon_0) \cdot e^2/R$ werden addiert, die Summe hängt damit noch von dem unbekannten Radius R ab, der durch Minimierung der Gesamtenergie gefunden wird.

$$\overline{E_{ges}(R)}' = \left(\overline{E_{kin}(R)} + \overline{E_{pot}(R)}\right)' = \left(\frac{h^2 n^2}{8\pi^2 m} \cdot \frac{1}{R^2} - \frac{e^2}{4\pi\varepsilon_0} \cdot \frac{1}{R}\right)' = -2\frac{h^2 n^2}{8\pi^2 m} \cdot \frac{1}{R^3} + \frac{e^2}{4\pi\varepsilon_0} \cdot \frac{1}{R^2}$$

$$\text{Min: } -2\frac{h^2 n^2}{8\pi^2 m} \cdot \frac{1}{R^3} + \frac{e^2}{4\pi\varepsilon_0} \cdot \frac{1}{R^2} = 0 \Leftrightarrow \frac{h^2 n^2}{\pi m} \cdot \frac{1}{R} = \frac{e^2}{\varepsilon_0} \Rightarrow R_{Min} = \frac{n^2 h^2 \varepsilon_0}{\pi n e^2} = 0{,}53\,\text{Å} \cdot n^2$$

$$\overline{E_{ges}(R_{Min})} = \frac{h^2 n^2}{8\pi^2 m} \cdot \frac{\pi^2 m^2 e^4}{h^4 n^4 \varepsilon_0^2} - \frac{e^2}{4\pi\varepsilon_0} \cdot \frac{\pi m e^2}{h^2 n^2 \varepsilon_0} = -\frac{me^4}{8h^2\varepsilon_0^2} \cdot \frac{1}{n^2} = -\frac{1}{n^2} \cdot 13,6\,\text{eV}$$

So lassen sich die mittleren Radien und die Energieniveaus zu gegebener Hauptquantenzahl n bestimmen. Der gefundene Energiewert heißt für $n = 1$ Rydbergenergie.

Verlaufsplan:

Phase	Lehreraktivität	Schüleraktivität	Inhalt / Ergebnis
Wdhl. 10'		unendlich dickes Å-Rohr	diskrete Basislängen, Impuls-, Energiequantelung
Erarbeitung 20'	Verallgemeinerung auf Kugel		Rotationssymmetrie → 2 Raummaße, die von der Kugelmitte ausgehen. Addition und Quadrieren der Zeiger ergibt Antreffw. eines Elektrons auf einer innenliegenden Kugel (radiale Wahrscheinlichkeitsdichte). lokale Antreffw. in bel. Punkt erhält man durch Division durch die Kugeloberflächen $O \sim r^2$.
Ergebnissicherung 15'	Def. Orbital, *F-3 s-Orbitale* zeigen	Funktion der Antreffw. für $n=1$, $n=2$ angeben λ, p, E analog Å-Rohr	***Definition: Orbitale sind Dichtefunktionen der Antreffwahrscheinlichkeit von Elektronen.*** *Elektronium in der Potentialkugel hat die diskreten Basislängen $\lambda = 2R/n$.* *Die Energie des Elektroniums ist gequantelt $E_{kin} = n^2 h^2/(8mR^2)$.* *Zu jedem Energieniveau gehört eine charakteristische Verteilung der Antreffwahrscheinlichkeit eines Elektrons.*
Problematisierung 15'	*F-4 Orbitale* zeigen (Hauptquanten) Orbitale der Nebenquanten zeigen und l und m definieren	Unterschiede benennen und begründen	Atom hat keinen festen Radius, Elektronium ist durch Coulombkraft an positiv geladenen Kern gebunden Form der Orbitale der Nebenquanten durch Aufhebung der Rotationssymmetrie l: Bahndrehimpulsquantenzahl m: Magnetquantenzahl
Ergebnissicherung 5'		Kenntnisse über die verschiedenen Orbitale zusammenfassen	***Orbitalformen:*** *Neben den rotationssymmetrischen s-Orbitalen gibt es weitere hantel- oder keulenförmige Orbitale, die durch die Nebenquantenzahlen l und m bestimmt werden.*
Übung 15' (GK)	Formel für pot. Energie vorgeben Abhängigkeit des Radius von n nennen: $R = R_0\,n^2$,	Gesamtenergie für $R = 1\text{Å}$ berechnen Abhängigkeit Energie von n berechnen	$\overline{E_{ges}(R)} = \overline{E_{kin}(R)} + \overline{E_{pot}(R)} = \frac{h^2 n^2}{8m} \cdot \frac{1}{R^2} - \frac{e^2}{4\pi\varepsilon_0} \cdot \frac{1}{R} = -10,6\,\text{eV}$ $\overline{E_{ges}(R)} = \frac{h^2}{8\pi^2 m} \cdot \frac{1}{R_0^2 n^2} - \frac{e^2}{4\pi\varepsilon_0} \cdot \frac{1}{R_0 n^2} = 13,5\,\text{eV} \cdot \frac{1}{n^2}$
Vertiefung 5' (LK)	LK Lehrervortrag: Energie der Elektronen im H-Atom		Gesamtenergie ist Summe aus kin. Energie (wie im lin. Potentialtopf) und pot. Energie. Abschätzung über HU: $\Delta x \cdot \Delta p \geq h/4\pi$ $\Delta x = R/2 \Rightarrow \Delta p \approx h/(2\pi R) \Rightarrow p = n\,h/(2\pi R)$ $\Rightarrow E_{kin} = p^2/2m = n^2 h^2/(8\pi^2 mR^2)$

| Vertiefung 15' (LK) | LK Wahrschein-lichster Radius bei min. Energie Formel für pot. Energie vorge-ben | Radius mit Minimum der Energie durch Ableitung von E nach R berechnen (Partnerarbeit) | $\overline{E_{ges}(R)} = \left(E_{kin}(R) + E_{pot}(R)\right)'$ $= \left(\dfrac{h^2 n^2}{8\pi^2 m}\cdot\dfrac{1}{R^2} - \dfrac{e^2}{4\pi\varepsilon_0}\cdot\dfrac{1}{R}\right)' = -2\dfrac{h^2 n^2}{8\pi^2 m}\cdot\dfrac{1}{R^3} + \dfrac{e^2}{4\pi\varepsilon_0}\cdot\dfrac{1}{R^2}$ $\text{Min}: \ -2\dfrac{h^2 n^2}{8\pi^2 m}\cdot\dfrac{1}{R^3} + \dfrac{e^2}{4\pi\varepsilon_0}\cdot\dfrac{1}{R^2} = 0$ $\Leftrightarrow \dfrac{h^2 n^2}{\pi m}\cdot\dfrac{1}{R} = \dfrac{e^2}{\varepsilon_0} \Rightarrow R_{Min} = \dfrac{n^2 h^2 \varepsilon_0}{\pi n e^2} = 0,53\,\text{Å}\cdot n^2$ $\overline{E_{ges}(R_{Min})} = \dfrac{h^2 n^2}{8\pi^2 m}\cdot\dfrac{\pi^2 m^2 e^4}{h^4 n^4 \varepsilon_0^{\ 2}} - \dfrac{e^2}{4\pi\varepsilon_0}\cdot\dfrac{\pi m e^2}{h^2 n^2 \varepsilon_0}$ $= -\dfrac{m e^4}{8 h^2 \varepsilon_0^{\ 2}}\cdot\dfrac{1}{n^2} = -\dfrac{1}{n^2}\cdot 13,6\,\text{eV}$ (für $n = 1$: Rydbergenergie) |
| Ergebnis-sicherung 5' | Ergebnis diktieren | | ***Energieniveaus des H-Atoms:*** **Die Energien des H-Atoms sind durch die Hauptquantenzahl n bestimmt und lassen sich durch den Zusammenhang $E = 13,6\ eV\ /\ n^2$ berechnen.** |

Bemerkungen zur Unterrichtsdurchführung

Es ist den Schülerinnen und Schülern in dieser Stunde deutlich zu machen, daß die Berech-nung der Antreffwahrscheinlichkeit der Elektronen in einer Kugel das Ziel hat, zu verdeutli-chen, was man sich unter Orbitalen vorstellen darf. Es sind keine festen Räume, in der die Antreffwahrscheinlichkeit besonders hoch ist, sondern es sind mathematische Funktionen, die nicht bei der Kugel, jedoch beim Wasserstoffatom bis ins Unendliche reichen. Die Ähnlich-keiten der Orbitale der Kugel und des Wasserstoffatoms kommen dadurch zustande, daß in beiden Fällen das Elektronium gebunden ist: bei der Kugel durch den festen Rand, bei dem Wasserstoffatom durch das Coulombfeld.

7.3.3.8 Wechselwirkung von Licht und Materie
Das Wasserstoffspektrum

Thema der Unterrichtseinheit: Quantenmechanik

Lernziele:

Die Schüler sollen...

- die Absorption und Emission von Licht durch ein Atom als Energieübertragung eines Photons auf das Atom bzw. Erzeugung eines Photons durch das Atom verstehen.

- erfahren, daß die Energieaufnahme / -abgabe des Atoms grundsätzlich der Differenz von möglichen Energieniveaus entspricht.

- einsehen, daß die Lichtemission und -absorption (Wechselwirkung von Licht und Materie) eine Veränderung der Orbitale der Atome bewirkt.

Inhalt

Mit der letzten Stunde soll der Bogen zurück zur Optik geschlagen werden, von der ausgehend die Methode des Zeigerformalismus zur Beschreibung von Quantenobjekten entwickelt wurde. Es werden deshalb Experimente zur Wechselwirkung von Licht und Materie durchgeführt.

Jeder, der einen Gasherd hat, hat schon beobachtet, wie das überkochende Nudelwasser die bläuliche Gasflamme kräftig gelb färbt. Die Farbe wird vom Kochsalz NaCl verursacht; andere Salze lassen andere Farben entstehen, was mit einem Bunsenbrenner ausprobiert wird. Werden die gefärbten Flammen von den Schülerinnen und Schülern durch ein Prisma beobachtet, so ist erkennbar, daß die Farben kein kontinuierliches Spektrum wie das des Sonnenlichtes bilden, sondern aus wenigen einzelnen Linien bestehen. Den Linien können Basislängen zugeordnet werden, das heißt, bei der Erwärmung der Salze entsteht Licht nur ganz bestimmter Basislängen. Da bei der Lichtentstehung wie bei der Lichtregistrierung Photonen eine Rolle spielen, kann man den Prozeß so formulieren: Es werden durch das Erwärmen der Salze Photonen ganz bestimmter Energien emittiert.

Wo kommt die Energie her? Sie muß den Atomen entnommen werden! Da die Atome aber nur ganz bestimmte Energiewerte haben, können keine beliebigen Photonenemissionen stattfinden, sondern nur solche, die der Differenz von Energieniveaus der beteiligten Atome entsprechen. Diese Energieniveaus sind für jedes Atom anders, was die verschiedenen, charakteristischen Leuchterscheinungen erklärt. Mit der Veränderung eines Energieniveaus ändert sich das Orbital des Atoms. Man kann daher sagen, daß Emissions- und Absorptionsprozesse die Form des Atoms verändern.

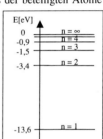

Abbildung 78: Termschema der Energien des Wasserstoffatoms

Für das Wasserstoffatom können die Schülerinnen und Schüler als Übung die niedrigsten sechs Energieniveaus nach der in der letzten Stunde gefundenen Formel mit dem richtigen Wert für die Rydbergenergie berechnen (Abbildung 78). Aus einem Termschema der Energien lassen sich die Differenzen ablesen, wobei klar wird, daß nicht alle Emissionen sichtbares Licht erzeugen, indem die Energiedifferenzen in Basislängen des Lichtes umgerechnet werden. Sind m der Ausgangs- und n der Endzustand des Atoms, so läßt sich die Basislänge folgendermaßen berechnen:

$$\Delta E_{nm} = R \cdot \frac{1}{m^2} - R \cdot \frac{1}{n^2} = \frac{h \cdot c}{\lambda_{nm}} \;\Rightarrow\; \lambda_{nm} = \frac{h \cdot c}{R\left(\dfrac{1}{m^2} - \dfrac{1}{n^2}\right)} = \frac{h \cdot c}{R} \cdot \frac{n^2 \cdot m^2}{n^2 - m^2}$$

Im Experiment lassen sich diese Werte überprüfen, indem das Licht einer Wasserstoffröhre mit einem Gitterspektrometer in die einzelnen Farben zerlegt wird. Der einfachste Aufbau eines solchen Apparates ist in Abbildung 79 skizziert. Die Röhre wird vor eine Meßlatte gestellt und durch ein Gitter beobachtet. Die Interferenzmaxima 1. Ordnung sind als farbige Bilder seitlich verschoben zu erkennen, wobei die Verschiebung s auf der Meßlatte direkt

177

ablesbar ist. Mit der Formel für Interferenzmaxima am Doppelspalt $s = n\ \lambda\ l\ /d$ lassen sich durch Auflösen nach λ und $n = 1$ die Basislängen bestimmen. Sie sollten mit den erwarteten Basislängen der erlaubten Energiedifferenzen übereinstimmen.

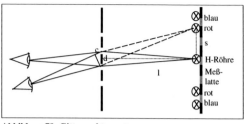

Abbildung 79: Gitterspektrometer

Verlaufsplan:

Phase	Lehreraktivität	Schüleraktivität	Inhalt / Ergebnis
Einstieg 10'	EXP *Bunsenbrenner, Salze, Prismen*: Salze in Flamme halten.	Spektren mit Prismen beobachten.	Die Bunsenbrennerflamme färbt sich bei jedem Salz anders.
Problematisierung 15'	Wie kommen die Farben zustande?	Farben entsprechen bestimmten Photonen (Energien)	Übergänge zwischen den Energieniveaus der Atome sind nur durch Energiezufuhr / -abgabe in Form von Photonen möglich.
	Hinweis: Zusammenhang mit Energieniveaus.	Energiedifferenzen = Photonenemission / -absorption	$\lambda_{nm} = \dfrac{hc}{E_m} - \dfrac{hc}{E_n} = \dfrac{hc}{R}(m^2 - n^2)$
Ergebnissicherung 5'		Merksätze ergänzen	***Emission und Absorption:*** *Die Übergänge zwischen den Energieniveaus der Atome geschehen durch Photonenemission / -absorption. Die Photonenenergie entspricht den Differenzen der Energieniveaus.*
Übung 15'	Termschema der Energieniveaus des H-Atoms zeigen.	Energieniveaus berechnen. Bsp. für Energiedifferenzen im sichtbaren Bereich finden.	$E(n=1) = 13,61$ eV $\quad E(n=5) = 0,54$ eV $E(n=2) = 3,40$ eV $\quad E(n=6) = 0,39$ eV $E(n=3) = 1,51$ eV $\quad ...$ $E(n=4) = 0,85$ eV $\quad E(n=\infty) = 0$ eV
Erarbeitung 15'	EXP *H₂-Spektrallampe, Gitter*: H₂-Spektren zeigen.	Meßwerte aufnehmen.	$\lambda = \dfrac{s\ d}{n\ l}$
Übung 25'	Balmerserie ($m = 2$)	Basislängen der beobachteten Farben mit Zeigerf. berechnen Energien zu den Farben berechnen und mit Termschema des H-Atoms vergleichen.	$H_\alpha = 656$ nm (rot) $\quad E_\alpha = 3,0\cdot10^{-19}$J $= 1,89$eV $H_\beta = 486$ nm (türkis) $\quad E_\beta = 4,1\cdot10^{-19}$J $= 2,55$eV $H_\gamma = 434$ nm (blau) $\quad E_\gamma = 4,6\cdot10^{-19}$J $= 2,86$eV $H_\delta = 410$ nm (violett) $\quad E_\delta = 4,9\cdot10^{-19}$J $= 3,02$eV
Ergebnissicherung 5'		EXP beschreiben, Ergebnis notieren.	Die Basislängen des beobachteten Lichtes stimmen mit den durch das Zeigermodell berechneten Werten überein.

Bemerkungen zur Unterrichtsdurchführung

In der letzten Stunde sind mit den leuchtenden Salzen und dem Wasserstoffspektrum nur zwei der vielen Wechselwirkungsexperimente durchgeführt worden An dieser Stelle bietet sich die weitere Untersuchung von Wechselwirkungsprozessen auf der Basis der entwickelten Modellvorstellung von Licht und Materie an. Beispielsweise könnte der Franck-Hertz-Versuch angeschlossen werden. Mit einer Natriumdampflampe läßt sich sehr schön zeigen, daß bei der Absorption und der Emission tatsächlich Photonen der gleichen Farbe (Basislänge) beteiligt sind.

7.4 Abschlußbemerkung

Das Curriculum endet an einer Stelle, an der der Bogen von der Optik über die Quantenphysik wieder zurück zu optischen Phänomenen geschlossen ist. Mit dem erreichten Verständnis der Quantenphysik ist es möglich, optische Phänomene, welche auf einer Wechselwirkung mit Materie beruhen, auf der Basis einer abstrakten und von klassischen Elementen weitgehend entkoppelten Modellvorstellung zu diskutieren.

Es könnte sich nun eine durch Experimente dominierte Unterrichtseinheit zur Thematik der Wechselwirkung von Licht und Materie anschließen. Neben den bereits erwähnten Experimenten (Franck-Hertz-Versuch, Emission und Absorption des Natriumdampfes) sind die Röntgenröhre sowie Fluoreszenz, Phosphoreszenz und der Laser, oder auch Streuungen des Lichtes in Festkörpern interessante Wechselwirkungsprozesse.

Selbstverständlich können all diese Experimente auch ohne die vorherige Erarbeitung des Zeigermodells durchgeführt werden, und die Anwendung des Formalismus ist auch hier nicht mehr nötig. Der Vorteil der Erarbeitung der Experimente auf der Grundlage des Zeigermodells besteht vielmehr darin, daß die Schülerinnen und Schüler die erlernte Argumentation im Sinne der Quantenphysik fortsetzen können. Werden dagegen Experimente zu Wechselwirkungsprozessen schon vor der Behandlung der Quantenphysik besprochen, so können alle Erklärungen immer nur auf der widersprüchlichen Grundlage der klassischen Modelle erfolgen.

Eine weitere Anschlußmöglichkeit an das Curriculum besteht in der Besprechung des Pauliprinzips und des Periodensystems. Mit der Einführung der Nebenquantenzahlen in der vorletzten Stunde sind die Grundlagen bis auf die Größe des Spins, dessen Eigenschaften nicht vertieft werden müssen, geschaffen worden. Mit den möglichen Werten der Nebenquantenzahlen l und m zu gegebener Hauptquantenzahl n kann die Ordnung des Periodensystems besprochen werden.

Zusammenfassung und Ausblick

Mit der vorliegenden Arbeit wurde untersucht, ob das Lichtwegcurriculum durch eine Unterrichtseinheit zur Quantenphysik unter Verwendung des Zeigermodells ergänzt werden kann.

Eine Analyse der momentanen Unterrichtssituation beleuchtete zunächst, welche Inhalte und Modelle üblicherweise in den Fächern Physik und Chemie besprochen werden. Vorliegende Untersuchungen über Schülervorstellungen zeigen, daß die Schülerinnen und Schüler bereits mit konkreten Konzepten in die Mittelstufe kommen. Sie stellen sich Atome als verkleinerte Körper vor und Elektronen als Teilchen. In der Oberstufe werden diese Konzepte bei der Beschäftigung mit dem Wellen- und dem Teilchenmodell erweitert, wobei sich klassisch-mechanistische Vorstellungen von Licht und Materie stabilisieren. Im Rahmen dieser Untersuchungen stellte sich heraus, daß der Einsatz von neu entwickelten Curricula für die Quantenphysik einen positiven Einfluß auf die Ausprägung von Vorstellungen im Sinne der Quantenphysik hat. Einige solcher neuen Konzepte wurden in der Arbeit vorgestellt, speziell das Lichtwegkonzept, ein Optikcurriculum für die Mittel- und Oberstufe mit dem Struktur-merkmal des Lichtwegs.

Vor der Entwicklung einer Unterrichtseinheit über Quantenphysik, die sich an das Lichtweg-curriculum anschließt, mußten Kriterien festgelegt werden, die einer Strukturierung der Unterrichtsinhalte dienten. Dabei stand die Verwendung tragfähiger Modelle, welche durch ihre Abstraktheit die Vernetzung der Inhalte ermöglichen, im Vordergrund.

Zunächst mußte eine gründliche Sachanalyse klären, wie die physikalischen Grundlagen unter Verwendung des Zeigermodells elementarisiert werden können. Insbesondere wurde hierbei geprüft, wie sich verschiedene Potentialtöpfe durch komplexe Wahrscheinlichkeitsamplituden veranschaulichen lassen. Neben einer einfachen Lösung für den linearen Fall konnten auch für zylindrische und kugelförmige Potentialtöpfe rotationssymmetrische Lösungen auf einfache Weise umgesetzt werden.

Um darüber hinaus nichtrotationssymmetrische Lösungen des Wasserstoffatoms plausibel zu machen, wurde ein Ansatz entwickelt, nach dem auch winkelabhängige Lösungen des kugelförmigen Potentialtopfs allein durch die Anwendung komplexer Zeiger beschrieben werden können. Die Resultate haben zum Teil große Ähnlichkeiten mit den Kugelflächen-funktionen der Wasserstofforbitale. Eine Umsetzung dieser Ideen für den Schulunterricht mußte jedoch aufgrund der Komplexität des Vorgehens und der Abweichungen von den quantenmechanisch richtigen Lösungen verworfen werden.

Unabhängig von diesem speziellen Problem der Plausibilisierung winkelabhängiger Orbitale konnte mit der Sachanalyse grundsätzlich gezeigt werden, daß die Anwendung des Zeigermo-dells in der Quantenphysik eine sinnvolle Strukturierung von Unterrichtsinhalten ermöglicht: Mit Hilfe des Zeigermodells lassen sich elementare Eigenschaften von Quantenobjekten und des Wasserstoffatoms vermitteln. Damit ist das Hauptanliegen der vorliegenden Arbeit erreicht worden.

Das vorgestellte Curriculum „Vom Licht zum Atom" knüpft an das Lichtwegkonzept an. Die vorhandene Unterrichtseinheit zur weiterführenden Optik wurde aufgegriffen und zur Einführung des Zeigerformalismus genutzt. In der Überarbeitung ist die Unterrichtseinheit „Interferenzoptik mit Zeigern" entstanden, in der zahlreiche interessante Interferenz- und Beugungsphänomene unter Verwendung des Zeigermodells untersucht werden. Sie bereitet den Boden für die zweite Unterrichtseinheit „Quantenphysik mit Zeigern", an deren Anfang die Erarbeitung der Quanteneigenschaften des Lichtes steht. Auch das Registrieren einzelner Photonen läßt sich mit dem gleichen Formalismus exakt berechnen. Das Medium Elektronium, dessen Quanten die Elektronen sind, wird eingeführt und wie das Licht mit dem Zeigermodell beschrieben. Nach der Beobachtung von Interferenzeigenschaften des Elektroniums soll in einem Gedankenexperiment untersucht werden, wie sich Elektronium verhält, das in einen geschlossenen Raum gesperrt wird. Die Untersuchung eines solchen Potentialtopfs wird zur Entwicklung eines Orbitalmodells genutzt, das schließlich grundlegende Eigenschaften des Wasserstoffatoms plausibel macht. Das Curriculum schließt mit der Untersuchung des Wasserstoffspektrums, wodurch der Bogen zurück zur Optik geschlagen wird.

Die Unterrichtseinheiten konnten in der Schule erprobt werden. Neben der prinzipiellen Durchführbarkeit dieses Curriculums hat sich gezeigt, daß die angestrebten Lernziele in einer durchaus befriedigenden Weise erreicht wurden. Die Untersuchung der Schülervorstellungen vor und nach dem Unterricht hat ergeben, daß ein Zuwachs von quantenmechanischen Anschauungen zu beobachten ist. Dennoch überwogen bei einigen Schülerinnen und Schülern auch nach diesem Unterricht noch die ursprünglichen klassischen Vorstellungen. Um dieser Beobachtung Rechnung zu tragen, wurde das Unterrichtskonzept stellenweise noch einmal überarbeitet. Es liegt nun mit dem zweiten Teil der Arbeit in Form einer ausführlichen Lehrerhandreichung mit Bemerkungen zur Unterrichtsdurchführung vor. Die ausgeführten Unterrichtspläne können interessierte Lehrerinnen und Lehrer bei der Planung eines ähnlichen Unterrichts anregen.

Es wäre interessant, im Rahmen einer größeren Evaluation zu testen, ob die Verschiebung von klassischen zu quantenmechanischen Vorstellungen im Bereich der Optik und Atomphysik deutlicher erkennbar wird, wenn das Lichtwegkonzept und das Curriculum „Vom Licht zum Atom" mit allen aufeinander folgenden Teilen unterrichtet wird. Für eine solche Untersuchung ist mit der Lehrerhandreichung eine wesentliche Grundlage geschaffen.

Literatur

BADER, F. (1994): Optik und Quantenphysik nach FEYNMANS QED. In: Physik in der Schule 32 (1994) 7/8. S. 250 – 256.

BADER, F. (1996): Eine Quantenwelt – ohne Dualismus. Hannover: Schroedel.

BAUMANN, K. & U. SEXL (1987): Die Deutungen der Quantentheorie. 3. Aufl. Braunschweig; Wiesbaden: Vieweg.

BAYER, H.-J. (1986): Schülervorstellungen beim Übergang vom Bohrschen zum wellenmechanischen Atommodell. In: DPG Fachverband Didaktik der Physik (Hrsg.): Didaktik der Physik Vorträge – Physikertagung 1986 in Gießen. S. 249-256.

BELL, J. S. (1966): The measurement theoryof Everett and de Broglie's pilot wave. TH. 1599-CERN (Contributions to a volume in honour of L. de Broglie), 1972. In: BAUMANN, K. & U. SEXL: Die Deutungen der Quantentheorie. 3. Aufl. Braunschweig; Wiesbaden: Vieweg, 1987.

BERG, A. et al. (1989): Einführung in die Quantenphysik. Ein Unterrichtsvorschlag für Grund- und Leistungskurse. Berlin: Pädagogisches Zentrum.

BERGER, P. (1981): Philosophische Grundgedanken zur Struktur der Physik. 4. Aufl. Stuttgart: J. B. Metzlersche Verlagsbuchhandlung.

BETHGE, T. (1992): Vorstellungen von Schülerinnen und Schülern zu Begriffen der Atomphysik. In: Fischler, H. (Hrsg.): Quantenphysik in der Schule. Kiel: IPN. S. 215-233.

BLEICHROTH, W. et al. (1991): Fachdidaktik Physik. Köln: Aulis Verlag Deubner.

BLK (1997). Bund-Länder-Kommission für Bildungsplanung und Forschungsförderung. Gutachten zur Vorbereitung des Programms „ Steigerung der Effizienz des mathematisch-naturwissenschaftlichen Unterrichts". Bonn.

BÖDECKER, A. (1996): Das Zeigerkonzept als Hinführung zur Quantenphysik. Ein Unterrichtsversuch in einem Leistungskurs der 13. Jahrgangsstufe. Schriftliche Arbeit im Rahmen der zweiten Staatsprüfung. Studienseminar Göttingen.

BOHM D. (1952): A suggested interpretation of the quantum theory in terms of „hidden" variables. In: BAUMANN, K. & U. SEXL: Die Deutungen der Quantentheorie. 3. Aufl. Braunschweig; Wiesbaden: Vieweg, 1987.

BONATO, M. (1990): Wissensstrukturierung mittels Struktur-Lege-Techniken. Eine graphentheoretische Analyse von Wissensnetzen. Reihe 6, Psychologie, Bd. 297. Frankfurt/M: Europäische Hochschulschriften.

BORMANN, M (1986): Das Schülervorverständnis zum Themenbereich „Modellvorstellungen zu Licht und Elektronen. In: DPG Fachverband Didaktik der Physik (Hrsg.): Didaktik der Physik Vorträge – Physikertagung 1986 in Gießen. S. 475-481.

BORN, G. (1976): Der Atombegriff unserer Schüler. In: Physik und Didaktik 1 (1976). S. 66.

BORN, M. (1926): Zur Quantenmechanik der Stoßvorgänge. In: BAUMANN, K. & U. SEXL. Die Deutungen der Quantentheorie. 3. Aufl. Braunschweig; Wiesbaden: Vieweg, 1987.

BRACHNER, A. & R. FICHTNER (1977): Quantenmechanik für Lehrer und Studenten. Hannover: Schrödel.

BRACHNER, A. & R. FICHTNER (1980): Quantenmechanik. Hannover: Schrödel.

BUCK, P. (1986): Vorstellungen hinter dem Begriff „Stoff". In: Naturwissenschaften im Unterricht – Physik / Chemie 34 (1986) 13. S. 38-42.

BUCK, P. (1994): Die Teilchenvorstellung - ein „Unmodell". In: Chemie in der Schule. 41 (1994) 11. S. 412-417.

DUIT, R. (1992): Teilchen- und Atomvorstellungen. In: Fischler, H. (Hrsg.). Quantenphysik in der Schule. Kiel: IPN. S. 201-214.

ERB, R. & L. SCHÖN (1995): Lichtwege – zentrales Element unseres Optiklehrganges. In: H. Behrendt (Hrsg.). Zur Didaktik der Physik und Chemie – Vorträge 1994. Alsbach: Leuchtturm. S. 244 – 246.

ERB, R. & L. SCHÖN (1996): Ein Blick in den Spiegel – Einblick in die Optik. In: Fischer, H. E. (Hrsg.). Handlungs- und kommunikationsorientierter Unterricht in der Sek. II. Bonn: Dümmlers.

ERB, R. (1992): Geometrische Optik mit dem Fermat-Prinzip. In: Physik in der Schule. 30 (1992) 9. S. 291-295.

ERB, R. (1994): Optik mit Lichtwegen: Das Fermat-Prinzip als Grundlage für das Verstehen der Optik. Bochum; Magdeburg: Westarp-Wiss.

ERB, R. (1995): Optik in der Oberstufe. In: Physik in der Schule. 33 (1995) 2. S. 51-56

ERB, R. (1995a): Berechnung von Beugungsbildern. In: MNU. 48 (1995) 5. S. 281-284

ERB, R. (1998): Das Thema optische Abbildung im Physikunterricht – ein stoffdidaktisches Forschungsvorhaben. In: ZfDN. 4 (1998) 2. S. 53 – 66.

ESSLINGER, T. et al. (2000): Atomlaser. In: Physikalische Blätter 56 (2000) 2. S. 47 – 50.

FEYNMAN, R. (1992): QED: Die seltsame Theorie des Lichtes und der Materie. München: Piper.

FEYNMAN, R. (1996): Vorlesungen über Physik. Bd. III. 3. Auflage. München, Wien: Oldenbourg.

FICHTNER, R. (1980): Das quantenmechanische Fundamentalprinzip. In: physica didactica 7 (1980) S. 17 – 33.

FISCHLER, H. (Hrsg.) (1992): Quantenphysik in der Schule. Kiel: IPN.

FISCHLER, H. (1992a): Grundlagen oder Anwendungen, Anschaulichkeit oder Abstraktion? Kontroverse Ansichten über die Quantenphysik in der Schule. In: Fischler, H. (Hrsg.). Quantenphysik in der Schule. Kiel: IPN. S. 6 – 21.

FISCHLER, H. (1992b): Die Berliner Konzeption einer „Einführung in die Quantenphysik„: Didaktische Grundsätze und inhaltliche Details. In: Fischler, H. (Hrsg.). Quantenphysik in der Schule. Kiel: IPN. S. 245 – 252.

FISCHLER, H. et al. (1997): Die Teilchenstruktur der Materie im Physikunterricht der Sek. I (Teil 1): Kann Forschung den didaktischen Wirrwarr beenden? In: DPG Fachverband Didaktik der Physik (Hrsg.). Didaktik der Physik Vorträge - Physikertagung 1997 in Berlin. S. 572-577.

FISCHLER, H. (1998): Wege zum Atombegriff I: Didaktische Anmerkungen und Stand der Forschung. In: H. Behrendt (Hrsg.). Zur Didaktik der Physik und Chemie – Vorträge 1997. Alsbach: Leuchtturm. S. 349-351.

GEHRMANN, K. & M. RODE (1999): Welcher-Weg-Information. In: Praxis der Naturwissenschaften – Physik. 48 (1999) 8. S. 28 – 33.

GERTHSEN, C. et al. (1989): Physik. 16. Auflage. Berlin, Heidelberg: Springer.

GILMORE, R. (1995): Alice im Quantenland – Eine Allegorie der modernen Physik Braunschweig, Wiesbaden: Vieweg.

GRANDT, C. (1995): Weiterführende Optik mit Feynmans Zeigerformalismus. Ein didaktisches Konzept zur Einführung der Photonenoptik in der 13. Jahrgangsstufe eines Berliner Gymnasiums. Schriftliche Prüfungsarbeit zur zweiten Staatsprüfung für das Amt des Studienrates 1. Schulpraktisches Seminar Berlin-Steglitz.

GREHN, J. (Hrsg.) (1992): Metzler Physik. 2. Auflage. Hannover: Metzler Schulbuch.

GREHN, J. & J. KRAUSE (Hrsg.) (1998): Metzler Physik. 3. Auflage. Hannover: Metzler Schulbuch.

GROPENGIEßER, H. (1997): Didaktische Rekonstruktion des Sehens. Oldenburg: Carl von Ossietzky Universität – Zentrum für pädagogische Berufsbildung.

HEISENBERG, W. (1927): Über den anschaulichen Inhalt der quantenmechanischen Kinematik und Mechanik. In: BAUMANN, K. & U. SEXL. Die Deutungen der Quantentheorie. 3. Aufl. Braunschweig; Wiesbaden: Vieweg, 1987.

HEITLER, W. (1973): Vom Wesen der Quantenchemie. In: Physikalische Blätter. 29 (1973) 6. S. 252 – 256.

HERRMANN, F. (1995): Der Karlsruher Physikkurs. Ein Lehrbuch für den Unterricht der Sekundarstufe I. Didaktik der Physik, Universität Karlsruhe.

HÖFLING, O. (1992): Plädoyer für die Behandlung des Bohrschen Atommodells in der Schule. In: Fischler, H. (Hrsg.). Quantenphysik in der Schule. Kiel: IPN. S. 85 – 87.

JÖNSSON, C. (1961): Elektroneninterferenzen an künstlich hergestellten Feinspalte. In Zeitschrift für Physik. 161 (1961). S. 454 – 474.

KATTMANN, U. et al. (1997): Das Modell der didaktischen Rekonstruktion – Ein theoretischer Rahmen für naturwissenschaftsdidaktische Forschung und Entwicklung. In: Zeitschrift für Didaktik der Naturwissenschaften. 3 (1997) 3.

KETTERLE, W. (1997): Bose-Einstein-Kondensate – Eine neue Form der Materie. In: Physikalische Blätter. 53 (1997) 7. S. 667.

KNOTE, H. (1975). Zur Atomvorstellung von Dreizehn- bis Fünfzehnjährigen. In: Der Physikunterricht. 6 (1975) 4. S. 86 – 96.

KUHN, W. (Hrsg.) (1990): Physik.. Bd. II, 2. Teil: Klasse 12/13. Braunschweig: Westermann.

KUHN, W. (1992): Quantenmechanik: Eine wissenschaftstheoretisch reflektierte Analyse ihre ideengeschichtlichen Entwicklungsprozesses. In: Fischler, H. (Hrsg.). Quantenphysik in der Schule. Kiel: IPN. S. 29 – 68.

KUHN, W. (1994): Quantenphysik in der Schule? In: Physik in der Schule. (1994) 7-8. S. 257 – 261.

KUHN, W. & J. STRNAD (1995): Quantenfeldtheorie. Photonen und ihre Deutung. Braunschweig, Wiesbaden: Vieweg.

LAUKENMANN, M. (1995): Elektronen und Photonen. Ein Unterrichtsvorschlag zur Atom- und Festkörperphysik für die Sekundarstufe I.

LICHTFELDT, M. (1991): Schülervorstellungen in der Quantenphysik und ihre möglichen Veränderungen durch Unterricht. Essen: Westarp.

LICHTFELDT, M. (1992): Schülervorstellungen als Voraussetzung für das Lernen von Quantenphysik. In: Fischler, H. (Hrsg.). Quantenphysik in der Schule. Kiel: IPN. S. 234-244.

LICHTFELDT, M. et al. (1997): Die Teilchenstruktur der Materie im Physikunterricht der Sek. I (Teil 2): Exemplarische Ergebnisse einer Quer- und Längsuntersuchung im Rahmen des Forschungsprojektes „Wege zum Atombegriff". In: DPG Fachverband Didaktik der Physik (Hrsg.). Didaktik der Physik Vorträge - Physikertagung 1997 in Berlin. S. 578-583.

NIEDDERER, H. (1992): Atomphysik mit anschaulichem Quantenmodell. In: Fischler, H. (Hrsg.). Quantenphysik in der Schule. Kiel: IPN. S. 234-244.

NOLTING, W. (1997): Grundkurs Theoretische Physik. Bd. 5: Quantenmechanik. Braunschweig, Wiesbaden: Vieweg.

PARKER, S. (1971): A single-Photon Double-Slit Interference Experement. In: American Journal of Physics. 39 (1971). S. 420-424.

PAUL, H. (1995): Photonen. Stuttgart: Teubner.

PENROSE, R. (1991): Computerdenken. Die Debatte um Künstliche Intelligenz, Bewusstsein und die Gesetze der Physik. Spektrum Akademischer Verlag.

PETRI, J. (1996): Der Lernpfad eines Schülers in der Atomphysik – Eine Fallstudie in der Sekundarstufe II. Aachen: Mainz.

PEUCKERT, J. (1999): Concept Mapping – Lernen wir unsere Schüler kennen! In: Physik in der Schule. 37 (1999) 1. S. 47-55 & 2. S. S. 122-128.

Quantenphysik in der Schule. In: Physik in der Schule. 32 (1994) 7/8.

SAUER, G. (1992): Didaktische Aspekte der Bohrschen Atomtheorie. In: Fischler, H. (Hrsg.). Quantenphysik in der Schule. Kiel: IPN. S. 69 - 84.

SCHÖN, L. (1991): Vom Sehen zur Optik – Anmerkungen zu einer didaktischen Konzeption. Habilschrift. Kassel.

SCHÖN, L. (1991a): Die Schusterkugel. In: K. H. Wiebel (Hrsg.). Zur Didaktik der Physik und Chemie – Vorträge 1990. Alsbach: Leuchtturm. S. 291 - 293.

SCHÖN, L. (1994): Ein Blick in den Spiegel - Von der Wahrnehmung zur Physik. In: Physik in der Schule. 32 (1994) 1. S. 2-5.

SCHWABL, F. (1992): Quantenmechanik. 3. Auflage. Berlin, Heidelberg: Springer.

SEIFERT, S. (1999): Werden durch Schulbuchdarstellungen der Mikrowelt Fehlvorstellungen induziert? In: In: R. Brechel (Hrsg.). Zur Didaktik der Physik und Chemie - Vorträge 1998. S. 310-312

SENATSVERWALTUNG für Jugend, Schule und Sport (1990): Vorläufiger Rahmenplan für Unterricht und Erziehung in der Berliner Schule. Gymnasiale Oberstufe. Fach Chemie. Berlin.

SENATSVERWALTUNG für Jugend, Schule und Sport (1995): Vorläufiger Rahmenplan für Unterricht und Erziehung in der Berliner Schule. Gymnasiale Oberstufe. Fach Physik, Einführungsphase. Berlin.

SENATSVERWALTUNG für Jugend, Schule und Sport (1995a): Vorläufiger Rahmenplan für Unterricht und Erziehung in der Berliner Schule. Klasse 8, 9 und 10. Gesamtschule, Hauptschule, Realschule, Gymnasium. Fach Chemie. Berlin.

SENATSVERWALTUNG für Jugend, Schule und Sport (1996): Vorläufiger Rahmenplan für Unterricht und Erziehung in der Berliner Schule. Klasse 8, 9 und 10. Gesamtschule, Hauptschule, Realschule, Gymnasium. Fach Physik. Berlin.

SENATSVERWALTUNG für Jugend, Schule und Sport (1996a): Vorläufiger Rahmenplan für Unterricht und Erziehung in der Berliner Schule. Gymnasiale Oberstufe. Fach Physik, Kursphase. Berlin.

STRNAD, J. (1980): Wellen und Teilchen im Unterricht der Quantenmechanik. In: Praxis der Naturwissenschaften – Physik. 29 (1980) 8. S. 225 – 229.

STRNAD, J. (1987): Der Feynmansche Weg in die Quantenphysik. In: W. Kuhn (Hrsg.). Didaktik der Physik. Vorträge - Physikertagung 1987 in Berlin. S. 115 – 121.

TAYLOR, G. I. (1909): Interference fringes with feeble light. In: Proceedings of the Philosophical Society. 15 (1909). S. 114 – 115.

WEBER, T. (1999): Das Loch in der Seifenblase. In: Physik in der Schule. 37 (1999) 1. S. 34-36.

WERNER, J. & L. SCHÖN (1997): Warum ist Glas durchsichtig? Eine Analyse im Rahmen des Lichtwegkonzeptes. In: DPG (Hrsg.). Didaktik der Physik – Vorträge Physikertagung 1997 Berlin. S. 373 – 378.

WERNER, J. & L. SCHÖN (1999): Vom Licht zum Atom. In: R. Brechel (Hrsg.). Zur Didaktik der Physik und Chemie - Vorträge 1998. S. 304-306.

WIESNER, H. (1986): Schülervorstellungen in der Optik. In: Naturwissenschaften im Unterricht – Physik / Chemie. 34 (1986) 13. S. 25.

WIESNER, H. (1989): Beiträge zur Didaktik des Unterrichtes über Quantenphysik in der Oberstufe. Essen: Westarp.

WIESNER, H. (1992): Eine Einführung in die Quantentheorie für Leistungskursschüler. In: Fischler, H. (Hrsg.). Quantenphysik in der Schule. Kiel: IPN. S. 270 – 290.

WIESNER, H. (1992a): Elementarisierung der Quantphysik: Didaktische Erfordernisse und fachliche Bedenken. In: Fischler, H. (Hrsg.). Quantenphysik in der Schule. Kiel: IPN. S. 184 – 200.

WIESNER, H. (1994): Quantenphysik im Oberstufenunterricht – was und wie? In: Physik in der Schule. (1994) 7-8. S. 242 – 243.

ANHANG A: Unterrichtsmaterialien[1]

AB-1 Brechung

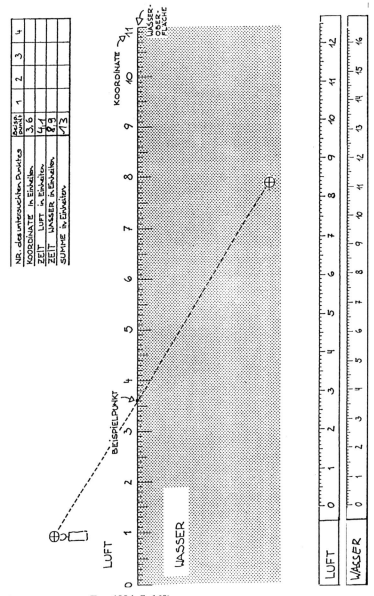

(entnommen aus: ERB 1994, S. 160)

---

[1] Die farbigen Unterrichtsmaterialen (Arbeitsblätter und Kopiervorlagen) können als Datei von der Homepage der Arbeitsgruppe Didaktik der Physik an der Humboldt-Universität zu Berlin unter http://www.physik.hu-berlin.de/ger/gruppen/didaktik/litopt.htm abgerufen werden.

AB Der Zeigerformalismus

Dem Licht stehen zwischen Lichtquelle und Empfänger verschiedene **Lichtwege** zur Verfügung. Wir können nicht feststellen, wie sich das Licht auf diesen Wegen ausbreitet. Indem wir aber alle möglichen Wege berücksichtigen, können wir den zur Verfügung stehenden Raum charakterisieren und berechnen, wieviel Licht am Empfänger ankommt.

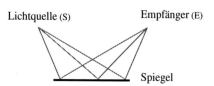

Jedem Weg wird ein Zeiger zugeordnet, mit dem die Länge des Weges in Vielfachen der Basislänge λ angegeben wird. Der Zeiger steht am Anfang auf "3 Uhr" und wird entgegen dem Uhrzeigersinn gedreht: Zum Ausmessen der Weglänge wird er jeweils um 360° gedreht, wenn die Basislänge λ abgeschritten wird. Bleibt ein Rest, der kleiner als λ ist, so wird er um den entsprechenden Teil von 360° weiter gedreht.

Ist die Länge eines Lichtweges z.B. das 4,2fache von λ, so wird der Zeiger 4 mal ganz und um weitere 72° (das 0,2fache von 360°) gedreht.

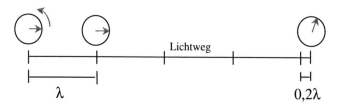

Die Zeiger aller Lichtwege werden in ihren Endstellungen wie Vektoren addiert. Das Quadrat der Länge der dabei erhaltenen Resultierenden ist ein Maß für die Intensität des Lichtes am Empfänger.

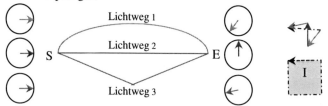

Was kann den Zeigern auf ihren Lichtwegen "zustoßen"?

a) Verkürzung der Länge

Beispiel: partielle Reflexion an Glas

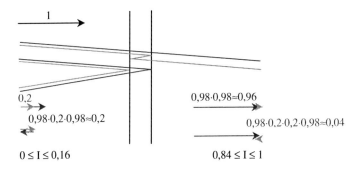

$$0 \leq I \leq 0{,}16 \qquad\qquad 0{,}84 \leq I \leq 1$$

→ Beim senkrechten Einfall auf eine Grenzschicht zwischen Luft und Glas wird der Zeiger des zurückreflektierten Lichtweges um den Faktor 0,2 und der Zeiger des hindurchgehenden Lichtweges um den Faktor $\sqrt{0{,}96} \approx 0{,}98$ verkürzt.

b) zusätzliche Drehung

Beispiel: Die Seifenhaut wird kurz vor dem Zerplatzen durchsichtig

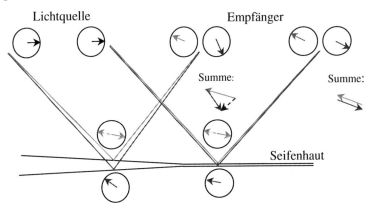

→ Bei der Reflexion eines Lichtweges an der Grenzschicht eines optisch dichteren Mediums wird der Zeiger um zusätzliche 180° gedreht. Sehr dünne Schichten reflektieren daher gar kein Licht.

192

LICHTWEGE ÜBER DEN SPIEGEL

$\lambda = 4\,cm$

A
$\oplus$

B
$\oplus$

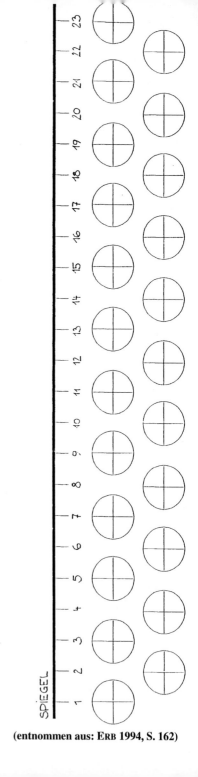

(entnommen aus: ERB 1994, S. 162)

LICHTWEGE ÜBER DEN TEILWEISE VERDECKTEN SPIEGEL

$\lambda = 4\,cm$

A

B

C

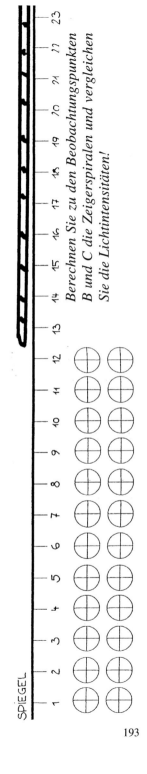

*Berechnen Sie zu den Beobachtungspunkten
B und C die Zeigerspiralen und vergleichen
Sie die Lichtintensitäten!*

193

Das elektromagnetische Spektrum

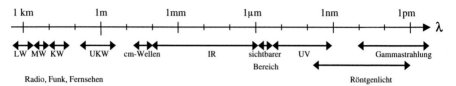

Reflexion von cm-Wellen (λ=3,2cm)

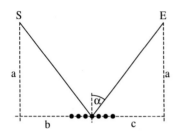

Ein cm-Wellen-Sender S bestrahlt ein Reflexionsgitter mit „Licht" der Basislänge 3,2 cm. Zeichnen Sie die Zeigerspirale für den Empfangspunkt E! Berechnen Sie dazu die Länge der Lichtwege über die einzelnen Punkte des Reflexionsgitters! (Abstand der Gitterpunkte 2cm)

Gitterpkt	a	b	c	Weglänge	Zeigerwinkel
1	39,5cm	24cm	36cm		
2	39,5cm	26cm	34cm		
3	39,5cm	28cm	32cm		
4	39,5cm	30cm	30cm		
5	39,5cm	32cm	28cm		
6	39,5cm	34cm	26cm		
7	39,5cm	36cm	24cm		

Gitterpkt	a	b	c	Weglänge	Zeigerwinkel
1	40cm	24cm	36cm		
2	40cm	26cm	34cm		
3	40cm	28cm	32cm		
4	40cm	30cm	30cm		
5	40cm	32cm	28cm		
6	40cm	34cm	26cm		
7	40cm	36cm	24cm		

F-1 Gitter

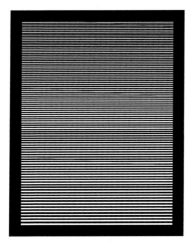

```
Spaltbreite= 0.010 m
x1= -5.000    x2= 0.000    x3= 5.000    y1= 0.000    y3= 0.030
y2Anfang= -0.005    y2Ende= 0.005
```

(Gitter berechnet mit dem Programm LW13 von R. ERB (vgl. ERB 1995))

Der Photoeffekt - ein Experiment zur quantitativen Bestimmung der Energie von Photonen

Prinzip: Beim Beleuchten einer Metalloberfläche geht die Energie einzelner Photonen auf Elektronen über, was zur Auslösung dieser aus der Oberfläche führen kann. Die Energie der Elektronen wird im Experiment zur Bestimmung der Photonenenergie gemessen.

Die Photozelle:

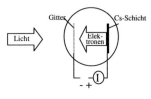

Energie der Elektronen: $E_{el} = U \cdot e$

Die Photozelle besteht aus einer Cäsium-Schicht und einem Drahtgitter in einer evakuierten Glaszelle. Beim Beleuchten der Zelle lassen sich die ausgelösten Elektronen mit einem Meßverstärker als elektrischer Strom (Photostrom) zwischen der Cs-Schicht und dem Gitter nachweisen. Wird das Gitter durch eine Spannungsquelle gegenüber der Cs-Schicht negativ aufgeladen, so kommt der Strom ab einer bestimmten Spannung zum Stillstand: Die Energie der Elektronen ist zu klein, um gegen das Feld zwischen Cs-Schicht und Gitter anlaufen zu können, wenn sie kleiner als $E_{el} = U \cdot e$ ist.

Versuchsaufbau (Skizze):

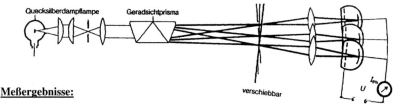

Meßergebnisse:

Farbe	λ[nm]	$1/\lambda$ [10^6/m]	U_{geg}[V]
rot	623		
gelb	579		
grün	546		
blau-grün	492		
blau	436		
violett	405		

Funktion der Energie der Elektronen: $E_{el}(\lambda) =$

Funktion der Energie der Photonen: $E_{Ph}(\lambda) =$

F-2 Komet

Dr. Malte Scholz, Gabelsbergerstr. 14, 07768 Kahla, ms@co2.chemie.uni-jena.de

(Foto: M. SCHOLZ, Kahla)

W. PAULI: Die philosophische Bedeutung der Idee der Komplementarität (1961)

**In: BERGER, P. Philosophische Grundgedanken zur Struktur der Physik. 4. Aufl.
Stuttgart: J. B. Metzlersche Verlagsbuchhandlung, 1981. S. 126.**

Neben manchen anderen Meinungen ist die heute maßgebliche Interpretation der Quantentheorie die sogenannte Kopenhagener Deutung. Es ist dies ein Versuch, die Quantentheorie in allen ihren Bezügen zur Wirklichkeit, gleichgültig ob theoretisch oder experimentell, zu klären; er wurde von BOHR und HEISENBERG im Kopenhagener Institut für theoretische Physik zusammen mit einer Reihe anderer Physiker in den Jahren 1926 und 1927 erarbeitet. PAULI beschreibt die Grundzüge der Interpretation: *»Die Endlichkeit des Wirkungsquantums, die eine Unterteilung individueller Quantenprozesse ausschließt, stellt also die Physiker vor folgende Situation: Es ist unmöglich, den ganzen Einfluß des Meßapparates auf das gemessene Objekt durch determinierbare Korrekturen in Rechnung zu stellen; jeder Gewinn an Kenntnis atomarer Objekte durch Beobachtungen muß mit einem unwiderruflichen Verlust anderer Kenntnisse bezahlt werden [...]. Welche Kenntnis gewonnen oder welche andere Kenntnis unwiderruflich verloren ist, bleibt der freien Wahl des Experimentators zwischen einander ausschließenden Versuchsanordnungen überlassen. Diese Situation wurde von BOHR mit »Komplementarität« bezeichnet. Der Unkontrollierbarkeit des Eingriffes der Beobachtung in das beobachtete System wird dadurch Rechnung getragen, daß die atomaren Objekte nicht in eindeutiger Weise durch die gewöhnlichen physikalischen Eigenschaften beschrieben werden können. Dadurch ist die Voraussetzung einer Beschreibung der Phänomene unabhängig von der Art ihrer Beobachtung nicht mehr erfüllt und die physikalischen Objekte erhalten einen zwei- oder mehrdeutigen und daher symbolischen Charakter..«*

BERGER: Der Dualismus wird abgelöst durch eine abstraktere Darstellung

**In: BERGER, P. Philosophische Grundgedanken zur Struktur der Physik. 4. Aufl.
Stuttgart: J. B. Metzlersche Verlagsbuchhandlung, 1981. S. 86.**

Man hatte in der Frage, wie das Mikrogeschehen anschaulich zu verstehen war, keine klare Antwort erhalten. Weder eine reine Teilchen- noch eine reine Wellenvorstellung reichte hin. Während man einige Zeit lang vom Dualismus dieser beiden Modellvorstellungen sprach, setzte sich nach und nach die heute herrschende Auffassung durch. Wenn die Mikroobjekte weder eindeutig Teilchen noch eindeutig Wellen waren, so sollte man ehrlicherweise sagen: Sie sind keins von beiden. Ein Elektron, ein Photon oder ein anderes Elementarteilchen unterscheidet sich so sehr von allen Objekten, die wir kennen, daß keiner der bisherigen Namen mehr für es taugt, weil der doch nur eine falsche Vertrautheit suggerieren würde. Konsequenterweise sprach man daher von Mikroobjekten, um auszudrükken, daß kein Ding, das wir kennen, mit ihnen vergleichbar ist. BORN beschreibt die Situation treffend mit den Worten:

»Sehr langsam und gegen vielen Widerstand setzte sich die Ansicht durch, daß anschauliche Modelle nicht nötig, ja für den Fortschritt hinderlich seien.«

AB-7a Deutungsdebatte

MAX BORN: Quantenmechanik der Stoßvorgänge

Zeitschrift für Physik 38, 803 (1926). In: BAUMANN, K. & R. U. SEXL. Die Deutungen der Quantentheorie. Wiesbaden: Vieweg, 1987. S. 10f.

»Die von Heisenberg begründete, von ihm gemeinsam mit Jordan und dem Verfasser dieser Mitteilung entwickelte Matrizenform der Quantenmechanik geht von dem Gedanken aus, daß eine exakte Darstellung der Vorgänge in Raum und Zeit überhaupt unmöglich ist, und begnügt sich daher mit der Aufstellung von Relationen zwischen beobachtbaren Größen, die nur im klassischen Grenzfall als Eigenschaften von Bewegungen gedeutet werden können. Schrödinger auf der anderen Seite scheint den Wellen, die er nach de Broglies Vorgang als die Träger der atomaren Prozesse ansieht, eine Realität von derselben Art zuzuschreiben, wie sie Lichtwellen besitzen; er versucht ‚Wellengruppen aufzubauen, welche in allen Richtungen relativ kleine Abmessungen' haben und die offenbar die bewegte Korpuskel direkt darstellen sollen.

Keine dieser beiden Auffassungen scheint mir befriedigend. Ich möchte versuchen, hier eine dritte Interpretation zu geben und ihre Brauchbarkeit an den Stoßvorgängen zu erproben. Dabei knüpfe ich an eine Bemerkung Einsteins über das Verhältnis von Wellenfeld und Lichtquanten an; er sagte etwa, daß die Wellen nur dazu da seien, um den korpuskularen Lichtquanten den Weg zu weisen, und er sprach in diesem Sinne von einem ‚Gespensterfeld'. Dieses bestimmt die Wahrscheinlichkeit dafür, daß ein Lichtquant, der Träger von Energie und Impuls, einen bestimmten Weg einschlägt; dem Felde selbst aber gehört keine Energie und kein Impuls zu.

Diesen Gedanken direkt mit der Quantenmechanik in Verbindung zu setzen, wird man wohl besser so lange verschieben, bis die Einordnung des elektromagnetischen Feldes in den Formalismus vollzogen ist. Bei der vollständigen Analogie zwischen Lichtquant und Elektron aber wird man daran denken, die Gesetze der Elektronenbewegung in ähnlicher Weise zu formulieren. Und hier liegt es nahe, die de Broglie-Schrödingerschen Wellen als das ‚Gespensterfeld' oder besser ‚Führungsfeld' anzusehen.

Ich möchte also versuchsweise die Vorstellung verfolgen: Das Führungsfeld, dargestellt durch eine skalare Funktion ψ der Koordinaten aller beteiligten Partikeln und der Zeit, breitet sich nach der Schrödingerschen Differentialgleichung aus. Impuls und Energie aber werden so übertragen, als wenn Korpuskeln (Elektronen) tatsächlich herumfliegen. Die Bahnen dieser Korpuskeln sind nur so weit bestimmt, als Energie- und Impulssatz sie einschränken; im übrigen wird für das Einschlagen einer bestimmten Bahn nur eine Wahrscheinlichkeit durch die Werteverteilung der Funktion ψ bestimmt. Man könnte das, etwas paradox, etwa so zusammenfassen: Die Bewegung der Partikeln folgt Wahrscheinlichkeitsgesetzen, die Wahrscheinlichkeit selbst aber breitet sich im Einklang mit dem Kausalgesetz aus.«

NILS BOHR, Diskussion mit Einstein über erkenntnistheoretische Probleme in der Atomphysik. (1927).

In: BAUMANN, K. & R. U. SEXL. Die Deutungen der Quantentheorie. Wiesbaden: Vieweg, 1987. S. 14f.

» Im Laufe der Diskussionen wurde die Wichtigkeit derartiger Betrachtungen in höchst interessanter Weise beleuchtet durch die Untersuchung einer Anordnung, bei der zwischen dem Schirm mit dem Schlitz und der photographischen Platte ein zweiter Schirm mit zwei gleichlaufenden Schlitzen angebracht ist, wie das Bild zeigt. Wenn ein paralleler Strahl von Elektronen

(oder Photonen) von links her auf die erste Blende fällt, werden wir unter gewöhnlichen Versuchsbedingungen ein Interferenzmuster beobachten, das durch Schattierung auf der photographischen Platte angedeutet und im rechten Teil des Bildes in Frontalansicht wiedergegeben ist. Bei intensiver Strahlung wird dieses Muster durch Ansammlung zahlreicher Einzelprozesse aufgebaut, von denen jeder einen kleinen Fleck auf der photographischen Platte erzeugt. Die Verteilung dieser Flecke folgt einem einfachen, aus der Wellenanalyse ableitbaren Gesetz. Die gleiche Verteilung müßte man auch aus der Statistik über eine große Zahl von Versuchen finden, die mit so schwacher Strahlung ausgeführt wurden, daß bei einer einzigen Belichtung nur ein Elektron (oder Photon) die photographische Platte erreichen und an einem Punkt auftreffen wird, sowie es in dem Bild mit einem Sternchen angedeutet ist. Da nun, wie die gestrichelten Pfeile angeben, der auf die erste Blende übertragene Impuls verschieden sein sollte, je nachdem man annimmt, daß das Elektron durch den unteren oder den oberen Schlitz in der zweiten Blende fliegt, vertrat Einstein die Auffassung, daß eine Kontrolle der Impulsübertragung eine genauere Analyse des Vorganges gestatten würde und im besonderen die Entscheidung ermöglichen sollte, durch welchen der beiden Schlitze das Elektron vor seinem Auftreffen auf die Platte hindurchgegangen ist. Eine genauere Prüfung zeigt indessen, daß der vorgeschlagenen Kontrolle der Impulsübertragung eine Unschärfe bezüglich der Kenntnis der Lage der Blende anhaftet, die das Auftreten der in Frage stehenden Interferenzphänomene ausschließen würde. Tatsächlich wird, wenn α den kleinen Winkel zwischen den vermuteten Bahnen eines Teilchens durch den oberen und unteren Schlitz bezeichnet, die Differenz der Impulsübertragung in beiden Fällen gleich $\Delta p = \alpha \cdot h/\lambda$ sein, und jede Kontrolle des Blendenimpulses mit einer zur Messung dieser Differenz ausreichenden Genauigkeit wird infolge der Unbestimmtheitsrelation $\Delta x \cdot \Delta p \approx h$ einen mit λ/α vergleichbaren Minimalspielraum der Lage der Blende einschließen. Wenn die Blende mit den beiden Schlitzen, wie in dem Bild, in der Mitte zwischen der ersten Blende und der photographischen Platte aufgestellt ist, sieht man, daß der Abstand der Fransen genau gleich λ/α ist. Da ferner eine Unsicherheit λ/α in der Lage der ersten Blende eine gleiche Unsicherheit in der Lage der Fransen verursacht, kann folglich keine Interferenzwirkung erscheinen. Das gleiche Ergebnis erhält man, wie sich leicht zeigen läßt, für jede andere Stellung der zweiten Blende zwischen der ersten und der Platte, und es bliebe auch dasselbe, wenn wir anstatt der ersten Blende einen anderen dieser drei Körper zur Kontrolle der Impulsübertragung für den vorgeschlagenen Zweck verwendeten.

Dieser Punkt ist von großer logischer Tragweite, denn nur der Umstand, daß wir vor der Wahl stehen, entweder den Weg eines Teilchens zu verfolgen oder Interferenzwirkungen zu beobachten, gestattet es uns, dem paradoxen Schluß zu entgehen, daß das Verhalten eines Elektrons oder Photons von dem Vorhandensein eines Schlitzes im Schirm abhängen sollte, durch den es nachweisbar nicht hindurchgegangen ist. Wir haben hier ein typisches Beispiel dafür, wie die komplementären Phänomene unter sich gegenseitig ausschließenden Versuchsanordnungen auftreten, und wir stehen bei der Analyse der Quanteneffekte vor der Unmöglichkeit, eine scharfe Trennungslinie zwischen einem unabhängigen Verhalten atomarer Objekte und ihrer Wechselwirkung mit dem Meßgerät zu ziehen, die zur Definition der Bedingungen für das Auftreten der Phänomene dienen. «

Das Jönsson-Experiment

Sie haben am Experiment der Elektronenbeugungsröhre gesehen, daß Elektronium wie Licht Interferenzerscheinungen zeigt und bei einer Beschleunigungsspannung von 5 kV eine Basislänge von $\lambda \approx 0,2$ Å hat.

Abbildung: 30-fache Vergrößerung des von Jönsson beobachteten Interferenzbildes

Das für das Licht sehr einfache Doppelspaltexperiment kann mit Elektronium nicht im Klassenzimmer durchgeführt werden. Es ist aufgrund technischer Schwierigkeiten erst 1961 von dem Forscher C. Jönsson in Tübingen durchgeführt worden.

1. Welche Schwierigkeiten treten Ihrer Meinung nach bei der Durchführung des Doppelspaltexperimentes mit Elektronium auf?
2. Aus welchem Material und mit welchem Spaltabstand würden Sie den Doppelspalt konstruieren?
3. Die Originalmaße des Versuchsaufbaus von Jönsson waren: Spaltabstand $d = 2$ μm, Abstand Quelle Spalt: 30 cm, Abstand Spalt Schirm 35 cm. Fertigen Sie eine Skizze an und berechnen Sie den Abstand, der bei der Versuchsdurchführung zwischen dem 0. und 1. Interferenzmaximum auf dem Beobachtungsschirm zu sehen ist!

Die Potentialkugel und das Wasserstoffatom

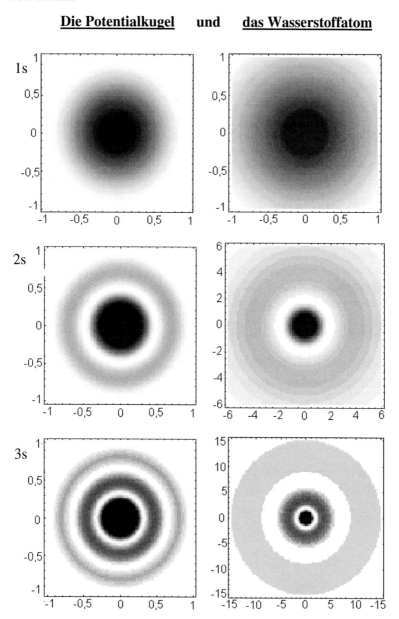

(Orbitale berechnet mit dem Programm MATEMATICA 4.0 von Wolfram Research)

F-4 Orbitale

Orbitale des Wasserstoffatom

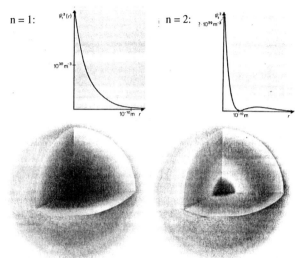

n	$l=0$ (s-Elektron)	$l=1$ (p-Elektron)			$l=2$ (d-Elektron)				
	$m=0$	$m=0$	$m=1$ $m=-1$		$m=0$	$m=1$ $m=-1$		$m=2$ $m=-2$	
1									
2									
3									

(entnommen aus: GREHN 1992, S. 408, 411)

ANHANG B: Tests

B1 Test Profilkurs Physik vom 19.01.98 (Klassenarbeit)

1. b) Formulieren Sie das Fermat-Prinzip!

a) Begründen Sie mit wenigen Sätzen unter Verwendung des
Fermat-Prinzips die Brechung des Lichtes an einer Grenzschicht zwischen Luft und Wasser!

2. Mit einem Michelson-Interferometer soll die Basislänge eines Laserlichtes bestimmt
    werden. Beim Verschieben eines Spiegels um $s = 23\,\mu m$ sind auf dem Beobachtungs-
    schirm 100 Interferenzringe neu entstanden.

    a) Berechnen Sie die Basislänge!

    b) Welche Farbe hat das Licht?

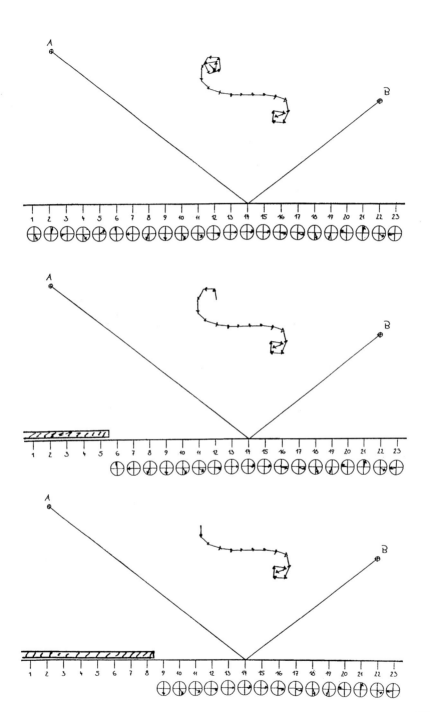

3. Ein Spiegel wird, wie in den drei Skizzen links gezeichnet ist, mit einer Lichtquelle beleuchtet. Er wird langsam von einer Seite her durch ein Blatt abgedeckt. Unten sind jeweils die Zeiger zu den Lichtwegen und die sich daraus ergebenden Zeigerspiralen ermittelt worden.

Berechnen Sie, wieviel Prozent der in Bild I (ohne Abdeckung) beobachteten Intensität in Bild II und III registriert werden!

4. Ein Laser beleuchtet einen Schirm, der zwei parallele Spalten besitzt, durch die das Licht hindurchscheint. Dahinter befindet sich ein Beobachtungsschirm, auf dem ein Interferenzmuster zu sehen ist.

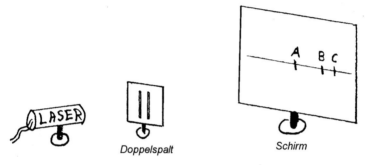

Von oben (im Schnitt) sieht der Experimentaufbau so aus:

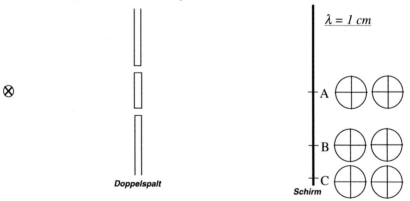

Ordnen Sie die in den Punkten A, B und C zu beobachtenden Lichtintensitäten nach ihrer Größe. Zeichnen Sie dazu die Lichtwege, die zu den Beobachtungspunkten führen, ein und wenden Sie den Zeigerformalismus an! Nehmen Sie bei der zeichnerischen Lösung eine Basislänge des Lichts von 1 cm an.

B.2 Bewertete Hausaufgabe vom 18.05.98

Ein Laser ($\lambda = 640$ nm) emittiert Licht der Energie eines einzelnen Photons. Das Licht fällt auf eine Glimmerplatte der Stärke $L = 0{,}42$ mm. Mit welcher Wahrscheinlichkeit wird ein Photon vor bzw. hinter der Platte registriert?

B.3 Fragebogen zur Auswertung der Unterrichtseinheit Quantenoptik[1]

Kreuzen Sie bitte je nach dem, welcher Aussage Sie eher zustimmen, einen Wert auf der fünfstufigen Skala an!

1. Der Unterricht hat mir gefallen.   1 2 3 4 5   Der Unterricht hat mir nicht gefallen.

2. Gemessen an anderen Schulerfahrungen war der   1 2 3 4 5   Gemessen an anderen Schulerfahrungen war Unterricht besser als gewohnt.   der Unterricht schlechter.

3. Der Stoff war interessant.   1 2 3 4 5   Der Stoff war eigentlich nicht interessant.

4. Im Unterricht ging es um die Quantentheorie   1 2 3 4 5   Im Unterricht ging es um Optik.

5. Ich habe das Gefühl gehabt, die Theorie einfach   1 2 3 4 5   Ich habe das Gefühl gehabt, die Theorie vorgesetzt zu bekommen, ohne selbst etwas   Schritt für Schritt selbst zu entdecken. dazu beitragen zu können.

6. Ich konnte dem Unterricht immer folgen.   1 2 3 4 5   Ich konnte dem Unterricht nie richtig folgen.

7. Mich haben die Erklärungen der optischen   1 2 3 4 5   Mich haben die „philosophischen" Frage-Phänomene mehr interessiert als die „philoso-   stellungen mehr interessiert als die Erklärun-phischen" Fragestellungen (wie beispielsweise   gen der optischen Phänomene. die Frage: Was ist Licht?).

8. Ich habe beim Unterricht oft das Gefühl gehabt,   1 2 3 4 5   Ich habe beim Unterricht nie das Gefühl plötzlich etwas Wichtiges verstanden zu haben.   gehabt, etwas Wichtiges verstanden zu haben.

9. Ich kann mir die behandelten optischen   1 2 3 4 5   Ich kann mir die behandelten optischen Phänomene (z.B. schillernde Seifenblasen,   Phänomene jetzt genauso gut oder schlecht Gitter, Spalt) jetzt erklären.   erklären wie vorher.

10. Die mathematischen Teile des Unterrichts haben   1 2 3 4 5   Die mathematischen Teile des Unterrichts viel für das Verständnis gebracht.   haben nichts für das Verständnis gebracht.

11. Es gab genügend Möglichkeiten, sich am   1 2 3 4 5   Es gab zu wenig Möglichkeiten, sich am Unterricht aktiv zu beteiligen.   Unterricht aktiv zu beteiligen.

12. Die Nutzung des Computers im Unterricht war   1 2 3 4 5   Die Nutzung des Computers war überflüssig hilfreich.   (hat nichts gebracht).

13. Es gab zu wenig Übungen zur Festigung des   1 2 3 4 5   Es gab genügend Übungen. neu Erlernten.

14. Die Experimente haben viel für das Verständnis   1 2 3 4 5   Unterrichtsgespräche anstelle der Experi-gebracht.   mente hätten mehr gebracht.

15. Mein Vorwissen in der Wellenoptik hat mich   16. 1 2 3 4 5   Mein Vorwissen in der Wellenoptik hat beim Verständnis des Zeigerformalismus behin-   mir für das Verständnis des Zeigerformalismus ge-dert.   nutzt.

---

[1] Die Fragen 1 – 18 sind größtenteils aus GRANDT (1995, S. 40), die Fragen 19 – 21 und 24 aus BÖDECKER (1996, S. A1ff.) entnommen.

Ich finde den Zeigerformalismus anschaulicher als die Wellenoptik	1 2 3 4 5	Ich finde die Wellenoptik anschaulicher als den Zeigerformalismus.

17. Der Zeigerformalismus ist ziemlich kompliziert. 1 2 3 4 5 Der Zeigerformalismus ist eigentlich einfach.

18. Ich habe ein Gefühl dafür bekommen, wie die Natur funktioniert. 1 2 3 4 5 Ich habe dieses Gefühl nicht bekommen (oder weiß nicht, was das sein soll).

Bitte beantworten Sie die folgenden Fragen so ausführlich wie möglich! Nutzen Sie gegebenenfalls ein zusätzliches Blatt.

19. Welche Modelle für das Licht kennen Sie?

20. Erläutern Sie das Modell, welches Ihnen zur Beschreibung von Licht am besten geeignet erscheint!

21. Hat dieses Modell Grenzen, oder ist es immer gültig?

22. Was ist Elektronium?

23. Beschreiben Sie das Orbitalmodell vom Atom!

24. Kreuzen Sie bitte bei den folgenden Aussagen ja, nein oder ?, falls Sie keine Antwort wissen, an.

Licht besteht aus Lichtstrahlen.	ja	nein	?
Licht kann man sehen.	ja	nein	?
Licht breitet sich mit unterschiedlichen Geschwindigkeiten aus.	ja	nein	?
Licht plus Licht kann Dunkelheit ergeben.	ja	nein	?
Lichtenergie wird kontinuierlich übertragen.	ja	nein	?
Photonen bewegen sich auf Lichtwegen.	ja	nein	?
Elektronen sind Teilchen.	ja	nein	?
Elektronium interferiert wie Licht.	ja	nein	?

B.3 Vorgegebene Begriffe der Concept Maps

Licht	Materie	Energie	Ort
Modell	Wirklichkeit	Experiment	Wahrscheinlichkeit
Wellenlänge	Lichtweg	Lichtstrahl	Welle
Quant	Photon	Elektron	Teilchen
Atom	Schale	Orbital	Bahn
Geschwindigkeit	Masse	Frequenz	

ANHANG C: Concept Maps der Schülerinnen und Schüler

Die Concept Maps der Schülerinnen und Schüler wurden gemäß Tabelle 6 kodiert und in eine Matrix übertragen. Die Matrizen werden von links nach rechts gelesen, z.B.:

Atom - 2 - Elektron: Atom *hat* Elektron, oder auch: Elektron *ist Teil von* Atom .

Nr. 1	Atom	Bahn	Elektr	E
Atom	a b c		2 2	
	d e f			2
Bahn			2	

Jedes Element der Matrix hat sechs Felder, diese stehen für:

a) Relationen in den Maps vor dem Unterricht.

b) Relationen in den Maps zwischen der ersten und zweiten Unterrichtseinheit.

c) Relationen in den Maps nach dem Unterricht.

d) Relationen, die durch den Fragebogen erhoben wurden.

e) Summe der Relationen von 3. und 4.

f) Erwünschte Relationen eines Vergleichsmaps (Intentionsmap).

Nr.	Kürzel	Kategorie	Beispiel (Pfeilrichtung)	Beispiel (Gegenrichtung)
1	OU	Oberbegriff -> Unterbegriff	ist zum Beispiel	ist ein, ist Beispiel für
2	CM	charakteristisches Merkmal	hat, enthält, besteht aus	ist Teil von
3	FZ	Funktionaler Zusammenhang	wird beschrieben durch, hängt ab von	beschreibt
4	AM	Aktivitätsmerkmal	bestimmt, bewegt	bewegt auf, wirkt auf, tut,…
5	TI	Teilidentität	ist gleich, ist so etwas wie…	-
6	WI	Widerspruch zu den o.g. Relationen	hat nicht, ist nicht, tut nicht,…	-
7	ZO	einfache Zuordnung ohne Qualitätsangabe		-
8	UR	Unbestimmtheitsrelation	hat unbestimmten, wird beschrieben durch Wahrscheinlichkeit	

Tabelle 6: Kategorisierung der Relationen des Concept Mappings

Neben den 23 vorgegebenen Begriffen wurden die 8 von den Schülerinnen und Schülern am häufigsten ergänzten Begriffe in die Matrizendarstellung der Maps übernommen.

Nr. 1	Atom	Bahn	Elektron	Energie	Experiment	Frequenz	Geschwindigk.	Licht	Lichtstrahl	Lichtweg	Masse	Materie	Modell	Orbital	Ort	Photon	Quant	Schale	Teilchen	Wahrscheinl.	Welle	Wellenlänge	Wirklichkeit	Aufenthaltsber.	Elektronium	Farbe	Impuls	Intensität	Interferenz	Zeigerformalism.	Medium
Atom			2 2	2								2 2													2 2						
Bahn			2										5				5	5													
Elektron			6	8 8 2					2			2			8 8									8 8 2	2 2	2					
Energie								1			1 1		3 3		8	1					3					4	2 8 / 2 8 / 4				
Experiment																															
Frequenz																															
Geschwindigk.																										3					
Licht				2 2 / 2 2					3 3 / 3 8			3	3			2 2 / 3 2			2 2	3 3	2 2 2 / 2 2 2					2					
Lichtstrahl				7 / 7 5						2						2 2			1 1												
Lichtweg								4 4							4 4												8				
Masse	2 / 2											2	3								2										
Materie	1 1		2					2			2		3			1 1		1 1	2		1 1 1 / 1 1 1					4 / 4					
Modell								1 1 1						1 1 1 / 1 1 1		1 1	1 1							1						
Orbital		5	2										3			4 4															
Ort																							6			2	8				
Photon			6									2	3		8 8						3 3 3					8 / 8					
Quant		6 / 1 1 1 / 2													8 8	1			6		3 3 3 / 2					2 8 / 2 8 / 4 8					
Schale		5													8 8				6	3											
Teilchen	1		1 1 / 1 1					3 3			2 2	2 2			2												2				
Wahrscheinl.																					3 3			3							
Welle																				3					2			3	3	2	
Wellenlänge			3																							3					
Wirklichkeit				3				2			2	3								3	2										
Aufenthaltsber.														1									6								
Elektronium	2 2 / 2 2															2					2			5 5		2		2 2	2 2 2	3	
Farbe																											2 8 / 2 8 / 4 8	2				
Impuls				3							3				3						3							3			
Intensität								3							3						3										
Interferenz								3							3						3										
Zeigerformalism.								2													2										
Medium				1				1				1												1 1 1							

Nr. 2	Atom	Bahn	Elektron	Energie	Experiment	Frequenz	Geschwindigk	Licht	Lichtstrahl	Lichtweg	Masse	Materie	Modell	Orbital	Ort	Photon	Quant	Schale	Teilchen	Wahrscheinl.	Welle	Wellenlänge	Wirklichkeit	Aufenthaltsber.	Elektronium	Farbe	Impuls	Intensität	Interferenz	Zeigerformalism.	Medium
Atom	▨	2										2 2 2	3 3 3												2				3 3 3		
Bahn	2	▨	4									2 2 2		2											2 2 2						
Elektron		6 6	▨	2				5 5						2		6	6 1 1	2 2	1 1						2 2 2					1 1 1	
Energie			2	▨	1		2 2 8	5 5	2		2					4 2	5						3				8				
Experiment					▨	1		1 1																							
Frequenz						▨		2																							
Geschwindigk							▨	2 2 2																							
Licht			5 5 5	2		2	2 2 2 / 3 2 2	▨	1 4 / 2 4	2	8	2	3			8	2 2 2				3 3 6	2 2				2	2		2 3 3		
Lichtstrahl			3					8	▨	2																					
Lichtweg								4	4	▨	3					4															
Masse									4 4		▨	2 2 / 2 2				6 6															
Materie	2							4 4			8	▨	3	1				1 1	1		1 1 1								1 1 1		
Modell				2				1				2	▨	1		2		1 1		3 3					2						
Orbital			6 4 / 4 2											▨		8	8	6	2	3 3	3		2 3	1	6 1		8	2			
Ort		6 1 1 1						4 4					3		▨	8 1 1 1	2			3 3			3				8				
Photon		2 2	5													▨															
Quant																	▨														
Schale																		▨			3										
Teilchen			1 1					2				2				2	2		▨						2		2				
Wahrscheinl.													3 3	3 3						▨	3										
Welle				3				4 4								4 4					▨				3	3			3 3		
Wellenlänge																						▨				3					
Wirklichkeit			3					2				2	2 3								3		▨						3	2	
Aufenthaltsber.														1						3 3				▨							
Elektronium	2 2 2																2				2 2 2				▨	2 2		2 2 2	3		
Farbe																					3 3		3		2 2	▨					
Impuls																											▨				
Intensität								3				3				3					3		3			2 2		▨	3 3		
Interferenz								3 3				3 3				3					3		3					2 2 2	▨	3 3	
Zeigerformalism.								2				2									2		2							▨	
Medium					1			1																1 1 1							▨

Term co-occurrence matrix (rows × columns). Cells may contain more than one stacked value; shaded diagonal cells are the term's self-intersection.

Nr. 3	Atom	Bahn	Elektro	Energi	Exp.	Frequi	Gesch	Licht	Lichtst	Lichtw	Masse	Materi	Modell	Orbita	Ort	Photon	Quant	Schale	Teilch	Wahrs	Welle	Weller	Wirklic	Aufent	Elktron	Farbe	Impuls	Intensi	Interfe	Zeiger	Medi
Atom		4 2									2 2 2	1 1	3 2 2 1	2	2		2								2					3	
Bahn			6											2 2		6	6					6									
Elektron	6			2			2 2 8 / 2 2 2	4	3 3		2 2	3	3		8 8	2 2 2 / 2 2 2				2 2 3		2 2	2 3 3	8	5 5 / 5	2	8		2 2	3 3	2 2
Energie			3				3 1 1 1	3 1 1 1			2 2				8 8	2 2 / 2 2				2 2 3			2 3					2		4	1
Experiment				3																											
Frequenz																					2 2			3 3							
Geschwindigk			2 2 2 / 2 2 2	3 1 1 1				4														3 3									
Licht			4	3 1 1 1			4		1 3 3	4 4 4	2 2	3	2 2 2 / 2 2 2	3 2 2		2 2 / 2 2	1 3 3 6	1 1 1	5 5 / 5 2	2 3 3	5								3 3	4	6
Lichtstrahl								8			8						4		1 1		3 3 6			6							2 2 2 6
Lichtweg							4 4 4	3			3					4 4		1 1			1 1 1										
Masse	2 2 2		2 2					4				2 2 2																			1
Materie	1 1 2										2 2 2		1 1			2 2	1 1		1 1		1 1 1			6 6	1 1						
Modell	1											3												6 6							
Orbital	2	2 2																		3					2					1 1 1	
Ort			8 8																				6 6								
Photon	6		2					2 8			2		2 2	1 1	8		1 1 1			2 2 3		2				8		2 2 2			
Quant	6 1 1 / 2 2		5					8			2		2 2	1 1	8	1 1 1		6 6 / 6 6			1 1 1			6 6		8		2 2 2 / 3			
Schale	2 2								1 1							1 1 1 / 1	6 6 / 6 6			3		6			3						
Teilchen	1 1							1			2				2	1 1 1 / 1						6 6			3	2		2		3	
Wahrscheinl.													3					3					6 6							3 3	
Welle						2 2		1														3			3 3 3						
Wellenlänge			3 3	3 3			3 3						3		3			3			3				3						
Wirklichkeit		6						2				2 3										6 6									
Aufenthaltsber.										3 3 3			1 1				1			3 3 3 / 3 3											
Elektronium	2 2		2 2 / 2 2	2 2			2 2 / 2	2 5 / 5			3			1 1		2	2			3 3 3 / 5 5	2 2 2 / 3	2 2 2 / 3				3	2 2 2				
Farbe										3 3 3					3										3						
Impuls				2			3				3				3																
Intensität			2 2							2 2 2														3 3 3	3					3 3	3 3
Interferenz			3 3																		2 2	3		3 3 3 / 3	4 4			3 3			3 3
Zeigerformalism.																					2 2 2 6										
Medium								1			1											6				1					

	Atom	Bahn	Elektr.	Energi	Exp.	Frequ	Gesch	Licht	Lichtsl	Lichtw	Masse	Materi	Modell	Orbital	Ort	Photon	Quant	Schale	Teilch	Wahrs	Welle	Wellel	Wirklid	Aufent	Elektron	Farbe	Impuls	Intens	Interfe	Zeiger	Medi
Atom	▓		2									2	3 3	3 2												2					
Bahn		▓	4																												
Elektron	6		▓	2			2	2 2 5							8									2 2		2					
Energie			2	▓			8	2 2			2 2				8	2					2 2				2 2 2		8				
Experiment					▓			1																							
Frequenz						▓																									
Geschwindigk							▓	6 6			6					6					2										
Licht				8			2 2	▓		4 4 4	8	2	1 1 1		6	2 2					6		2				2	2 2	3		1
Lichtstrahl									▓							2 2					2										
Lichtweg								4 4 4		▓																					
Masse				2 2			6	8			▓	2				6															
Materie	2							4			2	▓	3						2				2								1
Modell								1 1 1				3	▓	1 1 1			1	1	2 2	1	1										1 1 1
Orbital			2										1 1 1	▓										6	2						
Ort															▓	8	8		2				2			3			3		
Photon		6		2			6	2 2			6				8	▓	8 1 1		1		2 2						8	8			
Quant		6	1 1	5			2 8				6		1		8	8 1 1	▓	6	6	3	2 2							8			
Schale		4	4				8						1		8 1 1		6	▓													
Teilchen			1 1				2					2			2	1			▓		2						2				
Wahrscheinl.																	1			▓					3						
Welle								6					1			2 2	2 2		2		▓	3 2			2				3	3	2
Wellenlänge																					3 2	▓				3			3		
Wirklichkeit			3					2				2	3		2								▓		3						
Aufenthaltsber.														6										▓	3 3 3 1						
Elektronium			2 2 2	2 2 2									3	3 3			2			3	2		3		▓			2			
Farbe							3				3				3							3				▓					
Impuls								2 2								8			2								▓				
Intensität								2 2				3			3	8	8				2				2			▓	2		
Interferenz								3							3						3	3				3		3	▓	3	
Zeigerformalism.																					2								3	▓	2
Medium								1				1	1 1 1								2					1					▓

Matrix (Nr. 5) — Begriffszuordnungen. Schattierte Diagonalzellen mit ▓ markiert.

Nr. 5	Atom	Bahn	Elektro	Energi	Exp.	Frequ	Gesch	Licht	Lichtst	Lichtw	Masse	Materi	Modell	Orbita	Ort	Photon	Quant	Schale	Teilch	Wahrs	Welle	Weller	Wirklit	Aufent	Eltron	Farbe	Impuls	Intens	Interfe	Zeiger	Medi
Atom	▓												3	3 7 2	7 2	7 2	7							4 4 2	2					3	
Bahn		▓	6	2				7	1 7	7		2		7	7 7	7 7	7		7 7		4					2 8	2	2		2 3 3 3	
Elektron	7	6	▓	2	7			8	8		7	7	7	8 8	8	7 7	7							2 7	2 7	2 2					
Energie				▓	7 7	1		1				7 3	7	7	7	7 7										2 8					
Experiment			7	7 7	▓							7	7							7			3 3								
Frequenz						▓		7				7			7	4					7	7 7									
Geschwindigk							▓	2 2							7	2 2	2										3				
Licht	7		5				2	▓	3 3	3 7		3	2		2	2 2	2 2			3	3 3 6 3 3 2	7	6			2 2		2 8	3	2 3 3	
Lichtstrahl	7							3 3	▓	8					7					7 7 7	7	7				2		8	3		
Lichtweg	7					7		3 7	3 7	▓										7 7 7	7 7	7							3		
Masse			7	7			7 7	7			▓	1 7 2	3 7	7				7 7									3				
Materie	2	2	7	7	3			4			1 7 2	▓	3 7 3		7		2 1 1	2 1 1	6			1 1 1								1 1 1	
Modell	2		7	7	3			1				7 2 2	▓	1		7	7	1 1		7				1							
Orbital	7 7		2	7	3 7				1 1 1				1	▓	1 1	8 8 1	5 1	1	6 3 3	7			6								
Ort		7	6	7			7					7			▓	8 8			7	1 1	7			5 5	2						1
Photon	6	6	2				2	7						8 8	8 8	▓	7	5 1	6		3 1 7	7				2 8 2	2	2			
Quant	7	6 4	17 1 5	5				2 2				2				7	▓	6 3 3	6						2	8					
Schale		4	7 7											6		5 1	6	▓													
Teilchen	7 7 7 7										7 2	7 2			2 2 7	2 2			▓		3 7 7 7		1 7			2					
Wahrscheinl.	7							3					3 3	1	7					▓	3 7		3 7							2	
Welle	4	4		7 7 3		7		1 7 3	7 7 7	7 7 7			3 3			3 1 7			3 7 7 7	7 7	▓	7 7	3 1 7			3	8	3	3	2	2
Wellenlänge			7 3	7 3		7 7							3 3								7 7	▓									
Wirklichkeit			7 3	3 3 3 3				2				2 3 3		1					3	3		7	▓								2
Aufenthaltsber.			4 4											1										▓							
Elektronium	2		2														2				2			4 4	▓						
Farbe							3									2										▓					
Impuls							3				3					8					8						▓				
Intensität								3								2					3							▓			
Interferenz								3	3												3	3							▓		
Zeigerformalism.																				2	2									▓	
Medium								1				1			1						2			1 1 1							▓

Korrelations-/Häufigkeitsmatrix (Nr. 6)

Nr. 6	Atom	Bahn	Elektron	Energie	Experiment	Frequenz	Geschwindigk	Licht	Lichtstrahl	Lichtweg	Masse	Materie	Modell	Orbital	Ort	Photon	Quant	Schale	Teilchen	Wahrscheinl.	Welle	Wellenlänge	Wirklichkeit	Aufenthaltsber.	Elektronium	Farbe	Impuls	Intensität	Interferenz	Zeigerformalism.	Medium
Atom	▨										2 2	2	3				2 2				2					2	2	2	2 2	3	
Bahn	2	▨	4																												
Elektron		6	▨	2				8			2 2	2	3 3		2 8 8 8	8	6 6	1	2 3		2 2 3 3 6			8 8 2		2	8	2	2 2	3	
Energie			2	▨				1														3									
Experiment					▨																		3								
Frequenz						▨		2 2 2 2	2 2																						
Geschwindigk							▨	2 2 2 2	2 2																						
Licht			8					▨	2 2	8	2	2	3		8 8	3 3	6	2 3	2	2 2 3 3 6	8	2			5 5	2	8	3			1
Lichtstrahl								2 2	▨	4 4					2 8 8 8	4 2 4 2		6 3													
Lichtweg								4 4	4 4	▨						2 4 4															
Masse	2 1							4	4		▨	2	3					2			4										
Materie	1 2			2 2 5					1		2	▨	3		2 2	1 1	1 1	1 1		1 1 1				6		2					
Modell			1										▨	1					1												1
Orbital			2 2											▨	2 2			6	2							3		3			
Ort															▨									1							
Photon		6		2				8							8 8	▨	8	1			3	3			2						
Quant		6 1	5					8							8	8 1 1	▨	3			2	2									
Schale		4 4															▨	6					3 3		3 3						
Teilchen	1	1 1						2	2 2						2 2	1			▨		3	3					2				
Wahrscheinl.																				▨											
Welle							3														▨	3			2				3	3	2
Wellenlänge			3																			▨				3					
Wirklichkeit				3				2				2 3	3 3	1									▨								1
Aufenthaltsber.																								▨							
Elektronium			2 2 2					5 5									2				2				▨				3 3 3		
Farbe																										▨				2 2 2	
Impuls								3																			▨				
Intensität								3		3					3													▨			
Interferenz								3		3					3						3								▨		
Zeigerformalism.								2		2											2									▨	
Medium								1				1	1													1					▨

Nr. 7 — Begriffs-Korrelationsmatrix (Zeilen- und Spaltenbeschriftung identisch):
Atom, Bahn, Elektron, Energie, Experiment, Frequenz, Geschwindigk, Licht, Lichtstrahl, Lichtweg, Masse, Materie, Modell, Orbital, Ort, Photon, Quant, Schale, Teilchen, Wahrscheinl., Welle, Wellenlänge, Wirklichkeit, Aufenthaltsber., Elektronium, Farbe, Impuls, Intensität, Interferenz, Zeigerformalism., Medium

	Atom	Bahn	Elektro	Energi	Exp.	Frequ	Gesch	Licht	Lichts	Lichtw	Masse	Materi	Modell	Orbita	Ort	Photor	Quant	Schale	Teilch	Wahrs	Welle	Weller	Wirklic	Aufentl	Eltron	Farbe	Impuls	Intens	Interfe	Zeiger	Medi
Atom	▓		3 2 2									2	3	3 2 2																	
Bahn		▓	4																								4 4				
Elektron	3 2 2	4	▓	2 2 2			8 8	2	5			2 2		2 2	8 8	2	6 1 1 1		1 1				3		2 2 2						
Energie			2 2 2	▓			8 8		2			2 2		8 8		2	5	7	1 1												
Experiment					▓			1						7			4	4													
Frequenz						▓	2	2													2 2										
Geschwindigk			8 8	8 8		2	▓	2 2	2							8	8		2		2						3				
Licht			2			2	2 2	▓	2 2 / 6 6	4 4		2 2 / 8	3		8 8	7 2 2 / 2 2 1 1 2					3 6 / 6 6	2 2			2	2				2 3 3	
Lichtstrahl			5 2	2			2	2 2 / 6 6	▓	4						4 4														2	
Lichtweg								4 4	4	▓						4 4															
Masse											▓	2																			
Materie	2 2 2		2 2	2 2				2 2 / 8			2	▓	3		2																1
Modell	3							3				3	▓	3		1	1				1 1 / 1 1	6 6									
Orbital	3 2 2		2 2	8 8	7								3	▓	1									1		2		3			
Ort			8					8 8				2		5	▓	8			2												
Photon			2	2			8	8							8	▓	8 1 1 1	5 5			1 1	6 6				8	8				
Quant			6 1 1 1	5	4		8									8 1 1 1	▓	6	1		3	8 8					2			2	
Schale			7	7	4											5 5	6	▓			3										
Teilchen			1 1	1 1			2					2			2	1	1		▓								2		2 2		
Wahrscheinl.								1 1												▓											
Welle						2 2	2	3 6 / 6 6					1 1 / 1 1			1 1		3			▓	2 2 / 2				3 3			3 3	2 2	
Wellenlänge								2 2					6 6			6 6	8 8				3 3 3 / 2	▓			2 2 2					3 3	
Wirklichkeit			3																				▓			3		3	3		
Aufenthaltsber.														1				3			3			▓							
Elektronium			2 2 2					2						1			2					2 2 2			▓			2 2 2			
Farbe							3	2								8					3 3		3			▓		4 4			
Impuls		4 4												2		8	2		2								▓				
Intensität															3						3	3 3			2 2 2	4 4		▓	3 3		
Interferenz														3							3 3	3	3					3 3	▓		
Zeigerformalism.								2 3 3	2								2		2 2		2 2	3 3								▓	
Medium												1												1 1 1							▓

Nr. 8	Atom	Bahn	Elektr	Energi	Exp.	Freque	Gesch	Licht	Lichtsl	Lichtw	Masse	Materi	Modell	Orbital	Ort	Photon	Quant	Schale	Teilch	Wahrs	Welle	Weller	Wirklic	Aufent	El.tron	Farbe	Impuls	Intens	Interfe	Zeiger	Medi
Atom											2 2						2 2														
Bahn			6										3		2								3		2 2 2						
Elektron		2		2																						2					
Energie			2					8	5		2				8	2	2	5					3		2		8				
Experiment								1 4 4																							
Frequenz							2 2 2 2	2 2 2 2																							
Geschwindigk								2 2 8 8	8 8																						
Licht				6 6	4	2 2	2 2		2 2 8 8	4	2	2	3	1	8	2 2 2 2	6 6	6 6	2	2	6 2 2	2	2		2	2	2	3	3		1
Lichtstrahl			5					8 8																							
Lichtweg								4																							
Masse	2 2			2									3						2	2							3				
Materie								4					3						2												
Modell		3						3			3			1										1							
Orbital			2					1					1		2		1	1			1	6			2						
Ort		2		8				8						1		8	8	8	2								2	3	3		
Photon		6		2				6							8		1	1									8				
Quant		6		8				6						1	8	1		3			3	6 2 2			2		8				
Schale		4		5				8							8	1	3				2	2									
Teilchen	1							2			2	2			2						3		2				2				
Wahrscheinl.								2			2										3	1									
Welle								6											3	3					3				3	3	2
Wellenlänge								2						6							3										
Wirklichkeit		3		3				2				2	2		2				2					3							
Aufenthaltsber.														1									3								
Elektronium		2 2 2	2	2				3									2				2					2			3	3	
Farbe			2					2						2									3								1
Impuls				8				2							2	8	8														
Intensität								3			3				3						2								3	3	
Interferenz								3							3						3				3			3			
Zeigerformalism.								2			2				3						3				3			3			
Medium			1					1			1										2					1					

Nr. 9	Atom	Bahn	Elektro	Energi	Exp.	Frequ	Gesch	Licht	Lichtst	Lichtw	Masse	Materi	Modell	Orbital	Ort	Photor	Quant	Schale	Teilch	Wahrs	Welle	Weller	Wirklit	Aufent	El.tron	Farbe	Impuls	Intens	Interfe	Zeiger	Medi
Atom	▓			2	2							2	2	3	2				2							2					3	
Bahn		▓	6														6	6													
Elektron		6	▓	2				8				2 2			8		2	8							2	2		2	2	2	3
Energie	2		2	▓		7	8	1			2 2						5		3 3	3 3	2										
Experiment					▓									4 4																	
Frequenz						▓															2										
Geschwindigk				7			▓	2 2	7 7							2 2					6	2 2				2					
Licht							2 2	▓	7 7	4		4	3		8 8	4					1	2				8					1
Lichtstrahl				5				7 7	▓	7						2 4						2				8					
Lichtweg								4	7	▓												2				8					
Masse	2										▓	2																			
Materie	2							4			2	▓	3			1			2 2	2	1			2		2					
Modell								3				3	▓	1					1					3		2					
Orbital														▓	8 8						5 5							3	3		
Ort				2	4 4										▓		8 8	8		2				1		2		3	3		
Photon		6		2											8 8 8	▓	2		6							8	8		2		
Quant		6	4 4	5											8	2	▓									8					
Schale			4 4 1 1													1		▓													
Teilchen												2			2				▓		3					2					1
Wahrscheinl.				3										5 5						▓								3	3	2	
Welle						2	6	1								1		6	3		▓	3			2	3			3	3	2
Wellenlänge							2	2	2	2											3	▓									
Wirklichkeit				3							2	3											▓			3					
Aufenthaltsber.														1										▓							
Elektronium				2												2					2				▓						
Farbe	2						2	8	8	8		2	2		2				2		3					▓					
Impuls											3																▓				
Intensität									3	3				3	3													▓			
Interferenz									3	3				3	3					3	3								▓	2	
Zeigerformalism.	3								2											2	3								2	▓	
Medium			1					1			1								1		2										▓

Bisher erschienene Bände der Reihe „*Studien zum Physik- und Chemielernen*"

ISSN 1614-8967   (vormals *Studien zum Physiklernen* ISSN 1435-5280)

Alle erschienenen Bücher können unter der angegebenen ISBN direkt online
(http://www.logos-verlag.de/Buchreihen) oder per Fax (030 - 42 85 10 92)
beim Logos Verlag Berlin bestellt werden.